Regensburg – Kelheim – Straubing

Teil II:
Archäologische und historische Denkmäler –
Exkursionen I bis III

Führer zu archäologischen Denkmälern in Deutschland

Herausgegeben vom
Nordwestdeutschen und dem West- und Süddeutschen
Verband für Altertumsforschung

Band 6

Konrad Theiss Verlag Stuttgart

Regensburg – Kelheim – Straubing
Teil II: Archäologische und historische Denkmäler – Exkursionen I bis III

Bearbeitet von Sabine Rieckhoff-Pauli und Walter Torbrügge

Mit Beiträgen von:
I. Burger · M. Dallmeier · B. Engelhardt · Th. Fischer · G. Freund
B. Kaulich · V. Loers · M. Marquart · K. Möseneder · U. Osterhaus
J. Prammer · A. Reichenberger · S. Rieckhoff-Pauli · K. Spindler
P. F. Stary · W. Torbrügge · J. Traeger

Konrad Theiss Verlag Stuttgart

CIP-Kurztitelaufnahme der Deutschen Bibliothek

Regensburg – Kelheim – Straubing / Bearb. von Sabine Rieckhoff-Pauli u. Walter Torbrügge. – Stuttgart: Theiss
(Führer zu archäologischen Denkmälern in Deutschland; . . .)
NE: Rieckhoff-Pauli, Sabine [Bearb.]
Teil 2. – Archäologische und historische Denkmäler: Exkursionen I–III / mit Beitr. von: I. Burger . . . – 1984.
(Führer zu archäologischen Denkmälern in Deutschland; Bd. 6)
ISBN 3-8062-0385-7
NE: Burger, Ingrid [Mitverf.]; GT

Umschlag: Michael Kasack, Esslingen
Umschlagbild: Ludwigs-Donau-Main-Kanal, Schleuse Nr. 4 bei Altessing

ISBN 3 8062 0385 7
Satz und Druck: Gulde-Druck GmbH, Tübingen
Printed in Germany

Inhalt

Exkursion III:
Vorderer Bayerischer Wald mit Regental und Donauebene

Kirchen in Regensburg

Die Allerheiligenkapelle im Kreuzgang des Doms zu Regensburg

Die Allerheiligenkapelle ist die Grabkapelle Bischof Hartwigs II. von Regensburg (1155–1164). Er stammte aus dem Geschlecht der Grafen von Ortenburg-Kraiburg. Der kleine Zentralbau liegt an der ursprünglich durch Arkaden geöffneten Ostflanke des breit gelagerten Mortuariums, das den Domkreuzgang von Süden nach Norden durchquert. Der Zugang erfolgt vom Mortuarium her. Hartwig II., gestorben am 22. August 1164, war der erste Regensburger Bischof, der nicht, wie bis dahin seine Vorgänger, in St. Emmeram, sondern im Dombezirk bestattet wurde. Eine äußere Ursache kann man im Brand von St. Emmeram 1163 erblicken. 1881 wurde in der Allerheiligenkapelle an dem Platz, wo man nach äußeren Anzeichen das Grab Hartwigs II. vermutete, nachgegraben. Man fand ungefähr eineinhalb Fuß unter den Altarstufen große Partien eines Leichnams von ungewöhnlicher Körpergröße. Etwa 0,7 m unter dem Pflaster traf man auf einen Steinsarkophag, dessen Deckel durch einen Sprung in zwei Teile geteilt war. Am erhöht liegenden Kopfende fanden sich neben kleineren Gebeinen die Hirnschale, Arm- und Fußknochen sowie Rückenwirbel auf kleinem Raum zusammengelegt. Zwischen den Gebeinen lagen Überreste von Leder und gelbem Seidenstoff und ein am Fingerknöchelchen befindlicher goldener Ring. Der Ring von dünnem Golddraht mit kleinem Stein trug das Gepräge der bischöflichen und kaiserlichen Ringe des 12. Jahrhunderts. Daß es sich um ein bischöfliches Grab dieser Zeit handelte, konnte demnach nicht zweifelhaft sein, ebensowenig die Identität des Grabes Hartwigs II., da außer ihm nachweislich kein anderer Bischof in der Allerheiligenkapelle bestattet worden ist.

Der Bau besteht aus einem kubischen Hauptraum, den an drei Seiten kurze Vorjoche mit daran anschließenden eingezogenen Ap-

Abb. 1 Regensburg. Die Allerheiligenkapelle. Außenansicht

siden über Halbkreisen erweitern (Abb. 1). In der Mittelachse der Nord- und Südapsis befindet sich jeweils ein Fenster, in der Ostapsis sind es dagegen zwei. Sie sind hier symmetrisch zur geschlossenen Mitte angeordnet. Der quadratische Kernraum wird durch einen achteckigen Tambour (Zylinderaufbau) mit flacher achtseitiger Kuppel überhöht. Die Vermittlung vom Kernraum zum Tambour erfolgt durch Trompen (trichterförmige Kehlungen). In den Achteckseiten sitzt jeweils in der Mitte ein Rundbogenfenster. Dabei ist das Fenster an der Westseite heute aufgrund des Anschlusses an die Ostmauer des Mortuariums blind. Das Mortuarium dürfte zwar in seiner heutigen Breite, bei zu vermutender Zweischiffigkeit, dem ursprünglichen Zustand entsprechen. Doch war es wohl so niedrig, daß das Kuppeloktogon der Allerheiligenkapelle die Mortuariumsbedachung frei überragt hat. Das westliche Tambourfenster war demnach nicht vermauert. Der lichte Durchmesser der Kapelle beträgt in der Nord-Süd- und der Ost-West-Achse etwa 7,5 m, die Höhe bis zum Kuppelscheitel etwa 8 m.
Die blockartig ins Mortuarium ragende, oben schräg abgedachte Eingangswand ist vermutlich romanisch. In dieser Eingangswand, hinter der sich eine trichterförmige Rundbogennische ins Innere öffnet, besitzt die Allerheiligenkapelle eine Art Fassade. Der Außenbau ist heute steinsichtig. Das sorgfältig verfugte Sichtmauerwerk besteht aus Abbacher Grünsandstein. Dieser Zustand ist jedoch falsch. Ursprünglich ist die Kapelle verputzt zu denken. Die Gliederung des Außenbaus – Sockel, Lisenen, Fensterprofile im Untergeschoß, Konsolen der Blendbögen, Horizontalgesimse, Rechteckrahmung der Rundbogenfenster im Obergeschoß – besteht aus Kalkstein, der in der Umgebung Regensburgs, vermutlich donauaufwärts, gebrochen worden sein dürfte.
In den Lisenen, die über dem profilierten Sockel aufsteigen, sitzen, durch kurzes horizontales Sockel- und Abschlußprofil mit Schrägverdachung sowie Vertikalrahmung laternenartig ausgegrenzt, die schmalen Fensteröffnungen, in der Ostapsis zwei, in den Nebenapsiden je eine. Die eigenartige Gestaltung dieser Fenster erinnert an die der steinernen Totenleuchten, die sich im Bereich des Regensburger Mortuariums und Domkreuzgangs, wenn auch zumeist aus

der Gotik stammend, vielfach erhalten haben. Die laternenförmigen Fenster der Allerheiligenkapelle, für die es kaum Parallelbeispiele gibt, lassen sich am ehesten aus der Grabfunktion des Bauwerkes erklären. Zusätzlich schmücken den Außenbau umlaufende Blendbogenfriese unter den Dachansätzen der Apsiden und des Oktogons.

Stilistisch hängt der Bau mit oberitalienischen Baptisterien (Taufkapellen) zusammen. Hartwig II. hatte an der von Friedrich Barbarossa einberufenen und am 5. Februar 1160 eröffneten Synode von Pavia teilgenommen. Bauleute aus Como sind im mittleren 12. Jahrhundert nachweislich in Regensburg tätig gewesen, so an St. Mang (1634 zerstört), am Niedermünster, im Herzogshof und bei St. Georg und Afra. Lombardische Prägung weisen vor allem die Würfelkapitelle des Altars der Allerheiligenkapelle auf, ebenso die Kapitelle der in der Ostmauer des Mortuariums steckenden Säulen der einst offenen Arkadenstellung.

Der steinerne Tischaltar (Mensa) blieb, ein seltener Fall, aus dem 12. Jahrhundert erhalten. Er wurde aus einem einzigen, nahezu würfelförmigen Block gearbeitet, und zwar aus demselben Kalkstein, aus dem auch die architektonischen Gliederungselemente des Außenbaus gebildet sind. Spätere Anstückungen erfolgten durch schwalbenschwanzförmige Einpassung in die alte Mensa. Oben in die Mensaplatte ist über dem Vierkantpfosten das Sepulcrum (Reliquiengrab) eingelassen. Es ist mit einem Sigillum (Versiegelungsplatte) aus dunkelgrünem Marmor in Form einer Platte von verde antico verschlossen, die mit verblaßter rötlicher Farbe umrandet ist. Das Sigillum wird in einem Dekret Papst Alexanders III. (1159–1181) allgemein für den geweihten Altar vorausgesetzt.

Während der trapezförmige Grabstein Hartwigs II. nur in einem Bilddokument des 19. Jahrhunderts überliefert ist, stellen die 1897 freigelegten und restaurierten Wandmalereien heute den bedeutendsten Schmuck der Kapelle dar (Abb. 2). Die ikonographisch sehr getreuen Übermalungen des 19. Jahrhunderts wurden 1955 leider wieder beseitigt, so daß sich das überaus interessante Bildprogramm seither in einem eher ruinösen Gesamteindruck präsentiert. Ergänzend ist man daher für die Betrachtung auf alte Aufnah-

Abb. 2 Regensburg. Die Allerheiligenkapelle. Innenraum (Zustand vor 1955)

men angewiesen. Acht Engel strahlen im Kuppelgewölbe radial vom zentralen Tondo (Rundbild) mit dem Bild des Pantokrators aus. Die Attribute in ihren Händen – Dreiecke mit jeweils drei Punkten und drei pyramidal zu den Händen laufenden Linien – lassen auf trinitarische Symbolik schließen. Nach Art von Radspeichen wird ein geometrisches Rahmenschema gebildet, das kosmologisch zu deuten ist. Denn es steht in Verbindung mit einem konzentrischen Kreissystem, das den Tondo mit dem Pantokrator umgibt. In der Sieben- bzw. Achtzahl dieser Kreise wurden dabei offenkundig Vorstellungen von der Harmonie der Sphären verbildlicht. In der Prüfeninger Buchmalerei dieser Zeit oder im berühmten Astrolabium des 11. Jahrhunderts (Regensburg, Museum der Stadt) wird auch sonst eine naturwissenschaftlich-astronomische Regensburger Tradition von hohem Rang greifbar, die in Wilhelm von Hirsau ihren bedeutendsten Vertreter besaß. Dieser hatte während seiner Zeit in St. Emmeram (bis 1069) sein großes Werk »De astronomia« verfaßt.

Unmittelbar an den Kreis der acht Engel schließen sich acht Heiligenbüsten in den Zwickeln an. Sie stellen vielleicht alttestamentarische Propheten dar. In der Laibung des östlichen Fensters des Kuppeltambours sind Märtyrerszenen dargestellt, in den übrigen Fenstern im Scheitel jeweils eine große nimbierte Halbfigur, von welcher ganzfigurige kleinere Gestalten in den Fensterwangen zum Teil bei den Händen gefaßt werden. Man muß diese Figuren mit den Heiligenchören zusammensehen, die in die Ecken des Tambours gemalt wurden. Dabei ergeben sich deutliche Parallelen zur Allerheiligenpredigt des Honorius Augustodunensis, dessen Wirken im süddeutschen Donauraum, wahrscheinlich sogar in Regensburg selbst, im frühen 12. Jahrhundert kaum zweifelhaft ist.

Von diesem himmlischen Bereich setzt sich der viereckige Kernraum darunter als Bild der Erde ab: in den Tondi über den Apsiden Repräsentanten irdischer Macht, in der Nordapsis, durch ihre Kleidung ausgezeichnet, Vertreter des geistlichen, in der Südkonche Vertreter des weltlichen Standes, zentriert jeweils in einer erheblich größeren allegorischen Thronfigur mit Krone auf dem Haupt. Die Auseinandersetzung zwischen Imperium und Sacerdotium bildet den zeitgenössischen politischen Hintergrund für diese Polarität. Sie hat in einem der Vierungsfresken in der Klosterkirche zu Prüfening die wohl bekannteste Darstellung des 12. Jahrhunderts gefunden. Der hl. Petrus verleiht hier das geistliche beziehungsweise weltliche Schwert an einen Papst beziehungsweise König.

In der Ostapsis erscheint nach Apokalypse 7,2 ff. der Engel über der aufgehenden Sonne. Große Schriftbänder laufen von ihm über die Mauerecken zu den Engeln in den Trompen, welche nach Apokalypse 7,1 über den vier Ecken der Erde stehen und deren vier Winde festhalten. Die architektonische Gestalt des quadratischen Kernraums der Kapelle wird deshalb als solche zum Bild der Erde im apokalyptischen Sinn. Insofern stellt die Allerheiligenkapelle ein Musterbeispiel für mittelalterliches Bilddenken dar, das Malerei und Bauwerk gleichermaßen umfaßt. Die Allegorese besaß dabei in den Schriftbändern ursprünglich sicher eine ganze Reihe weiterer konkreter Anhaltspunkte, doch sind die Texte nicht mehr erkennbar. Relativ am besten erhalten sind die beiden Gestalten in der Eingangstonne, niedrigere Vertreter der mittelalterlichen Hierarchie, welche ihrerseits ein Schriftband in Empfang nehmen.
Die farbige Erscheinung ist heute durch das Vorherrschen von Gelb-, Ocker-, Rot- und warmen Grautönen geprägt. Hinzu kommen zarte Blautöne. Wir besitzen im Grunde nur die Untermalung, die modellierende Oberschicht fehlt weitgehend. Im Kolorit bestehen Beziehungen zur Ausmalung der Prüfeninger Nebenchöre, deren Palette ebenfalls auf Rot, Gelb und Weiß abgestimmt ist. Zu datieren sind die Malereien der Allerheiligenkapelle ins dritte Viertel des 12. Jahrhunderts. Das Todesjahr Hartwigs II. 1164 bietet einen ungefähren Anhaltspunkt. Eine genauere stilistische Zuordnung fällt aufgrund des reduzierten Denkmälerbestandes schwer. Man hat an die Salzburger Nonnberg-Fresken, aber auch an französische Beispiele wie Berzé-la-Ville gedacht.

Literatur:

J. Traeger, Mittelalterliche Architekturfiktion. Die Allerheiligenkapelle am Regensburger Domkreuzgang (1980).

Jörg Traeger

Der schriftlichen Tradition nach reicht die Geschichte der Alten Kapelle in die Frühzeit von Regensburg zurück. Die Chronik »Ratisbona politica« (1729) läßt in ihr den Taufakt des Agilolfinger-Herzogs Theodo I. und seines bayerischen Hofstaates im 7. Jahrhundert stattfinden; mit der Umwandlung eines »Götzentempels« zum Marienheiligtum habe der hl. Bischof Rupert die Christianisierung Bayerns eingeleitet. Andere Legenden sehen einen direkten Zusammenhang mit einem römischen Tempel an der via principalis des Legionslagers. Glaubhafter sind die Fundbeobachtungen der Regensburger Bauforschung zu Beginn des 20. Jahrhunderts. Demnach befanden sich am Alten Kornmarkt ursprünglich Badeanlagen, die in spätrömischer Zeit von der Lagerkommandantur überbaut wurden. Zahlreiche Spolien des römischen Regensburg waren oder sind noch an der Kirche zu sehen.
Urkundlich ist die Alte Kapelle erstmals 875 erwähnt. In einer Schenkungsurkunde bezeichnet sich Ludwig der Deutsche (826–76) als ihr Erbauer und Errichter eines Kollegiatsstifts. Die der Muttergottes geweihte Kirche dürfte identisch mit der königlichen Hofkapelle Ludwigs sein, die im Areal seiner Pfalz am Alten Kornmarkt lag und – dem Chronisten nach – mit Spolien der römischen Stadtmauer erbaut wurde. Im Zusammenhang mit dem Pfalzneubau Kaiser Arnulfs von Kärnten nach 887 bei St. Emmeram mag die Bezeichnung »antiqua capella« aufgekommen sein. Der Stadtbrand von 891 muß die Alte Kapelle stark in Mitleidenschaft gezogen haben. 967 wird sie jedenfalls als ganz verfallen bezeichnet. Erst König Heinrich II., im nahen Abbach geboren, ließ im Rahmen seiner Gunstbeweise bei Regierungsantritt 1002 die »im Königshofe zu Regensburg gelegene Kapelle« vom Fundament aus neu errichten und ihr den Titel einer »Mutterkirche« verleihen. Das Stift stattete er mit Gütern aus. Doch mit der Errichtung des Bistums Bamberg 1007, an dem seine Gemahlin Kunigunde maßgeblich beteiligt war, trat ein Gesinnungswandel ein. Kirche und Stift zur Alten Kapelle wurden 1009 dem Bischof von Bamberg geschenkt, ein Bamberger Domherr als Propst eingesetzt.

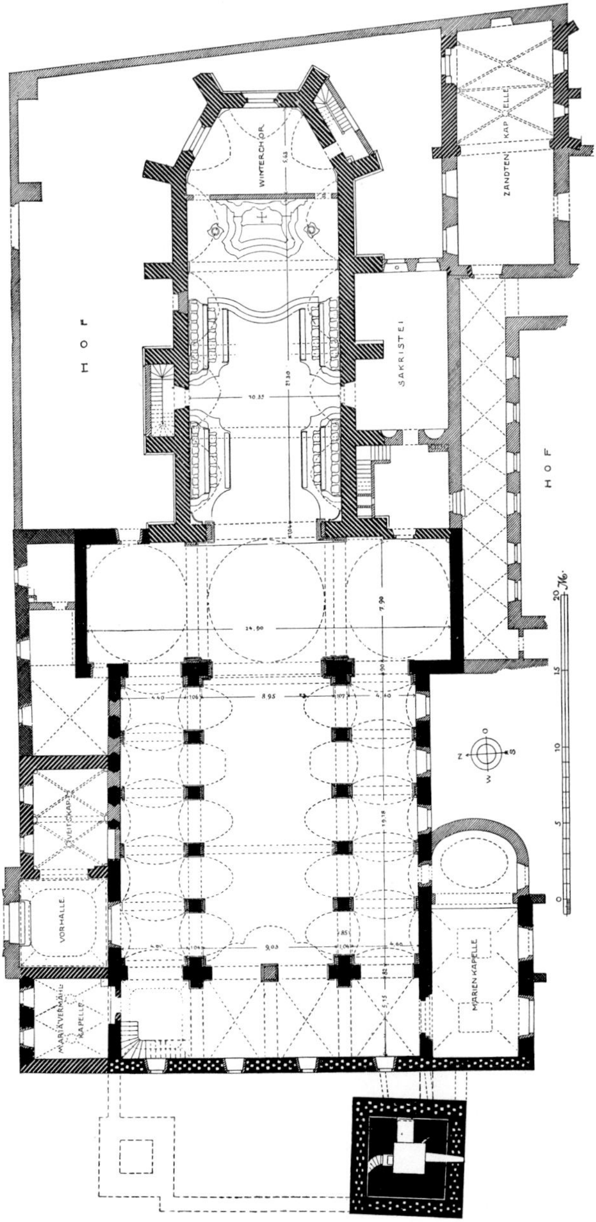

Abb. 3 Regensburg. Grundriß der Alten Kapelle

Die weitere Geschichte der Kirche läßt sich noch heute an der Baugestalt ablesen (Abb. 4 u. 5). Den deutlich erkennbaren Heinrichsbau, der im hohen und späten Mittelalter mit einem Kapellenkranz umgeben wurde, verlängerte man 1441–52 durch einen hohen spätgotischen Chorbau. Er ersetzte die Ostapsis, die an das dreischiffige basilikale Langhaus anschloß. Erhalten geblieben ist das Querhaus, dessen Gestalt noch auf den karolingischen Bau Ludwigs des Deutschen zurückgehen muß, da es außerhalb der romanischen Bautradition Regensburgs steht. Inwieweit die Westsituation ursprünglich ist, läßt sich schwer sagen, da die letzten Bauuntersuchungen vor mehr als fünfzig Jahren stattgefunden haben. Felix Mader schloß aus der nachträglich angebauten Westmauer und der auf der Südseite erhaltenen Doppelstöckigkeit der Kapellen auf ein Westwerk, das nach den Stadtbränden von 1152 und 1176 abgerissen worden sei. Zu dieser Anlage muß auch – mit einem Pendant im Norden – der heute isoliert stehende Glockenturm gehört haben. Er ist in der Unterhälfte mit wuchtigen römischen Quadern ummantelt und geht oben in Bruchsteinmauerwerk über. Im 12. und 13. Jahrhundert wurde er mehrmals erhöht. Ein Westwerk mit eigenem Aufgang und Oratorium für den Kaiser wie in Aachen ist für eine Kaiserliche Hofkapelle sowohl in karolingischer als auch noch in ottonischer Zeit denkbar. Andererseits darf man die Beziehung zur Königs- bzw. Herzogspfalz nicht übersehen. Der Turm der Alten Kapelle liegt etwa in der Flucht des Römerturms – also des Wohnturms an der Nordwestecke der einstigen Residenz. Hier wie dort sind die Untergeschosse mit fein gearbeiteter Quaderung versehen, die sich als Gestaltungselement auch auf die Sockelzone der Westwand an der Alten Kapelle erstreckt. Dort ist auch der Durchgang zur Schäffnerstraße, in dem vielleicht ein uralter Zugang zur Pfalz vermutet werden darf. Es ist nicht auszuschließen, daß es sich dabei um eine groß angelegte Konzeption des Königs- oder Herzogshofs handelt, wie ihn Otloh von St. Emmeram im 11. Jahrhundert beschreibt.
1608 erhielt der Bau eine neue Kassettendecke und neue vergoldete Altäre, doch brachten finanzielle Belastungen und Verwüstungen im Dreißigjährigen Krieg Stift und Kirche an den Rand des Ruins.

Abb. 4 Regensburg. Alte Kapelle, Äußeres von Norden

Erst gegen Ende des 17. Jahrhunderts besserten sich die Verhältnisse. 1747, ein Jahr nach seiner Wahl, leitete der Dekan Johann Michael Franz Velhorn jene programmatische Umgestaltung der Alten Kapelle ein, die weit über die längst fällige Restaurierung hinausging. Zunächst wurde der mittelalterliche Bau mit Gewölben versehen, die Fenster erhielten eine modische Baßgeigenform. 1751 stuckierte der Wessobrunner Anton Landes Langhaus und Querschiff, ein Jahr später malte Christoph Thomas Scheffler aus Augsburg die Deckenfresken. Die Umgestaltung des Chors erfolgte erst 1761–76. Wiederum mit Landes als Stukkator, Gottfried Bernhard Göz als Deckenmaler und Entwerfer des Hochaltars sowie dem Regensburger Bildhauer Simon Sorg, der das Chorgestühl und den Hochaltar ausführte. Bis in die neunziger Jahre zieht sich die Altarausstattung und der Orgelprospekt hin.
Die in sich abgeschlossene, zum Kornmarkt hin geöffnete Lage dokumentiert noch heute die Autonomie des Kollegiatsstifts. Am 1752 gestalteten Nordportal wird die Bedeutung der Alten Kapelle

mittels »Baureliquien« wie in einem Inhaltsverzeichnis angekündigt. Die beiden romanischen Figuren links und rechts, Spolien einer ehemaligen Portalanlage um 1200, stellen – zumindest in der Absicht des 18. Jahrhunderts – die Taufe des Herzogs Theodo durch den hl. Rupert dar. Die hochgotische Muttergottes mit Kind darüber, flankiert von zwei romanischen Portallöwen, nimmt auf das Patronat und – wie eine heute verschwundene Inschrift des 18. Jahrhunderts bestätigte – auf das Gnadenbild Bezug. Dieses Gnadenbild, ein sogenanntes Lukasbild, das der Evangelist von der Gottesmutter gemalt haben soll, wurde der Tradition nach Kaiser Heinrich II. anläßlich der Kaiserkrönung in Rom von Papst Benedikt VIII. zum Geschenk gemacht und im Jahr 1014 der Alten Kapelle übergeben. Während der Restaurierung 1959–61 stellte sich heraus, daß die byzantinisierende Darstellung der sogenannten Dexiokratusa, abhängig vom berühmten Gnadenbild von S. Maria del Popolo in Rom, vermutlich im ersten Viertel des 13. Jahrhunderts in Süddeutschland entstanden sein muß. Riegellöcher und eine bemalte Rückseite machen es wahrscheinlich, daß es sich um eine Tür zu einem Schrein handelte, der das wahre Gnadenbild enthielt. Nach Verlust des originalen Bildes muß irgendwann die Kopie an seine Stelle getreten sein. 1451 wird es in dem neuerbauten Chor »bey den Stuln«, also dem Chorgestühl, erwähnt. 1694 erhielt es seinen Platz in der heutigen Gnadenkapelle an der Südseite des Langhauses. Dort thront es heute zwischen den Stifterfiguren Heinrich und Kunigunde, die Johann Baptist von Dirr in volkstümlichem Rokoko geschnitzt hat. Während die Stuckierung des gotischen Kapellenraums vom Ende des 17. Jahrhunderts stammt, hat sich im Südportal zur Kirche die romanische Anlage des 12. Jahrhunderts erhalten.

Zu den weiteren, im Mittelaltar angebauten Kapellen der Stiftskirche gehören außerdem im Norden die Vituskapelle (1270–80) mit romanischem Taufstein, sowie die Mariavermähl-Kapelle (Cappellula sub gradu), die als Ort der Gründungslegende und Pfalzkapelle der Agilolfinger gilt. Im Südosten erstreckt sich der im Kern gotische Kreuzgang, an den sich die Sakristei (um 1600) und die Zant-Kapelle (1299) anschließen.

Abb. 5 Regensburg. Alte Kapelle, Inneres nach Osten

Das Innere der ehrwürdigen Kirche ist heute durch die Umgestaltung des Rokoko geprägt (Abb. 5). Adolph Menzel hat das malerische Raumbild in einer Ölskizze festgehalten. Durch die spätottonischen Raumproportionen, die im Lang- und Querhaus noch deutlich ablesbar sind, ist keine lichte Rokokokirche entstanden,

sondern ein in Gold und Rosa auffunkelndes, märchenhaft verklärtes mystisches Raumbild. Die aus Stuck gebildeten Rahmen, Girlanden, Kartuschen und Rocaille-Ornamente sind wie Streumuster gleichmäßig über Wände und Gewölbe verteilt, wirken im Verbund mit den Deckenbildern und dem als Raumabschluß konzipierten Hochaltar der mittelalterlichen Raumflucht entgegen. An eine Verniedlichung hat man dabei am wenigsten zu denken. Vielmehr ist die Rokoko-Umgestaltung aus jenem programmatischen Geist der Frühaufklärung zu verstehen, dem bereits in den dreißiger Jahren des 18. Jahrhunderts St. Emmeram und die (1837 abgebrochene) Augustinerkirche mit ihren üppigen Rauminszenierungen der Gebrüder Asam gehuldigt hatten. Wie in St. Emmeram geht es auch in der Alten Kapelle um Visualisierung der heiligen Traditionen, um Einbeziehung der Historie in den Plan der Heilsgeschichte. Die szenenhaften Deckenbilder Schefflers im Langhaus erzählen von der Taufe Herzog Theodos und der Übergabe des Gnadenbildes. Die Wandbilder über den Arkaden sind legendenhafte Episoden aus dem Leben Heinrichs und Kunigundes, die den Einbruch göttlicher Gnade auf das heiliggesprochene Königspaar verdeutlichen. In der Vierungskuppel mit Maria als Himmelkönigin und allen in der Kirche durch Altar- oder Kapellenpatrozinien vertretenen Heiligen ist das Stifterpaar mit dem Modell der Alten Kapelle an vorrangiger Stelle plaziert. Seitlich im Querhaus werden die wundersamen Episoden des Langhauses weitergeführt. In der Szene des »Becherwunders« etwa wird Bezug auf einen in der Schatzkammer befindlichen Kultgegenstand genommen, den Heinrichskelch, der sich seit der Säkularisation in der Münchner Schatzkammer der Residenz befindet. Das Einbinden vorhandener Heilsgegenstände in die Heiligenglorie ist als Akt der Legitimation des Stifts und seiner sich selbst zugemessenen Bedeutung zu verstehen. Am Chorbogen lenkt eine große, von Engeln gehaltene Stuckkartusche den Blick auf sich. Dort ist der kaiserliche Doppeladler anachronistisch mit dem bayerischen Rautenwappen verbunden, Erinnerung an die Herkunft Kaiser Heinrichs II. und propagandistischer Hinweis auf den Titel »Kayserl. Collegiat-Stift«.
Im Chor selbst vollzieht sich die Wendung aus der Historie in den

Triumph des Heiligen und Göttlichen. Das Deckenbild schildert die Vision des hl. Johannes vom apokalyptischen Himmel. Es geht dabei besonders um jene Stelle der Apokalypse, in der Christus die Könige als Gottes Stellvertreter einsetzt. Heinrich und Kunigunde mit dem Modell der Alten Kapelle knien im Reigen der Ältesten vor dem Weltenrichter. Die thematisch variierte Wiederholung der Stifterdarstellung gleicht dem Schema einer Litanei. Die Penetranz der Herrscherpräsenz hebt sich durch das beschwörende Moment der Anrufung auf. Eine Art plastisches Résumée stellt der gewaltige Hochaltar Simon Sorgs dar, der mit bizarren Flügelbauten den dahinterliegenden Winterchor abtrennt. Seitlich der Madonna, die als apokalyptisches Weib dargestellt ist, tritt in historisierender Gewandung nochmals das Stifterehepaar in voller Gestalt auf. In der Altarbekrönung erwartet Gottvater mit pathetischer Armgeste unter einem Thronhimmel die Ankunft Mariens und des Gottessohns. Auf den Voluten des Architravs sitzen die Evangelisten Johannes und Lukas, die mit Buch beziehungsweise dem Gnadenbild der Alten Kapelle als Verkünder der Hl. Schrift in Wort und Bild auftreten. Die apokalyptische Vision im Chorbereich erhält durch den Illusionismus der figürlichen Darstellungen, durch die Bizarrerie der seitlichen Oratorien und des Hochaltars, schließlich auch durch die Präsenz tatsächlicher Heiligtümer (Gnadenbild, Kirchenmodell) einen theatralisch-visionären Zug. Dazu gehören auch jene naturhaften und ethischen Personifikationen, die das Bild des Kosmos beschwören: auf den Oratorien in malerischer Tracht die vier Erdteile Europa, Afrika, Amerika und Asia; darüber die theologischen Tugenden Glaube, Liebe, Hoffnung sowie die Personifikation der Mission. Vasen mit den vier Elementen und Reliefs der Kardinaltugenden runden das Programm ab. Auf seitlichen Freskenbildern erscheinen Petrus und Paulus, nicht nur von Heinrich und Kunigunde verehrt, sondern auch Stadtpatrone Regensburgs. Es ergeben sich also konkrete Querverbindungen von den Stiftern der Alten Kapelle und des Gnadenbildes auf die Evangelisten (Lukasbild), auf Rom, das Kaisertum (Erdteile und Elemente) und die beiden Apostel, sozusagen als Vorgänger Heinrichs II. bei Kirchengründung und Missionstätigkeit.

So sehr man heute die Barockisierung des frühen mittelalterlichen Stifts als kunsthistorischen Eigenwert begreift, konzentriert man sich in der Regel allein auf das ästhetische Erscheinungsbild des späten Rokoko, das trotz unglücklicher Restaurierungen unmittelbar auf den Besucher einwirkt. Daß es sich bei der Umgestaltung durch den Dekan Velhorn um eine prunkvolle Selbstdarstellung des Stifts handelt, wird im Programm sichtbar. Der Bezug auf die Geschichte des Kollegiatsstifts ist zugleich Heiligengeschichte, bedeutet Legitimation des kaiserlichen Titels, der von seiten des Regensburger Hochstifts und des Fürstbischofs angezweifelt wurde. Tagespolitik, ein neues Einsetzen der Marienverehrung und die Rangfrage unter den anderen Klöstern und Reichsstiften Regensburgs: dies alles sind Momente, die bei der prunkvollen Ausgestaltung der Alten Kapelle eine Rolle spielten. Vergessen darf man dabei nicht, daß mit der Bewahrung des mittelalterlichen Außenbaus eine demonstrative Haltung zur Geschichte eingenommen wurde, die unserer denkmalbewußten Zeit Bewunderung abverlangt.

Literatur:
K.-H. Betz, Das ikonologische Programm der Alten Kapelle in Regensburg. VO 118, 1978, S. 7–52. –
Ders., Die Stiftskirche Unserer Lieben Frau zur Alten Kapelle in Regensburg, Kirchenführer (1979[4]). – Kdm. Opf. Bd. 2, 13ff.

Veit Loers

Die Neupfarrkirche

Am 21. Februar 1519 wurden die jüdischen Einwohner Regensburgs informiert, daß sie auf Beschluß des Rates die Stadt zu verlassen hätten: Ihr Quartier werde geschleift und an der Stelle der Synagoge eine Marienkapelle errichtet. Binnen weniger Tage war die fürchterliche Tat vollbracht. Bei den Abbrucharbeiten geschah es, daß der Steinmetzmeister Jakob Kern verunglückte. Seine scheinbar rasche Genesung wurde als Wunder angesehen und bot

Abb. 6 Die Wallfahrt zur Schönen Maria. Holzschnitt von Michael Ostendorfer, um 1519. Museen der Stadt Regensburg

den Anlaß für eine rasch entstehende Wallfahrt, deren extreme Formen auf einem Holzschnitt Michael Ostendorfers festgehalten sind (Abb. 6). Da eine hölzerne Kapelle den Anforderungen bald nicht mehr genügte, holte man Pläne zum Bau einer großen steinernen Kirche ein. Der Auftrag ging an den Augsburger Baumeister Hans Hieber (oder Hueber). Sein 1520/21 entstandenes, großes Holzmodell befindet sich heute im Stadtmuseum (Abb. 7). Es ist »das früheste erhaltene Gesamtmodell in Deutschland, das eine sorgfältige Bearbeitung von Außen- und Innenbau gibt« (I. Büchner-Suchland). Architekturhistorisch darf es als ein Dokument angesehen werden für die neue räumlich-plastische Veranschaulichung der Bauidee – im Gegensatz zur gotischen Methode der rein geometrischen Fixierung von Architektur auf der Fläche nach den Gesetzen eines Maßsystems (»Gründlein«).

Geplant war demnach eine Kirchenanlage auf einem Terrassensokkel, bestehend aus einem westlich gelegenen, hohen, sechseckigen Zentralbau mit vier Konchen und überbautem Portal sowie einem polygonal geschlossenen Langchor mit seitlich angesetzten, zweigeschossigen Seitenkapellen und Türmen. Die Wahl der Form des Zentralbaues für ein Maria geweihtes Gotteshaus ist nicht ungewöhnlich. Die frühmittelalterliche Anlage auf der Festung in Würzburg, die Gnadenkapelle in Altötting, vor allem aber die Klosterkirche in Ettal (gegr. 1330), mit der Hiebers Modell die Stütze in der Mitte des Raumes gemein hat, waren in Deutschland vorangegangen. Den Prototyp bildete letztlich das zweigeschossige Martyrium über dem leeren Grab Marias im Tal Josaphat bei Jerusalem; als wirkungsvolles Beispiel im Westen ist das römische Pantheon anzusehen, das im Jahr 610 als »Sancta Maria ad Martyres« geweiht worden war. Gleichfalls nicht außergewöhnlich war die Weihe an Maria als Titelheilige des Neubaues über einer Synagoge: Maria sollte hier – wie schon früher in Nürnberg, wo die Frauenkirche (begonnen 1355) gleichfalls an die Stelle des zerstörten jüdischen Bethauses trat – als Bild der Ecclesia verstanden werden. Geht man davon aus, die Mittelstütze des Westbaues sei als Aufstellungsort für das Gnadenbild vorgesehen gewesen (ob, beziehungsweise in welchem Gemälde es sich erhalten hat, ist unge-

Abb. 7 Holzmodell zur Wallfahrtskirche der Schönen Maria von Hans Hieber, um 1519. Museen der Stadt Regensburg

klärt), so wäre in Regensburg dieser Gedanke sehr anschaulich verwirklicht worden. Denn in diesem Fall hätten die vierundvierzig Heiligen (darunter die in Regensburg schon früh verehrten Vierzehn Nothelfer), mit deren Statuen die Strebepfeiler besetzt werden sollten, wie ein himmlischer Hofstaat um die Königin im Zentrum gestanden.

Als Konsolen für die meisten der Heiligengestalten (Michael Ostendorfer hat sie auf das Modell gezeichnet) an den gestuften Strebepfeilern waren balusterähnliche Halbsäulen geplant. In diesem ungewöhnlichen Zueinander zweier ihrem Ursprung nach verschiedenen Architekturformen offenbart sich ein Grundzug des Baues: Die Vermählung von einheimisch-gotischen Konstruktions- und Zierelementen mit oberitalienischen Dekorations- und Bauformen; Hieber wird sie teils aus eigener Anschauung, teils aus graphischen Blättern gekannt haben. Ähnliches läßt sich nämlich auch über die sieben großen Rosettenfenster des Obergadens sagen: ihre Maßwerkformen entsprechen süddeutscher Tradition, ihre wiederholte Anbringung am gesamten Kirchenbau hat hingegen italienische Vorbilder. Man denkt besonders an den Dom von Pavia, dessen Modell Hieber in der dortigen Dombauhütte sehen konnte. Es zeigt große Obergadenoculi sowie eine umlaufende Balustergalerie; auch dies läßt an eine Anleihe denken. In Regensburg zieht sich die Galerie in Fußbodenhöhe des Obergeschosses teils am Außenbau entlang (Hexagon, Chorpolygon), teils verschwindet sie im Inneren. In den hohen, von einem Pyramidendach bekrönten Zentralbau öffnen sich vier Konchen. Obgleich es auch nördlich der Alpen mit dem Zentralbau von St. Salvator in Passau (begonnen 1479) eine verwandte Anlage gibt – dort sitzen die Emporen zwischen den eingezogenen Streben – wird der Betrachter der Wandfelder des Regensburger Gemeinderaums auch an die Chorseiten des Florentiner Doms mit ihren hohen Konchen und den darüberliegenden Oculi erinnert. Für die Konchendächer, die als flache Halbzwiebelkuppeln gebildet sind, lassen sich hingegen sowohl italienische wie deutsche Holzschnittillustrationen als Vorbilder angeben. Ein rein bodenständiges Motiv sind die Türme am Chorbeginn: ihre Stellung hat Hieber sicher vom Dom seiner Heimatstadt Augsburg übernommen. Die geschickte Überleitung des Turmquadrats zum Oktogon durch überkreuzendes kielbogenförmiges Sprengwerk verdankt Hieber den Lösungen seines Lehrmeisters Burkhard Engelberg in Bozen, Schwaz und Augsburg (St. Ulrich). Vom Regensburger Dom kam sicher die Anregung, das Gebäude auf einen Sockel zu stellen und im Westen eine

Abb. 8 Neupfarrkirche in Regensburg, seit 1542 evangelische Hauptkirche (1519–1537, Ausbau der Türme 1560 und 1595, Westchor 1860)

breite Treppenanlage auszubilden. Oberitalienischen, genauer, venezianischen Einfluß offenbart hingegen wieder der Schluß des Chores: er ist im Inneren halbrund, außen polygonal gebildet. Auch viele Detailformen, besonders die Gestalt der Kapitelle und die Felderung der Pilaster haben ihre nächsten Verwandten in Venedig, besonders in Werken des Mauro Coducci.
Von dieser außergewöhnlichen, auf Synopse ausgerichteten Bauidee, die zu den großartigen des 16. Jahrhunderts in Deutschland zählt, wurde, nachdem die Wallfahrt ebenso rasch abflaute wie sie anlief, allerdings wenig verwirklicht. Als man 1540 die Kirche konsekrierte, stand nur der Chor samt den Türmen. Erst 1860 wurde durch Ludwig Folz ein westlicher Teil, in kleineren und anspruchsloseren Formen als geplant, errichtet (Abb. 8). Er beherbergt die Emporen, von denen aus der protestantische Gottesdienst verfolgt werden kann: 1542 wurde der als Wallfahrtskirche geplante Bau als »Neue Pfarre« für die evangelische Gemeinde in Anspruch genommen.

Literatur:
G. Stahl, Die Wallfahrt zur Schönen Maria in Regensburg. Beiträge zur Geschichte des Bistums Regensburg 2, 1968, 35–282. – I. Büchner-Suchland, Hans Hieber. Ein Augsburger Baumeister der Renaissance (1962). – W. Pfeiffer, Notizen zu Irmgard Büchner-Suchland, Hans Hieber. VO 104, 1964, 235–245. – A. Hubel, Die Schöne Maria von Regensburg (1977).

Karl Möseneder

Die Dreieinigkeitskirche

1563 hatte ein Unwetter die von Protestanten zu Predigten genutzte mittelalterliche Oswaldkirche längerfristig unbenutzbar gemacht. Daraufhin drang man gewaltsam in die Dominikanerkirche ein und adaptierte das Langhaus als Predigtsaal; der Chor verblieb den Mönchen. 1626 jedoch erreichten die Dominikaner nach langwierigen Verhandlungen unter Vermittlung des Reichshofrates in Wien, daß die Kirche gänzlich an sie zurückkomme. So wurde die

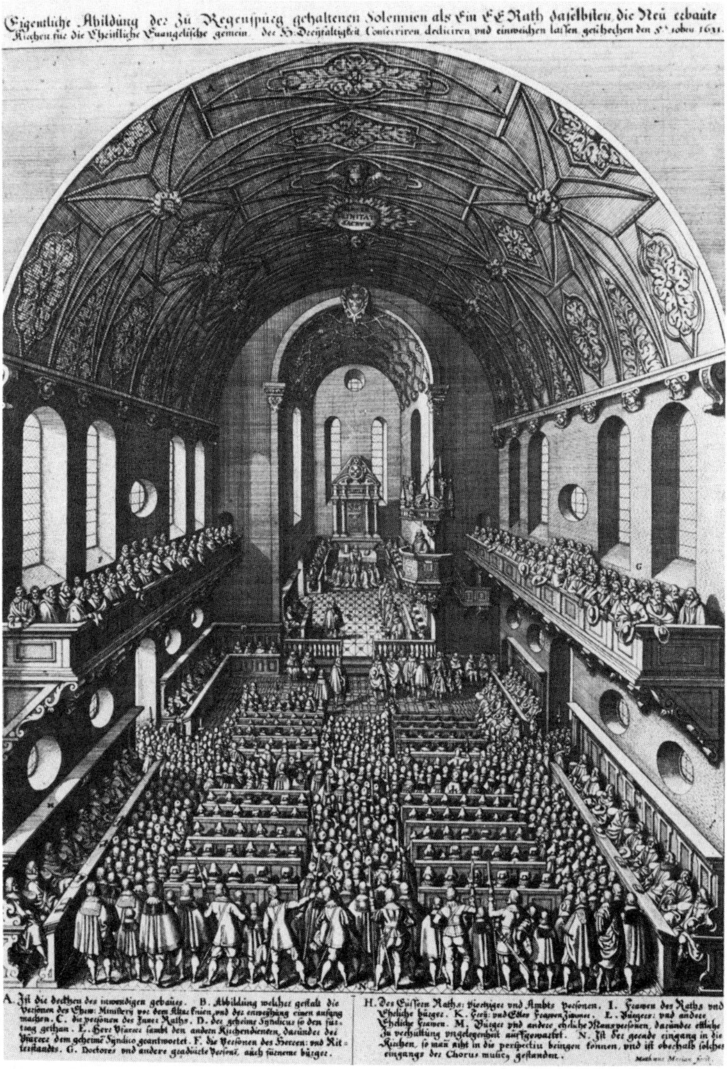

Abb. 9 Regensburg. Dreieinigkeitskirche. Kupferstich von J. P. Schwenter und M. Merian, Einweihungsfeier, 1631

Errichtung einer eigenen großen Kirche für Predigten dringend notwendig, zumal nun auch zahlreiche Exulanten aus Österreich und der Oberpfalz in der protestantischen Reichsstadt Zuflucht suchten.
Zunächst hatte man den pfalz-neuburgischen Baumeister Matthias Stang den Jüngeren als Architekten ausersehen, nicht zuletzt wohl deshalb, weil er die Pläne Joseph Heinz' für die Hofkirche in Neuburg a.D. gut kannte, die als protestantische Antwort auf die Michaelskirche der Jesuiten in München gedacht gewesen war. Nachdem sich Stang aber mit seinem Riß säumig erwiesen hatte, berief man aus Nürnberg Hans Carl. Sein Hauptbetätigungsfeld war bis dahin der Festungsbau und die Artillerie gewesen.
Im ersten Planungsstadium dachte sich Carl den Bau als hoch überdachte und gewölbte Hallenkirche mit Westturm, niedrigerem angesetzten Chor und Strebepfeilern, die deutlich an spätgotische Vorbilder erinnern. Wegen der hohen Kosten für die zuzurichtenden Werkstücke wurde dieses Projekt verworfen. Ein schlichterer zweiter Entwurf weist diese Nachteile nicht mehr auf. Der dritte, gegenüber der zweiten Fassung nur leicht korrigierte Entwurf wird schließlich ab 1627 ausgeführt. Bereits am 5. Dezember 1631 konnte man die Kirche weihen (Abb. 9).
Die Dreieinigkeitskirche – eine der bedeutendsten protestantischen Kirchen Süddeutschlands und seltenes Beispiel einer anspruchsvollen Bauunternehmung während des Dreißigjährigen Krieges – ist durch ihren weiten tonnengewölbten Saal und den hellen rechteckigen Chor in besonderem Maß gekennzeichnet (Abb. 10). Chöre mit gleichem Grundriß finden sich häufig bei kleinen Landkirchen, welche in der Regel späte Ausformungen eines verbreiteten mittelalterlichen Kirchentyps darstellen: der Saalkirche mit abgeschnürtem, rechteckigem und gewölbtem Chorraum, über dem ein Turm aufragt. In Regensburg ist kein Ostturm vorhanden, statt dessen flankieren – vielleicht in Anlehnung an die unweit gelegene Jakobskirche – zwei schlanke Türme den Chor.
Betrachtet man die Abfolge der Entwürfe, so erscheinen die Planungsfortschritte ohne direkten Rückgriff auf ein bestimmtes Vorbild denkbar. Vielleicht wirkte aber doch die Kenntnis eines Wer-

Abb. 10 Regensburg. Dreieinigkeitskirche. Innenansicht nach Nordosten

kes fördernd und klärend. Die evangelische Pfarrkirche im hessischen Nidda, 1616 bis 1618 vermutlich von Jakob Wustmann erbaut, weist nämlich verwandte Züge auf. Auch sie ist ein geräumiger Saalbau mit Satteldach und rechteckigem eingezogenen Chor, allerdings mit Chorturm, dem genannten ländlichen Typus entsprechend. Wie in Regensburg erhellen über und unter den Emporen, die an drei Seiten das Langhaus umziehen, Fensterreihen den Raum. Trotz dieser Ähnlichkeiten gibt es markante Unterschiede. Die Anordnung und Form der Fenster sind in Regensburg wesentlich differenzierter als am betont schlicht und bewußt profan wirkenden Bau in Nidda. Außerdem ist die Öffnung zum Chor dort als Spitzbogen, hier als Rundbogen geführt und der weite Saal der Dreieinigkeitskirche von einer mächtigen Tonne, nicht von einer säulengestützten Flachdecke überspannt. Vorbildhaft für Carls Saallösung war das Obergeschoß des einst berühmten Lusthauses in Stuttgart, das Georg Beer ab 1583 errichtet hatte. Auch dort setzt sich die weite hölzerne Tonne, gehalten vom Dachstuhl eines mächtigen Satteldachs, flach von den schweren Mauern ab. In Regensburg applizierte Georg Vest um die Sonne der Dreieinigkeit im Zentrum des Gewölbes sternförmig verlaufende Stuckrippen sowie in Feldern Cherubsköpfe und pflanzliche Ornamente. Aus Stein gearbeitet sind hingegen die gotisierenden schlingenförmigen Rippen über dem Chor.

Den Betrachtern des 17. und 18. Jahrhunderts erschien besonders bemerkenswert, daß keine Stützen die Sicht der Gläubigen auf Kanzel und Altar beeinträchtigen. Denn die Emporen werden an den Langseiten nicht von Pfeilern oder Säulen getragen, sondern von Konsolen, die in den Wänden verankert sind. Diese besondere Lösung hatte der bedeutendste Theoretiker des protestantischen Kirchenbaus, Leonhard Christoph Sturm, im Auge, als er 1718 schrieb: »Ich habe in meiner Jugend/ da ich noch nichts von der Architektur verstunde/ die neue Lutherische Kirche zu Regensburg gesehen/ weiß mich wohl zu erinnern: daß sie sehr groß/ und dennoch keine Pfeiler darinnen/ und daß sie wohl meist am Raum geviert war/ daß ich daher nun sicher schliessen kan/ es sey eines der besten Meister-Stücke in gantz Teutschland.«

Die Dreieinigkeitskirche ist also ein durchaus individueller Bau, wenn auch die Tradition der einfachen Saalkirche mit eingezogenem Chor nachwirkt. Denn alle vergleichbaren Züge erfuhren prägnantere Ausprägung und die Dimensionen erhebliche Steigerung. Die Länge des Baues beträgt nun über 50 gegenüber knapp 30 m in Nidda. Die klare Raumform, die dort und anderswo eher Anspruchs- und Mittellosigkeit entsprang, wird hier als Resultat eines gestalterischen Wollens interpretierbar. Dies bestätigen die Proportionsverhältnisse: das Langhaus ist gleich breit wie hoch, und die Weite des Chores beläuft sich auf die Hälfte jener des Langhauses. Die beiden Räume, über denen sich das Turmpaar

Abb. 11 Regensburg. Dreieinigkeitskirche. Kupferstich von G. Hüpschmann, Idealansicht mit Skulpturenschmuck, 1636

erhebt, haben quadratischen Grundriß und ordnen sich dem Ganzen harmonisch unter. Aus diesen klar und einfach dargestellten Verhältnissen resultiert unter anderem jene »merkwürdige Mischung von festlicher Weite und abstrakter Strenge«, von der Engelbert Kirschbau einmal sprach.

Bis jetzt nicht zur Aufstellung kamen bedauerlicherweise die zahlreichen Skulpturen, die Leonhard Kern für die drei Portale geliefert hatte. Eine graphische Idealansicht (Abb. 11) von Georg Hüpschmann (1636) zeigt, was geplant war: im Westen ein Pelikan (vgl. Ps. 101, 7), flankiert von den Personifikationen des Glaubens und der Hoffnung; im Norden eine Henne (Mtth. 23, 37; Luk. 13, 34)

und die Skulpturen der Liebe und vielleicht der Pietas; im Süden sollte ein Phoenix wohl mit Klugheit und Gerechtigkeit seinen Platz finden, die Christusallegorie in Tiergestalt jedenfalls auch von Tugenden begleitet werden. Das unmittelbare formale Vorbild für die Einzelgestaltung der drei Dreiergruppen – sicher Anspielungen auf die Dreieinigkeit – ist in Nürnberg zu finden. Joachim Toppmann hatte dort 1616 nach dem Entwurf von Christoph Jamnitzer für das mittlere Portal des Rathauses Prudentia und Justitia zu seiten eines Pelikans geschaffen.
Der 1637 vollendete Altar zeigt als Hauptgemälde das Letzte Abendmahl (von Leonhard Schemel?) und in der Predella die Darstellung der Taufe Christi vom Regensburger Maler Paul Johann Schwenter. Die Kanzel wurde 1656 unter Verwendung des älteren Schalldeckels aufgestellt.

Literatur:
W. Pfeiffer, Addenda zur Ausstattung der Dreieinigkeitskirche in Regensburg. VO 107, 1967, 93–101. – K. Möseneder, Die Dreieinigkeitskirche in Regensburg. Ein protestantischer Kirchenbau. In: Martin Luther. Eine Spiritualität und ihre Folgen. Schriftenreihe der Universität Regensburg 9 (1983) 171–255.

Karl Möseneder

Exkursion I: Regensburg

Die Beiträge über Kirchen in Regensburg bieten nur eine besondere Auswahl zur glanzvollen Baugeschichte der ehrwürdigen Reichs- und Bischofsstadt. Andere bedeutende Denkmäler und Architektur-Ensembles von Rang können auf den angekündigten Exkursionen oder auf eigene Faust entdeckt werden. Auf dem Gang durch die römische und frühmittelalterliche Vergangenheit sollen zwei knappe Leitfäden helfen.

Das römische Regensburg

Archäologie und Geschichte des römischen Regensburg sind ausführlich beschrieben, so daß hier Stichworte genügen müssen. Die Frühgeschichte ist allerdings nur aus Bodenfunden zu erschließen. Sie belegen immerhin, daß der heutige Ort auf ein Truppenlager zurückgeht, das nach einem politisch-militärischen Konzept im Donaubogen errichtet wurde, und nicht auf eine stadtplanerische Vision, wie sie neuerdings Werner Gauer vertritt. In flavischer Zeit wurde im jetzigen Stadtteil Kumpfmühl ein Kastell für 500 Mann Hilfstruppen angelegt. Am Rand der Hochterrasse gegenüber der Naab- und Regenmündung waren so auch die Verkehrswege über den Strom nach Böhmen und Mitteldeutschland zu kontrollieren. Ältere Einzelfunde im Stadtgebiet belegen höchstens die Anwesenheit von Spähkommandos. Erst gleichzeitig mit dem Kastell entstand eine Zivilsiedlung am Donauufer, die keinen Vorläufer besitzt. Den keltischen Namen Radaspona müssen keltisch-germanische Bewohner aus der Region übertragen und überliefert haben. Die geringe militärische Sicherung kam die Römer in den Markomannenkriegen (166–180 n.Chr.) teuer zu stehen. Bei germanischen Einfällen muß das Kastell 170/172 oder spätestens 174/175 niedergebrannt worden sein, seine Mauern dienten hinfort als Steinbruch. Die Überreste der Donausiedlung gingen in der neuen Vorstadt (canabae) des festen Lagers auf, das Marcus Aurelius (161–180) als militärische Gegenmaßnahme aufbauen ließ. Besetzt von der III. Italischen Legion, demonstrierte es mit massiven Quadermauern direkt gegenüber der Regenmündung zugleich den Machtanspruch Roms. Von der monumentalen Anlage haben sich eindrucksvoll wenigstens Mauerfluchten (Ostmauer unter dem Parkhaus am Dachauplatz, Südostecke am Ernst-Reuter-Platz) und die Porta Praetoria (unter den Schwibbögen) erhalten, die neben der Porta Nigra in Trier im römischen Deutschland ihresgleichen sucht. Obwohl einige Umstände unklar sind, datiert eine Bauinschrift die Einweihung des Lagers genau in die erste Hälfte des Jahres 179.

In den nachfolgenden Jahrzehnten erlebte Regensburg seine Blütezeit (Abb. 12). Mit dem Legionslager entstand an der Naabmündung im Stadtteil Großprüfening ein Kleinkastell, dessen 8 m hohe Umfassungsmauern sichtlich aus dem zeitgenössischen Rahmen fallen und eine besondere Funktion vermuten lassen. Um das Kastell entwickelte sich eine zweite stattliche Zivilsiedlung mit Wirtschaftsbetrieben. Der rechtliche Status der canabae am Legionslager ist unbekannt, doch haben neuere Ausgrabungen mindestens baulich ein stadtartiges Gepräge erwiesen. Zum Ort gehörten Gräberfelder und Tempelbezirke. Außerdem wurde das Umland intensiv aufgesiedelt, wie zahlreiche villae rusticae belegen (vgl. Bd. 5 Abb. 7). Im Zuschnitt der Niederlassungen und in den Grabinventaren spiegelt sich ein bescheidener, aber gesicherter Wohlstand. Die rasche und augenfällige Romanisierung mediterranen Charakters der frühen Okkupationszeit mündet jetzt jedoch in eine spezifisch rätische Provinzialkultur, in der eindeutig ein keltisch-germanisches Element wieder durchschlägt, abzulesen an der Keramik, der Kleinkunst und Tracht, vor allem in den Steindenkmälern.

Den Stürmen der Völkerwanderungszeit konnte freilich auch Regensburg nicht trotzen, erstmals wurde es 242/244 von den Alamannen geplündert und zerstört. Nachdem 259/260 der norddanu-

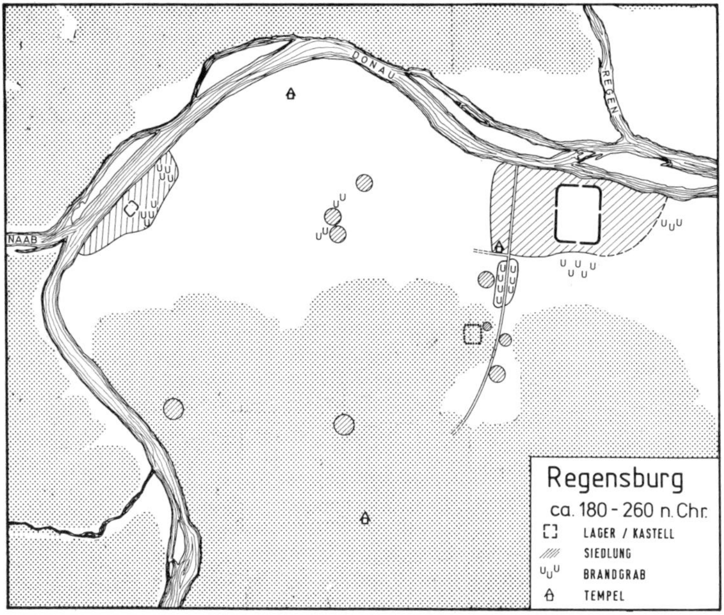

Abb. 12 Römische Besiedlung um Regensburg nach Errichtung des Legionslagers Castra Regina (nach Th. Fischer)

bische Limes überrannt worden war, müssen nach münzdatierten Schuttschichten weitere Überfälle mit Brandkatastrophen unter Probus (276–282) oder Diokletian (284–305) stattgefunden haben und später wieder beim Einfall der Juthungen (357) oder unter Valentinian (364–375).

Einzelne Raubzüge auf die ländlichen Anwesen lassen sich kaum datieren, doch wurde das Umland einschließlich der canabae in der zweiten Hälfte des 3. Jahrhunderts jedenfalls größtenteils aufgegeben. Die Legion selbst teilte man schon an der Wende vom 3. zum 4. Jahrhundert in sechs Einheiten, von denen nur noch eine in Castra Regina blieb, wie der Ort seinerzeit genannt wurde. So bildete allein das Lager innerhalb der Trümmerlandschaft eine relativ ruhige Insel, auf der in Zeiten politischer Stabilisierung Handel und Handwerk kurzfristig erneut aufblühen konnten. Ein

Burgus gegenüber der Naabmündung wurde vielleicht als Glied in der Kette von Wachttürmen und Kleinkastellen errichtet, mit denen Valentinian die Grenze nochmals zu sichern versuchte. Der Verfall der römischen Herrschaft war indessen vorgezeichnet. Für das 4. und 5. Jahrhundert bezeugen zahlreiche Funde den stetigen Zustrom von Germanen nach Regensburg, die zuerst wohl als Söldner in römischen Diensten und schließlich als Neusiedler gekommen sein müssen. Ihre Rolle bei der bairischen Stammesbildung kann man unterschiedlich beurteilen (Bd. 5 S. 93ff. u. S. 242). Immerhin fand das ziemlich unrühmliche Ende des römischen Regensburg im Aufstieg zur agilolfingischen Pfalz wieder einen glänzenden Anfang.

Literatur:
V. Gauer, Castra Regina und Rom. Bonner Jahrb. 181, 1981, 1–88. – H. Th. Fischer, Zur Chronologie der römischen Fundstellen um Regensburg. BVbl. 46, 1981, 63–104. – Ders., Neues zum römischen Regensburg. In: Studien zu den Militärgrenzen Roms. 13. Limeskongreß 1983 in Aalen (im Druck). – H. Th. Fischer u. S. Rieckhoff-Pauli, Von den Römern zu den Bajuwaren. Stadtarchäologie in Regensburg (1982). – U. Osterhaus, Das römische Regensburg – Die Porta Praetoria des Legionslagers in Regensburg – Das römische Kleinkastell in Regensburg-Prüfening. In: Führer zu römischen Militäranlagen in Süddeutschland (1983) 107–113. – S. von Schnurbein, Das römische Gräberfeld von Regensburg (1977). – Regensburg zur Römerzeit (1979).

Sabine Rieckhoff-Pauli

Regensburg im frühen Mittelalter

In seiner Vita des hl. Emmeram beschreibt Bischof Arbeo von Freising (764–783) die Hauptstadt und Festung der Baiern Radaspona als uneinnehmbar, aus Quadern erbaut, mit hochragenden Türmen und mit Brunnen versehen (vgl. Bd. 5 S. 245). Wie aus dem römischen Legionslager der bairische Hauptort geworden ist, bleibt allerdings weitgehend unklar. Im Umland muß es auch frühe Zentralorte von ländlicher Beschaffenheit gegeben haben, wie etwa bei Alburg zu vermuten (S. 206). Im übrigen ist die Siedlungsgeschichte der Umgebung noch keineswegs hinreichend aufge-

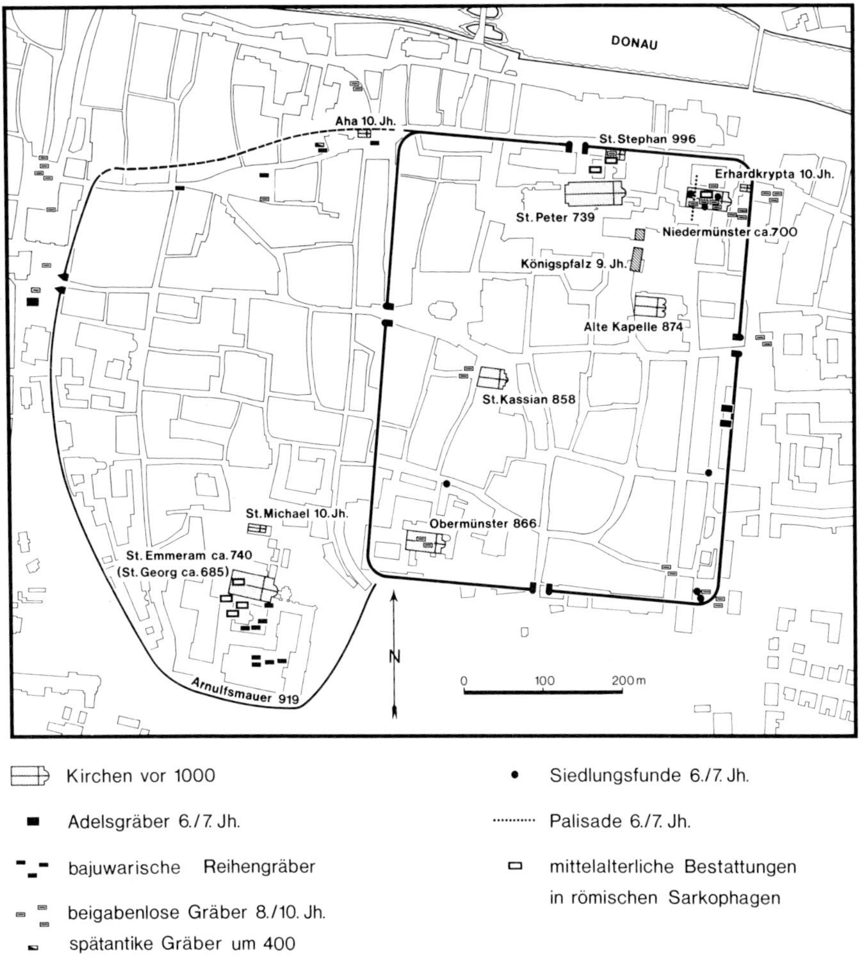

Abb. 13 Regensburg im frühen Mittelalter. Spätrömische, bajuwarische und karolingisch-ottonische Gräber und frühe Kirchen im Bereich des ehemaligen römischen Legionslagers und dessen Zivilsiedlung (nach Regensburg zur Römerzeit [1979] 382 Abb. 148)

klärt, selbst von den -ing-Orten aus einer frühen Gründungszeit sind längst noch nicht überall Reihengräber bekannt. Bei Harting etwa – heute in das südliche Stadtgebiet eingemeindet – wurden erst in den letzten Jahren zahlreiche Bestattungen gehoben. Bedeutsam erscheinen zwei abgesonderte Adelsfriedhöfe aus der Zeit um 600 und 700; auf einem bestanden ehemals Grabhügel. Solche Befunde in unmittelbarer Nachbarschaft zur späteren Herzogspfalz lassen vielleicht Aufschlüsse zur politischen und sozialen Gliederung des Landes erhoffen, die in der Stadt nicht mehr zu gewinnen sind. Jedenfalls sind die Möglichkeiten der Stadtarchäologie durch die mittelalter- und neuzeitliche Überbauung stark eingeschränkt, so daß höchstens noch Teilausschnitte freizulegen sind. Mittelbar oder unmittelbar spiegeln sie durchweg die enge Nachbarschaft von Hof und Kirche innerhalb der römischen Mauern (Abb. 13).

Mit Nachdruck muß allerdings vorweg betont werden, daß die *agilolfingische Pfalz* weder archäologisch nachzuweisen ist, noch über Spuren im Baubestand aus späterer Zeit. Gesucht worden ist sie immer am heutigen Kornmarkt, weil hier rechteckig angeordnete Gebäude bis in karolingische Zeit zurückreichen. Die alte Kapelle im Süden des Platzes ist im Kern sicher unter Ludwig dem Deutschen (817–876) begonnen worden. Dem sogenannten Römerturm vor der St.-Ulrichs-Kirche an der Nordwestecke des Gevierts billigt man Ursprung in derselben Zeit zu. Schließlich lag im Osten des Platzes der ehemalige Freisinger Hof nach einer Urkunde von 1024 im Bereich eines »alten und verfallenen Palastes«. Der sogenannte Herzogshof am Westrand südlich des Römerturms stammt erst aus dem 12. Jahrhundert. Allerdings wird hier auch die Königspfalz des 9. Jahrhunderts lokalisiert, wie denn Karl der Große 788 nach dem Sturz des Bayernherzogs Tassilo III. dessen Pfalz wahrscheinlich übernommen hat (Bd. 5 S. 248). Zu bestätigen ist diese Vermutung nicht. Der Straßenname »Am Königshof« in der äußersten Südostecke des römischen Lagers liegt gut 250 m südlich des Kornmarktes. Er deutet bestenfalls an, daß der gesamte östliche Lagerteil zum Pfalzbezirk rechnete. In der Nordostecke des Lagers hat Klaus Schwarz unter der Niedermünsterkirche festgestellt, daß spätrömische Bauten systematisch abgetragen wurden

und das Gelände offenbar lange Zeit unbebaut blieb. Ob hier eine sorgfältig angelegte Palisade herzoglichen Grund abmarkte, bleibt jedoch offen.
In jedem Fall setzt die Residenz eine Pfalzkapelle voraus, die gerne in der Alten Kapelle gesehen wird (s. S. 14ff.), schon weil sie in den Regensburger Traditionen als »anvanck aller Gotzhäuser in Bayrn« bezeichnet wird. Das trifft für ihr reales Alter sicher nicht zu, könnte sich in übertragener Bedeutung wohl aber auf den besonderen Rang eines herzoglichen Gotteshauses beziehen. Im übrigen schließen im ehemaligen Lager nur zwei weitere *frühe Kirchen* an die agilolfingische Geschichte an. Nach den langjährigen und sehr gründlichen Untersuchungen von Schwarz ist das heutige Niedermünster eindeutig mit dem Wirken des Wanderbischofs Erhard zu verbinden, der hier in einer ersten Steinkirche mit rechteckigem Chor um 700 bestattet wurde. Daß die Kirche von Herzog Theodo eigens für Erhard erbaut wurde, wie Schwarz meint, ist indessen nicht wahrscheinlich zu machen. Das Grab Erhards und das Grab seines seligen Freundes Albert, der als irischer Erzbischof in Regensburg verstarb, bleiben die Bezugspunkte für spätere Erweiterungsbauten bis zur noch bestehenden ottonischen Basilika, die Herzog Heinrich I. und seine Gemahlin Judith in der Mitte des 10. Jahrhunderts gestiftet haben.
Im Dom St. Peter ist durch Grabungen in den zwanziger Jahren nur die Baugeschichte des romanischen Bauwerks einigermaßen aufgehellt. So gibt es über Aussehen und Lage der ältesten Episkopalkirche tiefgreifende Meinungsverschiedenheiten. Schwarz sucht Vorgängerbauten im südöstlichen Kreuzgang, Gertraud Dinzinger unter den Fundamenten der Stephanskapelle, die auch Alter Dom genannt wird. Der Baubeginn kommt erst nach Einrichtung des Bistums durch Bonifatius im Jahre 739 in Betracht, spätestens 778 wird ein Bischofssitz bei St. Peter erwähnt.
Außerhalb der römischen Lagermauern muß auf dem Grund der Basilika von St. Emmeram schon um 700 eine Georgskapelle bestanden haben. In ihr wird, wie wir wieder von Arbeo erfahren, der hl. Emmeram beigesetzt, der gegen Ende des 7. Jahrhunderts sein Martyrium erlitten hat. Die erste Nennung der Klosterkirche um

730 übermittelt den doppelten Weihetitel St. Georg und St. Emmeram. Um 740 läßt Gaubald die Gebeine Emmerams im südlichen Seitenschiff erheben und in einer neuerbauten Ringkrypta unter dem Ostchor beisetzen. Das Kloster entwickelt sich zu einer der wirkungsreichsten geistlichen Kulturstätten in Bayern, bis 973 besetzen seine Äbte im Wechsel mit den Kanonikern des Domstifts den Regensburger Bischofsstuhl.

Wenige *frühe Gräber* und Einzelfunde des 6. und 7. Jahrhunderts lassen sich im Altstadtbereich nordwestlich des römischen Lagers zu Friedhöfen von beträchtlicher Ausdehnung ergänzen (Kohlenmarkt, Haidplatz mit Streuung bis zur Glockengasse). Im Südwesten sind Reihengräber in größerer Zahl bei Umbauten des Klosters St. Emmeram entdeckt worden. Weitere Gräber stammen aus der Umgebung des Alten Rathauses an der äußeren Nordwestecke der römischen Mauer. Im Baubestand des Rathauses ist die Ahakirche aufgegangen, die zwar erst für das 10. Jahrhundert bezeugt ist, nach Kombination mit dem Friedhof aber älter sein könnte. Alle diese Nekropolen mit und ohne Grabkirche liegen außerhalb des alten Mauerberings, während auf dem Boden des Legionslagers nur ein größerer Friedhof mit wenigen, aber typischen Beigaben aus der zweiten Hälfte des 8. Jahrhunderts zum Niedermünster gehört. Beigabenlose Gräber finden sich sonst noch bei St. Kassian, das erstmals 885 genannt wird. In einer sehr gewagten Konstruktion wird der Bau allerdings schon an das Ende des 7. oder 8. Jahrhunderts datiert, und zwar über das seltene Patrozinium, das aus Oberitalien stammen und somit enge Beziehungen der Agilolfinger zu den Langobarden und Kontakte zur Metropolitankirche der römischen Zeit in Aquileia verraten soll.

Anders zu beurteilen ist in jedem Fall die isolierte Grablege eines Adeligen weit im Westen der Stadt auf dem Bismarckplatz. Die Hauptbestattung selbst war allerdings durch einen Befestigungsgraben aus dem 10. Jahrhundert zerstört. Aufgedeckt wurde nur das Nebengrab mit einem Reitpferd und drei Packpferden, in dem das Zaum- und Sattelzeug des Reitpferdes mit eisernen, bronzevergoldeten und silbernen Geschirrteilen vollkommen erhalten war (Abb. 14 und 15). Es stammt aus der Zeit um 600 oder kurz

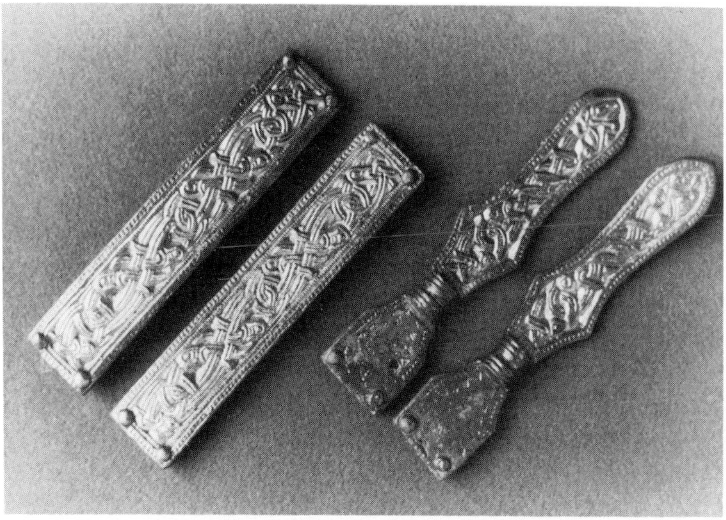

Abb. 14 Regensburg. Bismarckplatz. Pferdegrab um 600 n. Chr. Oben: Vergoldete Riemenbeschläge vom Zaumzeug. Unten: Bronzene Ringtrense

danach, sicher aus dem Besitz eines Vornehmen, der vielleicht noch Heide war. Vielleicht war er auf seinem Hof mit einer Aufgabe betraut, die in irgendeiner Beziehung zur gleichzeitigen oder späteren Pfalz zu sehen ist.

Direkt mit ihr zu verbinden sind nur zwei agilolfingische *Herzogsgräber*, von denen freilich nur die Grabnischen in der breiten römi-

Abb. 15 Regensburg. Bismarckplatz. Pferdegrab um 600 n.Chr. Oben: Silberne Riemenendbeschläge des Sattelzeugs. Unten: Eisernes Steigbügelpaar

schen Ostmauer unter dem Parkhaus am Dachauplatz erhalten waren. Ehemals mit Pfosten und Brettern verschalt, waren sie bis auf wenige Skelettknochen ausgeraubt. Erwähnt werden die verschollenen Funde in der Lebensbeschreibung Karls des Großen bei Notker von St. Gallen 883. Danach hat Karls Enkel, Ludwig der Deutsche, in Frankfurt und Regensburg neue Bethäuser (oratoria) errichten lassen. Und als man der Bausteine wegen eine Stadtmauer abtrug, fand man in Hohlräumen so viel Gold bei alten Gebeinen, daß Ludwig damit nicht nur die Kirchen ausstatten, sondern auch ganze Bücher schreiben und sie mit dicken Golddeckeln einbinden lassen konnte (vgl. Bd. 5 S. 246). Die Anlage der Gräber in der Mauer bleibt merkwürdig und wirft die Frage auf, ob eine Kapelle in der Nähe lag. Jedenfalls fällt auf, daß sich mehrere Kapellen und Kirchen an die Mauer drängen: im Norden die Stephanskapelle oder der Alte Dom, an der Nordostecke die Erhardikrypta, an der Ostseite von Norden nach Süden die Kirche des hl. Martin, die Kapelle zum Nackten Herrgott und die Benediktenkapelle. Die Kapelle zum Nackten Herrgott stand auf dem Klostergelände von St. Clara ungefähr auf dem Ort des südlichen Torturms der Porta principalis dextra, also mindestens in Nähe der Grabnischen. Ihre Entdeckung unterstreicht in jedem Fall den Rang der herzoglichen Pfalz, aber nur weil der Befund durch eine historische Nachricht glücklich ergänzt wird. Die leeren Nischen machen den Substanzverlust für das frühe Mittelalter sinnfällig.

Literatur:
W. Gauer, Castra Regina und Rom. Bonner Jahrb. 181, 1981, 1–88. – Ders., Urbs, Arx, Metropolis und Civitas Regia. VO 121, 1981, 15–84. – U. Osterhaus, Eine Reiterbestattung aus dem frühen Mittelalter aus Regensburg-Bismarckplatz. JbBB 21, 1980, 182–194. – Ders., Eine Adelsbestattung aus der Zeit um 700 n.Chr. aus Regensburg-Harting, Oberpfalz. Das Archäol. Jahr in Bayern 1982 (1983) 131–134. – P. Schmid, Regensburg, Stadt der Könige und Herzöge im Mittelalter (1977). – Kl. Schwarz, Die Ausgrabungen im Niedermünster zu Regensburg. JbBB 13/14, 1972/73 (1977) 7–98. – Ders., Archäologische Geschichtsforschung in frühen Regensburger Kirchen. Beitr. z. Gesch. d. Bistums Regensburg 10, 1976, 13ff. – G. Dinzinger, Der Vorgängerbau der Stefanskapelle im Domkreuzgang von Regensburg. Ebd. 17, 1983, 7–38. – Regensburg zur Römerzeit (1979) bes. 155–174. 273–284.

Udo Osterhaus

Exkursion II:
Südliche Frankenalb mit Altmühl- und Donautal

Die Route

Der Weg (Abb. 16) führt aus der Donauebene ins Schichtstufenland, in dem die Donau westlich Bad Abbach am Prallhang steile Felswände freigenagt hat. Dann steigt er aus der weiten Kelheimer Bucht am Michelsberg auf die südliche Frankenalb. Am Zusammenfluß von Donau und Altmühl besetzt die Befreiungshalle den schönsten Punkt des Umlandes, dessen malerische Vielgestaltigkeit sich auch im Gegensatz zwischen bewaldeten Höhen und idyllischen Talungen dartut. Im Altmühltal selbst fangen allenthalben helle Felsklippen, Burgen, Schlösser und Ruinen den Blick ein. In einigen Dörfern sind die Hausdächer noch sparsam mit Platten

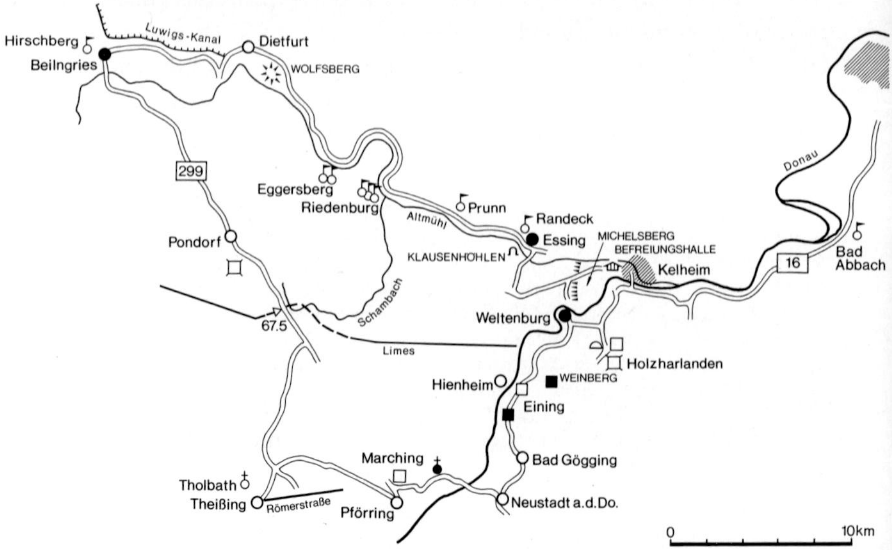

Abb. 16 Exkursion durch die südliche Frankenalb mit Altmühl- und Donautal

aus Jurakalk gedeckt, die schwer auf dem Gebälk lasten und nur flache Neigung erlauben. In der Talweitung bei Dietfurt stehen sich das natürliche Massiv des Wolfsberges mit seinem uralten Ringwall und die brandneue Sparschleuse des Rhein-Main-Donau-Kanals aus Beton wahrhaft wie die Denkmäler zweier Zeitalter gegenüber, wie denn der neue Kanal dem Flußtal überall schon Veränderungen aufgezwungen hat. Von hier an folgen wir der künstlichen Trasse des alten Ludwigs-Donau-Main-Kanals durch das sanftmütige Ottmaringer Tal bis Beilngries, wo die B 299 nach Süden über den Rücken der südlichen Frankenalb abschwenkt. Die wasserarme Hochfläche bietet wenig markante Punkte an, manche Ansiedlungen schmiegen sich auffällig in feuchtere Mulden. Weitum der einzige Wasserlauf von Bedeutung ist die Schambach, die wohl auch den merkwürdigen Knick im Limes verursacht hat. Mit dem Abstieg auf der südlichen Abdachung erreicht man breite Lößflächen mit vorzeitlicher Besiedlung. Zwischen Pförring und Neustadt liegt in der Stromniederung der Ostzipfel des Donaumooses. Am rechten Flußufer erstreckt sich uraltes Kulturland, in dem Gögging – Eining – Weltenburg gemäß der Streckenführung nur eine Auswahl unter vielen bemerkenswerten Orten darstellen. Zu erwähnen bleibt noch die Weltenburger Enge als großartiges Naturdenkmal von eigenem Rang. Zwischen stillen Wäldern und massigen Felsen setzt sie einen würdigen Rahmen für das Kloster und namentlich die Asam-Kirche als feierliches Kunstwerk von Menschenhand.

Burgen und Schlösser

Burgen und Schlösser werden hier mit Stichworten aufgelistet, weil sie als Landmarken an den Exkursionswegen liegen. Ihre baugeschichtliche und historische Würdigung ist nicht beabsichtigt, zumal sie nur eine kleine und eigentlich zufällige Auswahl aus der ungewöhnlichen Menge noch ganz oder teilweise erhaltener Bauten darstellen. Allein in der Oberpfalz werden mitsamt den Ruinen über 600 gezählt, nicht gerechnet zahllose verödete Burgstellen ohne Namen und Nachweis. Die Frühgeschichte der ältesten Burgen ist meist dunkel; aus dem 9. Jahrhundert stammt vielleicht die Reichsburg Cham (s. S. 162), mindestens für das 10. Jahrhundert ist ein castellum bei Donaustauf bezeugt, das aber noch nicht den Festungscharakter der mittelalterlichen Burg besaß (s. S. 220). Die übrigen Anlagen entstehen durchweg als Ministerialensitze für kleine und große Dynasten und sind als ausgesprochene Höhenburgen kaum vor dem 11. Jahrhundert begründet worden. Als Bauwerke selbst werden sie in der Regel erst ein oder zwei Jahrhunderte später bezeugt. Insgesamt bezeichnen sie eine frühe Territorialgeschichte mit Ausdehnung besitzreicher Geschlechter, die im Falkensteiner Vorwald mit der Rodung der großen Forsten zusammengeht (s. Bd. 5 S. 64). Ihnen stehen Schlösser und Ansitze von Hofmarksherren aus dem späten Mittelalter und der frühen Neuzeit gegenüber, die wenigstens zum Teil auf älterem Burgengelände errichtet sind. Noch um 1700 war das Land mit ihnen geradezu übersät, inzwischen sind viele von ihnen völlig umgebaut oder gänzlich abgegangen wie in Ottmaring (s. S. 105 Abb. 43), ehe Michael Wening sie von 1689 an für eine umfänglich geplante Aufnahme aller »Stätt, Märckt, Clöster, Graf- und Herrschaften, Schlösser, Probsteyeren, Commenduren, Hofmarcken, Sitz und Sedl« im Kurfürstentum Bayern in Kupfer stechen konnte. Kunstvoll ausgebaut werden nur die bischöflichen Residenzen, Wörth als Renaissance-Festung (s. S. 156) und Hirschberg über Beilngries als Sommerschloß im Rokokostil (s. S. 53).

Literatur (in Auswahl):
K. Gröber, Oberpfälzische Burgen und Schlösser (1925). – U. Pfistermeister, Burgen der Oberpfalz (1974). – Dies., Schlösser der Oberpfalz (1975). – G. Stetter, Michael Wening (1964). – F. Prinz zu Sayn-Wittgenstein, Schlösser in Bayern. Residenzen und Landsitze in Altbayern und Schwaben (1972). – M. Wening, Historico-Topographica Descriptio, Bd. 1–4 (1701–1726) bes. 4 (1726): Das Rennt-Ambt Straubing mit Grafschaft und Gericht Camb. – Handbuch der historischen Stätten Deutschlands 7. Bayern (1965²). – Kdm. Ndb. u. Opf. – Pätzold, Geländedenkmäler 130 (Burgstall Eggersberg). Stroh, Geländedenkmäler 210 (Turmhügel Grögling zu Hirschberg).

Die Heinrichsburg in Bad Abbach

Die nicht nur in der Heimatliteratur wiederholte Behauptung, auf der Burg sei 972 der spätere Herzog Heinrich IV. von Bayern (995–1002 und 1009–1018) und deutsche Kaiser Heinrich II. (1002–1024) geboren, geht auf eine patriotische Erfindung Aventins zurück. Gesichert ist hingegen für 1007 Heinrichs Schenkung von Gütern im *locus Ahabah* an das von ihm besonders geförderte Bistum Bamberg. Für 910 wird ein *castrum Abah* oder *castrum Abah citra Danubium* als Ort des Treffens zwischen Ungarn und Franken in zwei ungarischen Quellen erwähnt, die jedoch weder zuverlässig noch zeitgenössisch sind. 1191 gelangte der Ort an das Kloster Prüfening, zu Beginn des 13. Jahrhunderts an die Wittelsbacher. Der herzogliche Grundbesitz wird gerne in unmittelbarer Fiskalsukzession auf die am Ort bezeugte Ziegelei der 3. Italischen Legion in Regensburg zurückgeführt, doch ist dieser Bezug wohl zu einseitig. Die älteste Geschichte der Burg bleibt in jedem Fall unbekannt. Wohl noch unter Bamberger Herrschaft zerstört, wurde sie unter den Wittelsbachern wiederaufgebaut. Heute sind von der weiträumigen spätromanischen Anlage, die mit 170 zu 180 m einst die gesamte Scheitelfläche einer isolierten Anhöhe umfaßte, nur noch der 27 m hohe Bergfried mit einem alten Mantel aus Buckelquadern und neuer Haube sowie Teile der 2 m dicken Ringmauer erhalten.

Abbach selbst wird 1224 zum Markt erhoben. Die heilsamen Schwefelquellen werden bereits 1335 erwähnt und 1465 durch den Regensburger Wundarzt förmlich in Betrieb genommen. 1532 sucht Karl V. hier Linderung, heute stehen die Quellen in dem bedeutenden Kurzentrum jedermann zur Verfügung.

Literatur:
F. Geldner, Geburtsort, Geburtsjahr und Jugendzeit Kaiser Heinrichs II. Deutsches Arch. f. Erforsch. d. Mittelalters 34, 1978, 520–538. – K. Reindel, Die bayerischen Luitpoldinger 893–989. Sammlung und Erläuterung der Quellen. Quellen u. Erörterungen z. bayer. Gesch. NF 11 (1953) bes. 96f. (zu den ungarischen Nachrichten bei Simon de Keza, Gesta Hungarorum II 39, und in den Chronici Hungarici compositio saeculi XIV c. 59). – P. Schmid, Regensburg. Stadt der Könige und Herzöge im Mittelalter (1977) bes. 109 (zur Fiskalsukzession). – Kdm. Ndb. 7 Kelheim (1922) 19–23 mit älterer Lit.

Ruine Randeck

Die oberhalb von Essing gelegene Burg war ursprünglich Besitz der Herren von Abensberg. In den Schwedenkriegen stark mitgenommen, stürzte sie 1838 teilweise ein. 1844 wurde unter Kronprinz Maximilian der Bergfried der Ruine restauriert. Die Anlage besitzt noch einen Bering an den Steilabfällen der Nord- und Westseite und einen breiten, tiefen Graben an der Süd- und Ostseite. Gut erhalten blieben ferner der herrschaftliche Wohnbau an der Ostseite des Burghofes und der Bergfried in der Nordostecke der Burg mit fünf Geschossen. Die erhaltenen Teile datieren die Anlage ins späte 13. oder frühe 14. Jahrhundert. Die Burg gewährt einen großartigen Blick auf das Umland. Ihre schöne Lage über dem zerklüfteten Felshang wird schon in einem Salbuch des 17. Jahrhunderts gerühmt »als bei wenig Schlössern in Bayern zu finden« (Abb. 17).

Burg Prunn

Die Burg auf einem hohen Kalkfelsen am nördlichen Ufer der Altmühl tritt erstmals 1037 als Besitz eines Wernherus de Prunne auf. Sie ist sehr gut erhalten, vor allem aufgrund einer Verfügung Ludwig I. von 1827, daß die Burg als geschichtliches Wahrzeichen erhalten bleibe. Am romanischen Bergfried im Norden setzt nach Süden ein schmaler Wohntrakt aus dem 12. bis 13. Jahrhundert an. Ausbauten wurden dann vom 15. bis 17. Jahrhundert daran- und daraufgesetzt. Zum Teil guterhaltene Innenaustattung aus dem 16./17. Jahrhundert, in der Wachstube des Palas Reste von Wandmalereien. 1575 entdeckte der Historiograph Wiguläus Hund in der Burg eine Handschrift des Nibelungenliedes mit der Überschrift »Das ist das Buch Chreimhilden«, die sich als sogenannter »Prunner Codex« im Staatsarchiv München befindet.

Abb. 17 Ruine Randeck über Neuessing im unteren Altmühltal

Die Burgen von Riedenburg

Mit dem Aussterben der Grafen von Riedenburg im Jahre 1196 fiel der Ort an die Wittelsbacher, die dort ein herzogliches Amt errichteten. Kennzeichen des 1240 erstmals als Markt genannten Ortes sind die ihn überragenden Burgen. Von der größten Anlage, der Rosenburg westlich über der Stadt, haben sich mit Resten des Bergfrieds und den Grundlagen der neuen Umfassungsmauer noch Teile aus dem 13. Jahrhundert erhalten. Im 16. Jahrhundert wurde nach Westen ein neues Befestigungssystem vorgelagert und der Wohntrakt neu errichtet. Das Mauerwerk der Burgruine Drachenstein nördlich von Riedenburg stammt aus dem frühen 13. Jahrhundert, wurde jedoch im 19. Jahrhundert durch Renovierung stark verändert. Erhalten sind noch Teile der Umfassungsmauern und der Bergfried. Die älteste der drei Burgen, die Ruine Rabenstein westlich der Stadt unterhalb der Rosenburg, wurde vermutlich im 12. Jahrhundert von Regensburger Burggrafen begründet. Ein rechteckiger Bering sowie Reste eines Wohn- und Wehrturms geben als letzte sichtbare Zeugnisse nur unzureichende Hinweise auf die strukturelle und zeitliche Entwicklung der Anlage.

Schloß und Ruine Eggersberg

Die alte Burg lag auf einem Felsvorsprung unmittelbar über dem Altmühltal, der noch heute durch einen breiten und tiefen Halsgraben vom Rückland getrennt wird. Erhalten haben sich Reste des Bergfrieds und der Ringmauer aus sorgfältig bearbeiteten Buckelquadern aus dem 13. Jahrhundert. Nach häufig wechselnden Besitzern verkam die Burg, Apian bezeichnet sie um 1560 als verwüstet und verfallen. Anfang des 17. Jahrhunderts ließ Adam Jocher etwa einen Kilometer auf die Hochfläche zurückgesetzt das neue Schloß erbauen, ein einfaches, rechteckiges Gebäude mit drei Geschossen und vier achtseitigen Ecktürmen, auf denen Zwiebelhauben sitzen.

Schloß Hirschberg bei Beilngries

Die Grafen von Hirschberg erscheinen vor dem 13. Jahrhundert auch als Grafen von Grögling – Chreygilingen/Kreglingen. Einer ihrer Stammsitze ist unweit Beilngries im Altmühltal südlich des Arzberges bei Grögling (Gemeinde Dietfurt) als Turmhügel am südlichen Flußufer erhalten. Der einst von der Altmühl gespeiste Ringgraben ist vollständig eingefüllt. – Später errichteten sie ihre Hofburg auf dem Hirschberg, der mit schmaler Zunge in das Talbecken an Sulz und Altmühl vorstößt. Romanische Baureste umfassen im Osten der etwa 200 m langen und 50 m breiten Anlage hinter einem tiefen Halsgraben noch Teile der Ringmauer und zwei bergfriedartige Türme mit gotischen Treppengiebeln. Mit dem Aussterben der Hirschberger, die zugleich Hochstiftsvögte von Eichstätt waren, kam das *castrum Hirzperg* mit einem Großteil ihrer Besitzungen an das Hochstift selbst. Nach mancherlei Umgestaltungen vom 15. bis zum 18. Jahrhundert ließ Fürstbischof Raymund Anton Strasoldo im Westteil des Burgschlosses schließlich zwischen 1760 und 1764 eine glanzvolle Sommerresidenz im Rokokostil errichten.

Peter F. Stary

Die steinernen Löwen bei Abbach

Gut ein Kilometer westlich Bad Abbach engt der 70 m hohe Felsenhang die Donaustraße so schroff ein, daß eine Passage bei Hochwasser ehemals unmöglich war. Unter dem Kurfürsten Karl Theodor wurden deshalb von 1792 bis 1797 große Partien des sogenannten Löwenfelsens weggesprengt und der frei im Weg stehende Teufelsfelsen völlig beseitigt. Das technische Unternehmen war das erste seiner Art in Bayern. Es forderte viel Zeit, einige Blessierte und hohe Kosten, die ständig von der Hofkammer bemängelt wurden. Gleichwohl ließ der damalige Finanzminister Joseph August von Törring unter großem Aufwand noch eine Bronzetafel mit Dankinschrift für den Kurfürsten anbringen, nicht ohne seinen eigenen Namen zu erwähnen (1794). Etwas weiter westlich erinnert eine bescheidene Steintafel an den ausführenden Oberst-General-Straßen- und Wasserbau-Direktor Adrian von Riedel (1797). An der Uferseite der neuen Straße wurden gegenüber der Bronzetafel überdies zwei Löwen aus Grünsandstein auf hohen Quaderpostamenten aufgestellt. Der Münchener Hofbildhauer Franz Josef Muxel hatte sie in einem Steinbruch der Umgebung vorsorglich in zwei Teilen verfertigt, doch konnten die monumentalen Gebilde nach mehreren Fehlschlägen erst von einem militärischen Sonderkommando an ihren Platz geschafft werden. In den letzten Kriegstagen 1945 wurden sie ebenfalls gesprengt, um in widersinniger Umkehrung ihrer Bedeutung eine Straßensperre zu bilden. Seit einigen Jahren restauriert, grüßen sie den Reisenden in beide Richtungen als Wappentiere des Landes erneut mit dem Gleichmut ihrer kunstlosen Hinterteile.

Gleich westlich der Bronzetafel öffnet sich 20 m über der Straße eine Höhle, aus der 1893 unter anderem neolithische und metallzeitliche Scherben ergraben wurden. Wieder rund 100 m nach Westen könnten die Spuren alter Steinbrüche mit Schrotflächen und Keillöchern römisch sein.

Literatur:

V. Liedke, Die Felssprengungen bei Abbach zu Ende des 18. Jahrhunderts. Beitr. z. Heimatkd. v. Niederbayern, Bd. 2 (1970) 494–519 mit reicher Lit. u. zahlr. Abb. – Pätzold, Geländedenkmäler, 126.

Die Befreiungshalle bei Kelheim

Zufahrt: Von Kelheim bis zum Parkplatz am »Ungarnwall« auf dem Michelsberg ist eine Fahrstraße ausgeschildert. Vom Ort steigt außerdem westlich des alten Kanalhafens ein steiler Fußweg in vielen Serpentinen unmittelbar bis zur Halle.

Der Rundbau steht auf der breiten Spitze des Michelsbergs gut 100 m über dem Talgrund und erreicht selbst noch einmal 45 m Höhe, so daß er mit seinem warmgetönten gelben Putz weithin sichtbar ist. Umgekehrt gewährt er von seiner Außengalerie freien Blick über das ganze Land an Donau und Altmühlmündung. Ge-

Abb. 18 Die Hafeneinfahrt zum Ludwigs-Donau-Main-Kanal bei Kelheim. Im Hintergrund auf dem Michelsberg die Befreiungshalle in Anlehnung an den Entwurf Friedrich Gärtners, der 1847 aber erst bis zu den Grundmauern und Sockelstufen geraten war. – Nach einem Stahlstich von Alexander Marx in Friedrich Schultheis, Der Ludwig-Kanal (1847)

weiht ist das Denkmal von König Ludwig I. der Erinnerung an die Befreiungskriege von 1813 bis 1815. Begonnen wurde es 1842 von Friedrich Gärtner im byzantinischen Stil und so auch schon vor seiner Vollendung in Kupfer gestochen, zum Beispiel in Verbindung mit dem 1846 eröffneten Ludwigs-Donau-Main-Kanal (Abb. 18). Tatsächlich änderte nach Gärtners Tod 1847 Leo von Klenze den Entwurf zu einem Rundtempel römischer Art ab. Als der König 1848 abdanken mußte, wurde der Bau gleichwohl ab 1850 auf seine privaten Kosten weitergeführt und konnte zum 50. Jahrestag der Leipziger Schlacht am 18. Oktober 1863 feierlich eröffnet werden. Der Baukörper besteht aus Ziegeln und nicht, wie ursprünglich vorgesehen, aus sogenanntem Kelheimer Marmor, weil die Steinbruchbesitzer der Umgebung die Preise für ihre Produkte sofort unerschwinglich hoch getrieben hatten. Immerhin konnte der Innenraum mit edlem Marmor und Granit aus der Fremde verkleidet werden. Ihr Licht erhält die riesige Rotunde aus einer Laterne über ihrem Scheitel. Fortschrittlich ist die Dachkonstruktion schon aus Gußeisen gefertigt. Die Ausstattung ist freilich nicht jedermanns Sache, obwohl als zeitgenössisches Kunstwerk zu würdigen. Ruhmreiche Inschriften und kalte Marmor-Viktorien geben eher den Eindruck von einem pompösen Friedhof, auf dem das vaterländische Herz nicht warm werden kann. Überhaupt erscheint historische Größe vornehmlich in kolossale Dimensionen umgesetzt, allerdings in feinster Ausführung. Doch selbst wenn man die Gestalt des Monuments nicht zu schätzen weiß, nötigt seine Idee Achtung ab.

Literatur:
M. F. Fischer, Befreiungshalle in Kelheim (1981). – Fr. Schultheis, Der Ludwig-Kanal. Seine Entstehung und Bedeutung als Handels-Straße. Mit 26 in Stahl gestochenen Ansichten von Alexander Marx (1847). – Kdm. Ndb. 7 Kelheim (1922) 209ff. – Reclams Kunstführer Deutschland 1. Bayern (1974^8) 438f.

Kelheim

Die Wurzeln der Stadt liegen in einer Ansiedlung des 7. bis 9. Jahrhunderts am hochwasserfreien Donauufer östlich der Altmühlmündung, die Töpfereien und Eisenverhüttung auch als einen frühen Industrieort bezeichnen. Zwischen 863 und 885 erhält das Domkloster St. Emmeram Grundbesitz an einer unbekannten Örtlichkeit. Das erstmals 1109 bezeugte *forum Chelhaim* ist sicher schon im 11. Jahrhundert unter der Altstadt in einem bis heute hochwassergefährdeten Geviert zwischen Donau und Altmühlmündung angelegt. 1260 ist bereits von der *civitas Chelheim* die Rede. Im Norden und Westen existieren prae-urbane Außensiedlungen. Ebenfalls westlich zu Füßen des Michelsberges entsteht im 12. Jahrhundert St. Michael, dem sich 1461 ein Franziskanerkloster anschließt. Die Kirche ist durch die Reste romanischer Malereien bemerkenswert.
Die Stadtgeschichte steht im engen Zusammenhang mit dem *castrum Chelheim*. Nahe der jetzigen Stadtbrücke stand es auf einer ehemaligen Insel am Nordufer der Donau südlich vor der Altstadt.

1151 wird es als Besitz der Pfalzgrafen von Wittelsbach genannt, geht nach Grabungsfunden von 1974 aber auf die Zeit um 1000 zurück. Erhalten haben sich nur Reste des Bergfrieds aus mächtigen Buckelquadern, die in einer neuen Mauer des Landratsamtes einbezogen sind. An dieser Stelle befand sich eine alte Brücke und zuvor eine Überfahrt. Die Festung gewann für kurze Zeit größere Bedeutung, als Barbarossa die Wittelsbacher 1180 mit dem bayerischen Herzogtum belehnt und sie hier neben Wartenberg bei Erding ihre Hofhaltung einrichteten. 1231 wurde an einem Stadttor Ludwig I., der Kelheimer, ermordet, und sein Sohn Otto der Erlauchte verlegte – auch wohl aus territorialen Gründen – die Residenz in das 1183 oder bald darauf gegründete Landshut. Die Stadt ist bei fast quadratischem Grundriß trotz aller Schlichtheit immer noch ein eindrucksvolles Beispiel für wittelsbachische Plangründungen. Von zwei Hauptstraßen wird sie gevierteilt. Der Bering aus dem 13. Jahrhundert ist fast gänzlich eingelegt, es bestehen aber noch Türme und alle drei ehemaligen Tore. Im beachtlichen ehemaligen Herzogskasten ist heute das Archäologische Museum untergebracht.
Anlage und Bestand des Ortes im Hochflutgebiet lassen sich nur durch die verkehrsgeographische Gunst verstehen, die folgerichtig auch die Burg zur Sicherung des Platzes an sich gezogen hat. Seine Geltung sinkt allerdings im Mittelalter, obwohl Kelheim im 14. und 15. Jahrhundert immerhin als Zentrum des bayerischen Weinbaues gilt, begründet durch einen gewissen Ruhm der Reben auf jurassischem Untergrund. Seit etwa 1400 führt die Stadt deshalb den Rebenzweig im Wappen. Ihre heutige wirtschaftliche Position beruht unter anderem auf reichen Grundwasservorkommen im Boden der Kelheimer Plattenkalkschüssel und auf dem Holzreichtum der Umgebung, die schon Ende des vorigen Jahrhunderts die Errichtung einer Zellstoffabrik ermöglicht haben. In ihrem Gefolge hat sich eine nicht unbedeutende chemische Industrie angesiedelt. Vom neuen Rhein-Main-Donau-Kanal erhofft sich die Stadt mehr wirtschaftliche Belebung als vom alten Ludwigs-Donau-Main-Kanal, der gleichfalls hier einsetzte, wenn auch nur mit einem winzigen Hafen und Schleuse Nr. 1 der regulierten Altmühl

(Abb. 46). Als stimmungsvoller Abglanz jener Tage ist der Hafen mit eisernen Handkränen bei der Auffahrt zum Michelsberg linkerhand kurz zu sehen.

Literatur:
R. Christlein, Die Anfänge der Wittelsbacher Herzogsburg zu Kelheim. Beil. z. Amtl. Schul-Anz. f. d. Regierungsbez. Niederbayern 1975 Nr. 5, 49–54. – B. Engelhardt, Archäologisches zur früh- und hochmittelalterlichen Geschichte Kelheims. Vorzeit zw. Main u. Donau (1980) 273–298 bes. 282ff. – Kl. Schwarz in: JbBB 15/16, 1974/75, bes. 256–260 Abb. 65 u. 68. – Handb. d. hist. Stätten Deutschlands 7. Bayern (1965[2]) 349f. – 800 Jahre Stadtrechte Kelheim 1181–1981, Hrsg. Stadt Kelheim (1981).

Archäologische Wanderungen um Kelheim und Weltenburg

Das Gebiet um Kelheim und Weltenburg ist außerordentlich reich an Geländedenkmälern und topographisch bemerkenswerten Fundplätzen. Da es außerdem viele Fremde anzieht, hat Bernd Engelhardt vom Landesamt für Denkmalpflege in Zusammenarbeit mit dem Landkreis Kelheim archäologische Wanderpfade abgesteckt. Die Routen sind bequem zu Fuß abzugehen und an wichtigen Punkten mit ausführlichen Schautafeln bestückt. Zusätzlich sind sie in zwei informativen Führern beschrieben. Berührt werden Denkmäler von der Bronzezeit bis zum Mittelalter, vom Grabhügel bis zum Burgstall, ebenso Viereckschanzen, römische Orte und Befestigungen, darunter vor allem das Oppidum auf dem Michelsberg. Die Wege führen großenteils durch ruhige Landschaften von besonderem Reiz. Eine große Übersichtstafel ist im Kelheimer Museum aufgestellt, wo auch die Führer zu erstehen sind, die sonst noch im Kiosk an der Befreiungshalle ausliegen. Nach der Übersichtstafel ist unser Plan umgezeichnet, der keiner weiteren Erläuterung bedarf (Abb. 19).

Literatur:
B. Engelhardt, Führer zum archäologischen Wanderpfad »Weltenburger Enge«. 1. Etappe von Kelheim nach Weltenburg (1982); 2. Etappe von Weltenburg bis Kelheim südlich der Donau (1984). – Vgl. K. Spindler, Die Archäologie des Frauenberges von den Anfängen bis zur Gründung des Klosters Weltenburg (1981).

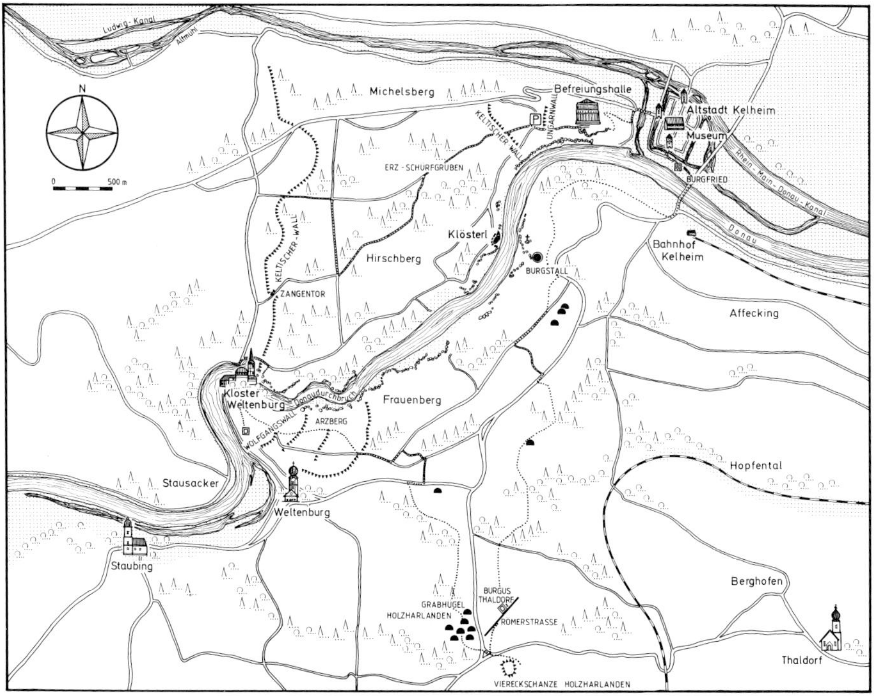

Abb. 19 Archäologische Wanderungen um Kelheim und Weltenburg

Besiedlungsgeschichte einer ehemaligen Insel im Altmühlmündungsgebiet bei Kelheim-Gmünd

Flüsse haben zu allen Zeiten eine Rolle als Verkehrswege gespielt. Dies gilt nicht nur für große Gewässer wie die Donau, sondern auch für kleinere Nebenflüsse wie zum Beispiel die Altmühl. Da von ihrem Oberlauf aus über einen kurzen Landweg das Gewässernetz der Regnitz und damit der Anschluß an den Rhein erreicht werden kann, war sie seit jeher von besonders großer Bedeutung. Davon zeugt nicht nur das Kanalbauprojekt Karls des Großen. Hinzu kommt, daß sich im Mündungsbereich von Donau und Altmühl das Tal verengt und sich somit auch die Landwege auf

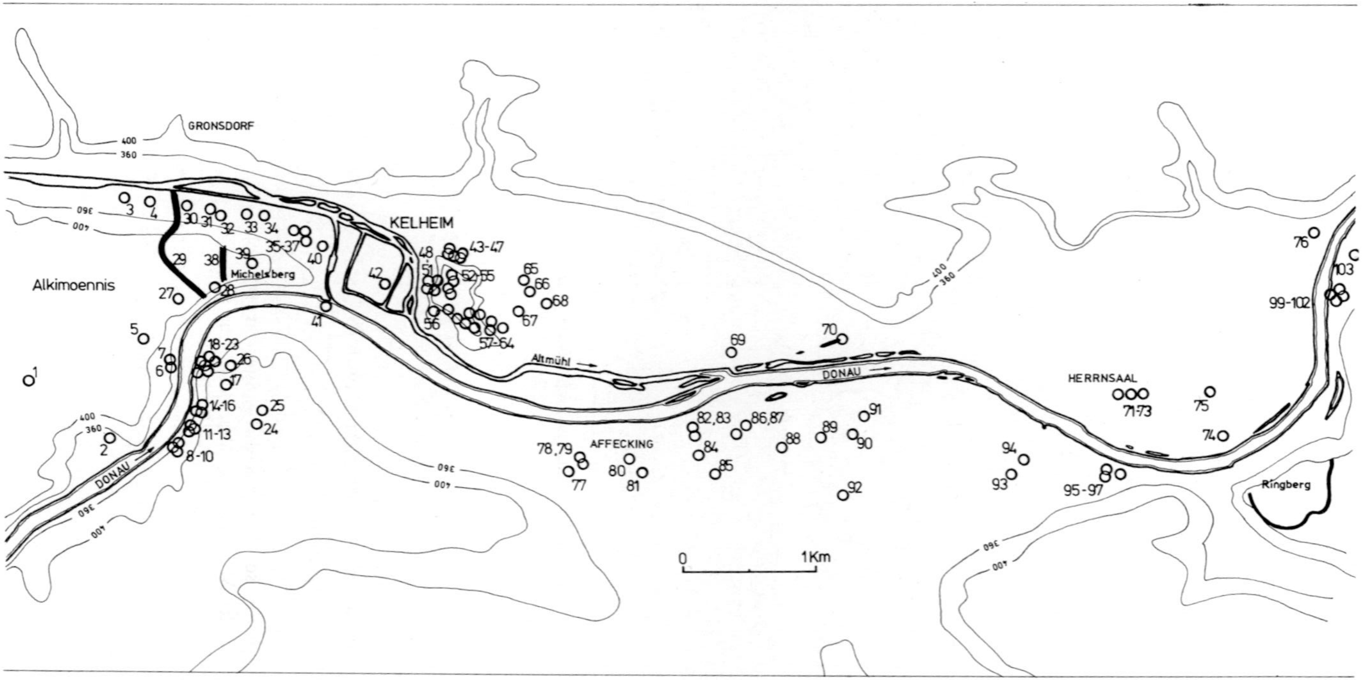
GRONSDORF
KELHEIM
Michelsberg
Alkimoennis
Altmühl
DONAU
AFFECKING
HERRNSAAL
Ringberg
0
1Km

Abb. 20 Archäologische Fundstellen des Kelheimer Beckens: 1. Grabhügelgruppe unbekannten Alters – 2. Siedlung der späten Latènezeit – 3. Siedlung der späten Latènezeit, Altmühlwall des keltischen Oppidums – 4. Siedlung der späten Latènezeit, Altmühlwall des keltischen Oppidums –. 5. Spätlatènezeitliche Eisenverhüttung – 6. Vorgeschichtliche Hockerbestattung – 7. Abri mit Funden des Mittelneolithikums und der Latènezeit – 8.–10. Abri mit Funden des Mittelneolithikums, der Bronzezeit, der Eisenzeit – 11.–13. Abri mit Funden des Mittelneolithikums, der Hallstattzeit, der Latènezeit – 14.–16. Abri mit Funden des Neolithikums, der Bronzezeit, der Eisenzeit – 17. Mittelalterlicher Turmhügel – 18.–23. Abri mit Funden des Mittelneolithikums, der Bronzezeit, der Urnenfelderzeit, der Hallstattzeit, der frühen Latènezeit, der römischen Zeit – 24. Grabhügel unbekannten Alters – 25.–27. Grabhügel unbekannten Alters – 28. Kleine Höhle mit germanischen Funden der späten Kaiserzeit – 29. Abschnittswall des keltischen Oppidums – 30. Siedlung der Latènezeit – 31. Siedlung der Latènezeit – 32. Grab der frühen Bronzezeit, Siedlung der Latènezeit – 33. Siedlung der Latènezeit – 34. Siedlung der Hallstattzeit – 35.–37. Gräber der Urnenfelderzeit, der späten Latènezeit; Siedlung der späten Latènezeit – 38. Mittelalterlicher Abschnittswall – 39. Verebneter Wall mit Zangentor – 40. Funde der Hügelgräberbronzezeit – 41. Flußfund der Latènezeit – 42. Siedlung der späten Latènezeit – 43.–47. Grab der Schnurkeramik, Siedlung der älteren Bronzezeit, der Urnenfelderzeit, der späten Latènezeit, germanische Siedlung des 5. Jahrhunderts – 48.–51. Siedlung der Urnenfelderzeit, der Hallstattzeit, der späten Latènezeit, germanische Siedlung des 5. Jahrhunderts – 52.–55. Gräber der späten Bronzezeit, der Urnenfelderzeit, der Hallstattzeit, der späten Latènezeit – 56. Bajuwarische Reihengräber, spätlatènezeitliche Viereckschanze – 57.–64. Gräber der Schnurkeramik, der späten Merowingerzeit, Siedlung der Stichbandkeramik, der Bronzezeit, der Urnenfelderzeit, der Hallstattzeit, der frühen Latènezeit, der späten Latènezeit, des älteren Mittelalters – 65. Gräber der frühen Bronzezeit – 66. Siedlung der Urnenfelderzeit – 67. Gräber der Urnenfelderzeit – 68. Gräber der Hallstattzeit – 69. Gräber der späten Bronzezeit – 70. Gräber der späten Merowingerzeit – 71.–73. Gräber der Urnenfelderzeit, der älteren Latènezeit, Siedlung der älteren Bronzezeit – 74. Gräber der Merowingerzeit – 75. Siedlung des Mittelneolithikums – 76. Siedlung des Neolithikums – 77. Funde der Urnenfelderzeit – 78. u. 79. Siedlung des Mittelneolithikums, der Urnenfelderzeit – 80. Gräber der Merowingerzeit – 81. Brandgräberfeld der mittleren römischen Kaiserzeit – 82. u. 83. Gräber der Urnenfelderzeit, Siedlung der Latènezeit – 84. Gräber der späten römischen Kaiserzeit – 85. Gräber der Hallstattzeit – 86. u. 87. Siedlung der Chamer Gruppe, der Hallstattzeit – 88. Siedlung der mittleren römischen Kaiserzeit – 89. Siedlung der Altheimer Kultur – 90. Siedlung des Neolithikums – 91. Gräber der mittleren Latènezeit – 92. Gräber der Urnenfelderzeit – 93. Siedlung der Latènezeit – 94. Gräber der Merowingerzeit – 95.–97. Siedlung der Chamer Gruppe, der Latènezeit; spätrömischer Burgus – 98. Ringwall unbekannten Alters – 99.–102. Abri mit Funden des Mittelneolithikums, der Bronzezeit, der Urnenfelderzeit, der römischen Zeit – 103. Römisches Kastell und vicus

einen Punkt hin konzentrieren, so daß alle Voraussetzungen gegeben sind, die seit frühester Zeit Menschen angelockt haben.
Ein Blick auf die Höhenlinienkarte zeigt, daß genau an diesem Verkehrsknotenpunkt früher eine von Donau und Altmühl umflossene Insel lag. Innerhalb des Kelheimer Beckens mit seiner reichen vorgeschichtlichen Besiedlung (Abb. 20) hatte diese Insel Mittelpunktsfunktion. So wundert es nicht, daß der Historische Verein von Kelheim seit dem Beginn dieses Jahrhunderts hier immer wieder bedeutende archäologische Funde machte. Als mit dem Bau des Main-Donau-Kanals begonnen wurde, der die Insel quer durchsticht, nahm die Rhein-Main-Donau AG die Verantwortung für die dort im Boden ruhenden Geschichtsquellen auf sich und finanzierte eine Ausgrabung, die von 1976 bis 1981 dauerte. Auf diese Weise konnten etwa 80000 qm untersucht werden. Zusammen mit den alten Fundnotizen liegen damit für mehr als die halbe Fläche der Insel archäologische Beobachtungen vor. Sie zählt zu den am besten untersuchten Kleinlandschaften Bayerns.
Die älteste Siedlung der Insel stammt aus der Jungsteinzeit (Stichbandkeramik). Im Verhältnis zu den bekannten bäuerlichen Niederlassungen dieser Zeit ist sie sehr klein. Auch fehlen Spuren der typischen Langhäuser. Da außerdem in der Umgebung kaum fruchtbares Ackerland vorhanden ist, wird diese Niederlassung wohl nicht in erster Linie landwirtschaftlich ausgerichtet gewesen sein.
Während der folgenden Jahrtausende ließen sich auf der Insel keine Menschen auf Dauer nieder. Einige wenige Scherben der Münchshöfener Gruppe zeugen höchstens von einem kurzen Aufenthalt. Dasselbe gilt für die Kultur der Schnurkeramik. Drei weit über die Insel verstreute Gräber sind ihre einzige Hinterlassenschaft. Sie deuten eher auf einen mehrmaligen Durchzug als auf eine feste Ansiedlung.
Erst aus der älteren Bronzezeit sind wieder eindeutige Siedlungsspuren nachweisbar. Freilich war diese Siedlung klein und sicher nicht langlebig. Sie lag am Nordwestufer der Insel, gegenüber einem auf einer weiteren Insel errichteten Begräbnisplatz der frühen Bronzezeit.

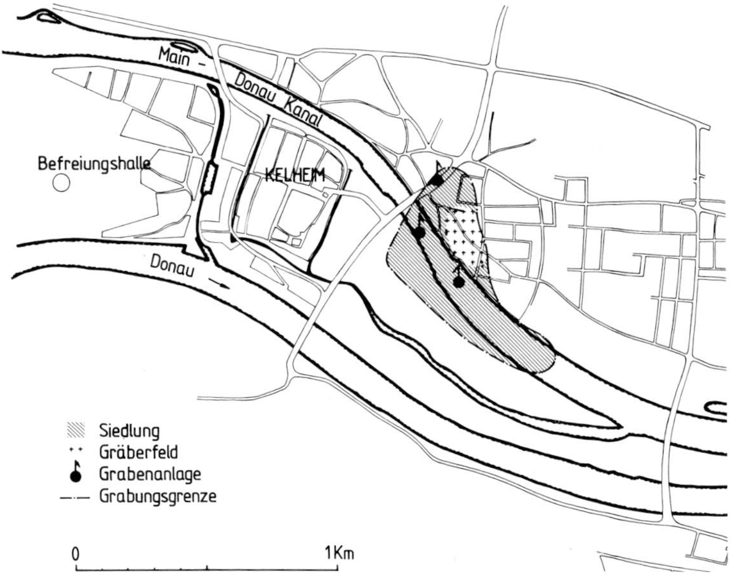

Abb. 21 Die Insel von Kelheim-Gmünd während der Urnenfelderzeit

Den Höhepunkt ihrer Bedeutung erlebte die Insel in der Zeitspanne zwischen später Bronzezeit und Hallstattzeit. Die späte Bronze- und frühe Urnenfelderzeit sind bisher durch einige Gräber und zahlreiche Siedlungsfunde bekannt. Beim jetzigen Stand der archäologischen Auswertung ist es allerdings noch zu früh, um nähere Angaben über Größe und Struktur dieser Siedlung zu machen. Deutlich ist aber, daß sie sich in der Folgezeit ausdehnte, bis sie in der jüngeren Urnenfelderzeit fast die ganze Fläche der Insel beanspruchte (Abb. 21). Allerdings darf man sich nicht vorstellen, daß die Insel dicht an dicht bebaut war. Es ist eher an locker gestreute Häusergruppen aus kleinen Firstständerbauten zu denken. Eine soziale Differenzierung der Bevölkerung dieses urnenfelderzeitlichen Dorfes wird vielleicht in drei kleinen gleichartigen Befestigungen (Abb. 22) faßbar, von denen leider nur noch eine in größerem Umfang untersucht werden konnte. Haupthindernis bildete ein wohl rechteckig zu ergänzendes Grabengeviert, regelmäßig

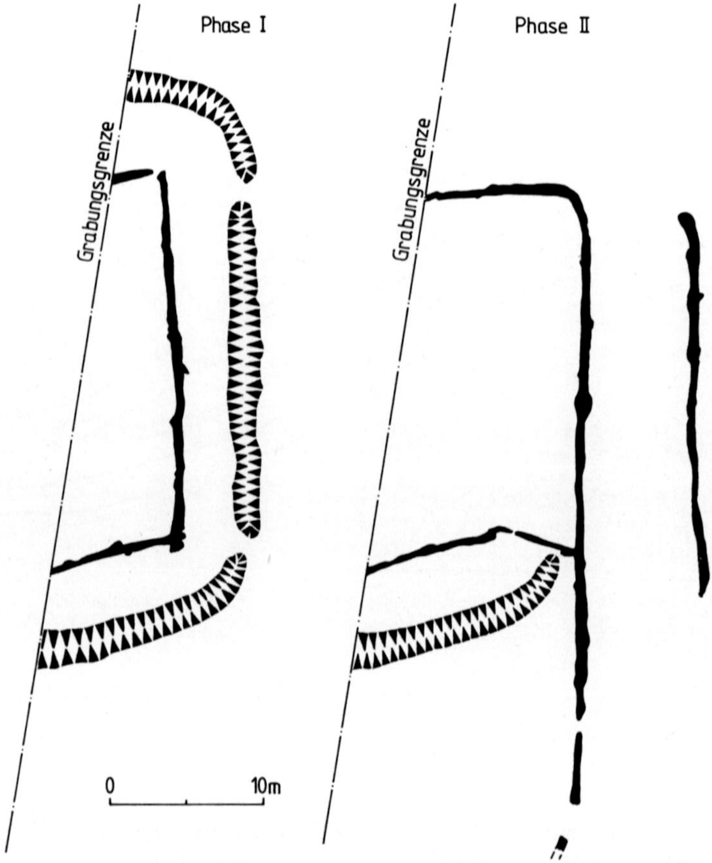

Abb. 22 Urnenfelderzeitliche Grabenanlage auf der Insel von Kelheim-Gmünd

unterbrochen von Erdbrücken. Der etwa 2 m breite Graben diente wahrscheinlich nur als Fundament für eine hohe Palisade. Hinter einer Berme folgte dann im Inneren ein weiterer, wesentlich schwächer fundamentierter Zaun. Die Anlage erfuhr später einen Umbau, der zeigt, daß mit dem Befestigungscharakter allein ihre Funktion wohl nicht zu erklären ist. Bei diesem Umbau wurden das nördliche und südliche Zaungräbchen über die Erdbrücke hinaus verlängert und vor dem tiefen Palisadengraben durch einen

Nord-Süd-Zaun miteinander verbunden. Parallel zu diesem Zaun errichtete man in einigem Abstand ein weiteres Zaunstück, so daß eine Gasse entstand, die von der Siedlung aus in Richtung des Gräberfeldes zielt, mit dessen Nutzung also in ursächlicher Verbindung gesehen werden muß. Da der südliche tiefe Palisadengraben deutliche Spuren einer Erneuerung aufwies, könnte er zur Zeit der zweiten Bauphase noch in Funktion gewesen sein.

Wie die Siedlung wird auch der dazugehörige Friedhof, und zwar nach Norden hin, erweitert. Erst nahe dem Nordufer der Insel findet er seinen Abschluß mit Gräbern der Hallstattzeit. Wir haben hier also einen Begräbnisplatz vor uns, der über drei Kulturperioden mit unterschiedlichsten Bestattungssitten hinweg – von der späten Bronzezeit über die Urnenfelderzeit bis in die Hallstattzeit hinein belegt wurde.

Die hallstattzeitlichen Gräber von Kelheim-Gmünd zeigen – wie andere Nekropolen dieser Epoche auch – im Bestattungsbrauch die starke soziale Gliederung der Gesellschaft. So gibt es Gräber, die durch einen Hügel und reiche Gefäßbeigaben auffallen. Deutlich hiervon setzen sich einfache Brand- und Skelettbestattungen ab, die zwischen den Hügeln lagen und nur wenige Gefäße enthielten.

Es ist nicht immer leicht, die Siedlungsfunde der Hallstattzeit von denen der späten Urnenfelderzeit zu trennen. Kartiert man aber beispielsweise nur die eindeutigen, für die Hallstattzeit typischen rollrädchenverzierten Scherben, so ergibt sich, daß in dieser Epoche nur noch am Südrand der Insel eine dichtere Bebauung herrschte. Ein großes Palisadensystem mit einem 90 × 90 m großen Geviert als Zentrum (Abb. 23) gehört wahrscheinlich in diese Zeit.

In der nachfolgenden Kulturepoche der älteren Latènezeit änderte sich das Siedlungsbild wiederum. Statt der mehr oder minder geschlossenen Siedlung der Hallstattzeit stehen nun am Südufer der Insel lediglich drei Gehöfte.

Während der mittleren Latènezeit war die Insel unbewohnt. Erst in der späten Latènezeit, als die Kelten das Oppidum Alkimoennis auf dem unfern gelegenen Michelsberg erbauten (s. S. 68), ließen sich auch auf der Insel wieder Menschen nieder. Die Insel war aber nicht nur eine Art »Vorstadt« des großen Oppidums, sondern zugleich

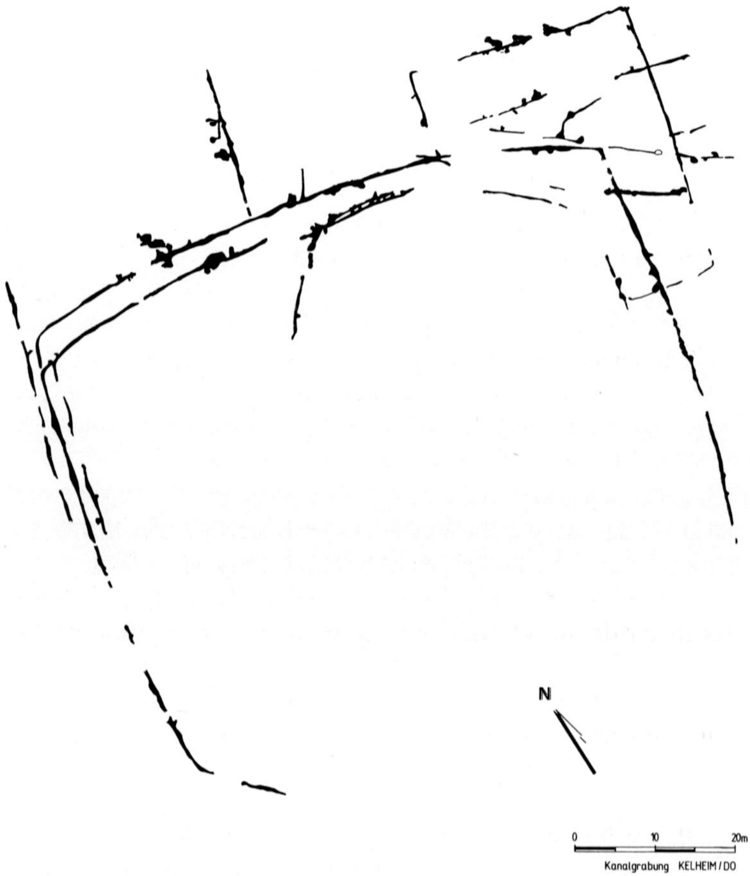

Abb. 23 Hallstattzeitliches (?) Palisadengräbchensystem auf der Insel von Kelheim-Gmünd

auch religiöses Zentrum wie die Gräber einer »Viereckschanze« zeigen. Zu diesem kultischen Bereich gehörte auch ein Gräberfeld, das östlich an die Viereckschanze anschloß. Leider ist es durch Kiesabbau zum größten Teil unerkannt zerstört worden.

In den ersten vier Jahrhunderten n. Chr. sorgten die Römer dafür, daß die Insel im Vorfeld der Grenze des Imperiums frei blieb. Erst im 4. Jahrhundert, als die militärische Kraft der Römer nach und

nach zusammenbrach, entstand im Nordwestteil der Insel wieder ein Dorf. Dieses Dorf wurde von Germanen bewohnt, deren Stammesname unbekannt ist. Archäologisch sind sie als Elbgermanen anzusprechen, deren Tongefäße vom Typ Friedenhain-Přeštovice nach Böhmen weisen. Sie besetzten das Land nördlich der Donau und traten in der ersten Zeit auch als Soldaten in römische Dienste (vgl. Bd. 5 S. 61, S. 238, Bd. 6 S. 140).
Leider ist vorerst noch offen, wie lange diese germanische Siedlung bestand. So läßt sich auch nicht sagen, ob dieses Dorf die Keimzelle einer Siedlung des 6. Jahrhunderts bildete, wo man bereits von Bajuwaren oder Baiern sprechen muß. Diese Siedlung muß sich im nicht untersuchten Teil der Insel befinden, da der einzige, freilich sichere Hinweis auf sie ein Reihengräberfeld des 6. und 7. Jahrhunderts ist, das bereits kurz nach 1900 im Südwestteil der Insel beim Kiesabbau zerstört wurde.
Gegen Ende des 6. Jahrhunderts siedelt sich eine bajuwarische Familie auf der Südostspitze der Insel an. Dieses Einzelgehöft entwickelt sich im 8. Jahrhundert zu einem größeren Dorf. Deutlich lassen sich darin zwei Bereiche unterscheiden: Auf der Südostspitze ein größerer Hof mit einer kleinen Kirche und westlich daran anschließend ein mehr gewerblich ausgerichtetes Gebiet, in dem zum Beispiel Eisen verhüttet und verarbeitet wurde. Dieses Dorf hatte adelige Grundherren, wie eine Bestattung zeigt, die mit einem Kreisgraben von über 16 m Durchmesser umgeben war und am Rande des Dorfes ausgegraben wurde. Der Name der Ortschaft wird Gemund gewesen sein, eine Bezeichnung, die im 12. Jahrhundert in den schriftlichen Quellen auftaucht, sich dort aber auf einen Ortsteil Kelheims bezieht, der, wie heute auch noch, etwa einen Kilometer von der Altmühlmündung entfernt flußaufwärts liegt.
Die karolingische Ansiedlung Gemund bestand bis ins 9. oder 10. Jahrhundert. Wahrscheinlich wurde sie im Zusammenhang mit den Ungarneinfällen zerstört und nicht mehr aufgebaut. Keramik des 11. und 12. Jahrhunderts fand sich nur noch im Nordwestteil der Insel. Sie zeigt, wie der Ortsname Gemund langsam flußaufwärts wanderte. Danach wurde die Insel nur noch landwirt-

schaftlich genutzt. Erst im 20. Jahrhundert ist die Insel als Kelheimer Wohngebiet wieder erschlossen worden.

Literatur:
B. Engelhardt, Neue Grabfunde der Schnurkeramik aus Niederbayern. Arch. Korrbl. 8, 1978, 285ff. – Ders., Ein Grab der Hallstattzeit von Kelheim, Niederbayern. JbBB 21, 1980, 56ff. – Ders., Archäologisches zur früh- und hochmittelalterlichen Geschichte Kelheims. In: Vorzeit zwischen Main und Donau. Erlanger Forschungen Reihe A Bd. 26, (1980) 273ff. – H. Müller-Karpe, Das Urnenfeld von Kelheim (1952).

Bernd Engelhardt

Der Michelsberg bei Kelheim

Im Westen der Altstadt von Kelheim, im Zwickel zwischen Donau und Altmühl, erhebt sich der nach zwei Seiten steil abfallende Michelsberg, dessen Rücken in den Hirschberg übergeht (Abb. 19). Heute ist er durch die Befreiungshalle Ludwigs I. besonders gekennzeichnet. Ein kleines frühbronzezeitliches Ösenhalsringdepot auf seinem Rücken, ein Brandgrab und Siedlungsfunde derselben Epoche zu seinen Füßen weisen eine Besiedlung zu Beginn des 2. Jahrhunderts v.Chr. nach. Wenige urnenfelder-, hallstatt- und frühlatènezeitliche Funde stammen aus dem unterhalb des Michelsberges liegenden »Mitterfeld«. Beliebter als Siedlungsareal war in all diesen Epochen eine Insel mitten im deltaartigen Mündungsgebiet der Altmühl (s. S. 59ff.). Trotz der topographisch herausragenden Situation erlangte der Michelsberg erst in spätkeltischer Zeit Bedeutung. Paul Reinecke bezieht auf ihn bereits 1924 das von Ptolemaios genannte Oppidum Alkimoennis. Auch in einer neueren Untersuchung zu den topographischen Angaben Ptolemaios' kommt Rolf Nierhaus zur Überzeugung, daß es sich bei der Anlage auf dem Michelsberg trotz abweichendem Minutenwert in der Breitenangabe um Alkimoennis handeln muß (Alkimoennis 47°30'; Michelsberg laut Meßtischblätter 48°54'-55'). Außerdem besteht ein gewisser Zusammenhang zwischen dem Stadtnamen »Alkimoennis« und dem Flußnamen »Alcmona«,

Abb. 24 Modell des Oppidum Alkimoennis (Museum Kelheim)

wie die Altmühl in den Fränkischen Reichsannalen in Verbindung mit dem Kanalbau Karls des Großen 793 genannt wird.
Noch heute sind Ausmaße und Untergliederungen des zweitgrößten Oppidums Süddeutschlands (nach dem Heidengraben bei Grabenstetten, Baden-Württemberg) an mächtigen Wällen zu erkennen. Gegenüber vom Kloster Weltenburg, über der Donau beginnend, zieht der äußere Keltenwall mit drei Zangentoren in einer Länge von 3300 m über den Hirschberg bis hin zur Altmühl (Abb. 24). Ein zweiter Wall, innerer Keltenwall genannt, riegelt den vorderen Bereich des Michelsberges ab. Er war ursprünglich 930 m lang und reichte bis zur Altmühl hinunter, wo sich heute die Schleusenstelle Gronsdorf des Rhein-Main-Donau-Kanals befindet. Der mächtige Schildwall hinter der Befreiungshalle wird in die Zeit der Ungarneinfälle (10. Jahrhundert n.Chr.) datiert. Ob in seinem Kern keltische Überreste enthalten sind, ist unbekannt.
Außer diesen drei Wällen gab es auf dem Michelsberg noch einen vierten, der sowohl auf einer Flurkarte von 1837 als auch auf einem Stich vom Ende des 18. Jahrhunderts (Abb. 25) zu erkennen ist. Beim Bau der Befreiungshalle wurde er jedoch völlig zerstört.
Ausgrabungen am äußeren Keltenwall in der Altmühlniederung (Herrmann 1972, Engelhardt 1979/80) haben ergeben, daß im Wall

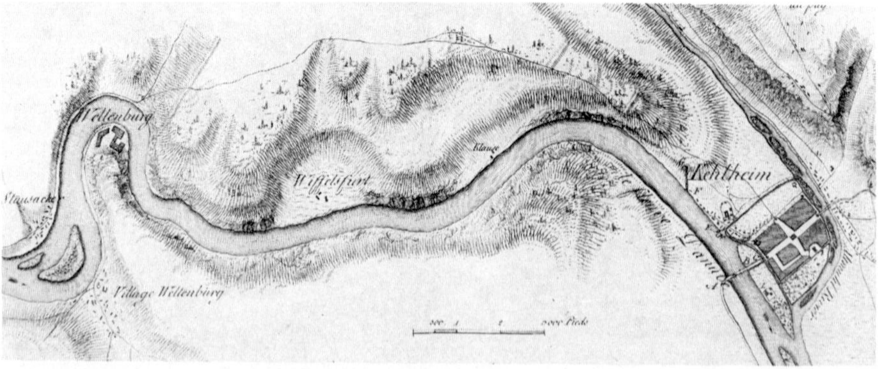

Abb. 25 Stich von Ende des 18. Jahrhunderts, auf dem insgesamt 4 Wälle auf dem Michelsberg-Hirschberg zu sehen sind

die Ruine einer dreiphasigen Pfostenschlitzmauer steckt. In der ersten Bauphase hatte man zunächst ein riesiges Areal von 650 Hektar gegen das Hinterland abgeriegelt. Infolge des schlechten Baumaterials (Papierschiefer) mußte die Mauer schon bald erneuert werden. Man setzte einen besseren Plattenkalk mit engeren Pfostenabständen davor. Gleichzeitig dürfte die innere Stadtmauer mit ursprünglich zwei Toren entstanden sein, da sie im Aufbau der zweiten Bauphase der äußeren Mauer gleicht. In einer dritten Baumaßnahme wurde nicht nur diese innere Mauer durchgehend erneuert, sondern auch die äußere Befestigung. Dabei setzte man ein Zangentor auf dem Hirschberg zu und verlegte die Toröffnung im Altmühltal um 100 m höher an die überschwemmungsfreie Hangkante.

Daß es sich bei dem die Altmühl begleitenden Wall nicht um einen Hochwasserdamm handelte, wie vielfach angenommen, sondern um den Versturz einer Pfostenschlitzmauer (Abb. 26) stellte sich 1976 bis 1980 im Zuge der archäologischen Betreuung des Europakanals heraus. Diese Mauer gehörte zur dritten Bauphase, als man die äußere Stadtbefestigung nicht nur erneuerte, sondern sie, an der Altmühl umbiegend, um über 3 km entlang des Flusses verlängerte. Im Bereich der heutigen Schleusenstelle Gronsdorf stieß man

Abb. 26 Rekonstruktion der Pfostenschlitzmauer, die 1976 beim Bau der Schleusenstelle Gronsdorf entdeckt und im Hof des Museums Kelheim rekonstruiert wurde

auf ein einfaches Tor, dessen Torgasse nur die Tiefe der angeschütteten Erdrampe erreichte. Es dürfte aus einem zum Abfluß von eingedrungenem Hochwasser geschaffenen Mauerdurchbruch entstanden sein. Die Ostgrenze des umwehrten Oppidums scheint auf der bereits erwähnten Flurkarte von 1837 angedeutet, wo dieser Altmühlwall noch als schmales, geböschtes Grundstück am Radlmüller-Graben eingetragen ist (Abb. 25). Diese Verbindung zwischen Altmühl und Donau wurde bald darauf in den Ludwigskanal einbezogen. Parallel zu diesem waren bis vor wenigen Jahrzehnten angeblich noch Wallreste zu sehen.

Das mit einer solch imposanten Stadtmauer versehene Oppidum umfaßte also nicht nur den Bergrücken zwischen Donau und Altmühl, sondern auch die Altmühlniederung. Unterhalb der Befreiungshalle, im Mitterfeld, wo die Terrasse zwischen Michelsberg und Altmühl ihre größte Breite erreicht, dürfte sogar das Zentrum des Oppidums gelegen haben (Abb. 27), wie unter anderem Alt-

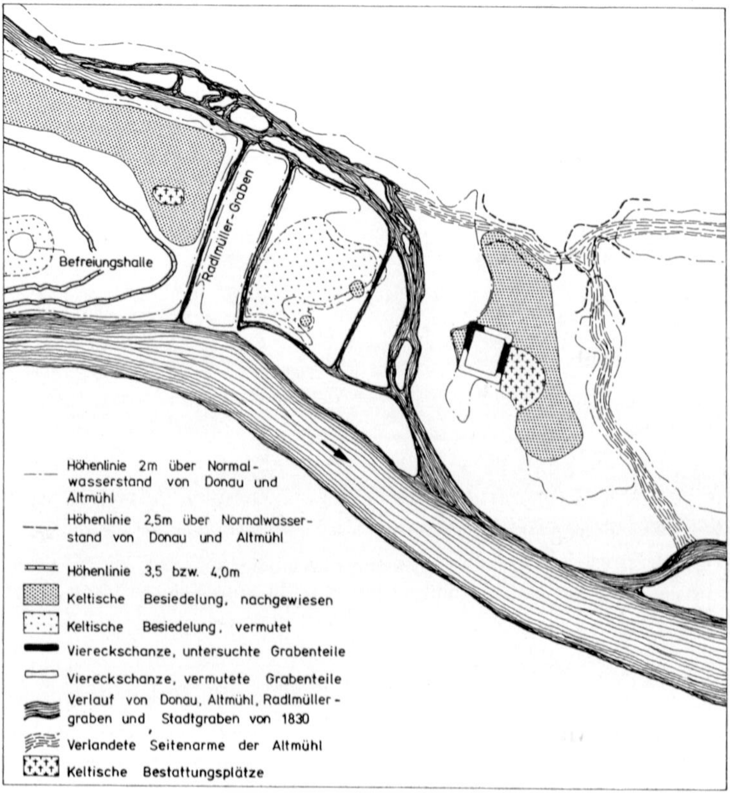

Abb. 27 Die keltische Besiedlung im Osten des Oppidum Alkimoennis

funde des Historischen Vereins nahelegen. Ein kleiner Eisendepotfund mit dem Gezähe eines Bergmannes, ein Bronzeschmelztiegel aus Graphitton und die verhältnismäßig große Anzahl an Metallgegenständen lassen vermuten, daß hier Handwerker ansässig waren. Archäologische Ausgrabungen größeren Stils sind in diesem Bereich leider nie erfolgt. Aber etwas altmühlaufwärts, noch innerhalb des inneren Keltenwalles, erbrachten Baggerschnitte den Nachweis, daß das hochwassergefährdete Areal zwar nicht regelrecht bebaut, aber genützt worden war. Am aufsteigenden Hang, 7–8 m über der Talsohle, stieß Herrmann 1964 auf in den Hang

eingetiefte Hausgrundrisse von 6 × 7 m großen Blockbauten. Eine eher lockere Besiedlung ist aufgrund spärlicher Funde zwischen dem inneren und äußeren Keltenwall, im Donaudurchbruch in der kesselartigen Erweiterung von Wipfelsfurt sowie in der Höhle über dem Klösterl anzunehmen. Lesefunde stammen außerdem aus dem Areal hinter der Befreiungshalle, während im Bereich der Tore Baulichkeiten nur zu vermuten sind.
Darüber hinaus gab es aber auch Vorstädte außerhalb der Stadtmauern, zum Beispiel im heutigen Altstadtbereich von Kelheim, vor allem auf der hochwasserfreien Insel im Mündungsdelta der Altmühl (Abb. 27), und außerhalb der äußeren Stadtmauer bei Unterau. Selbst der »Brückenkopf« Weltenburg-Frauenberg weist mehr Spätlatène-Material auf als bisher angenommen.
Die Hochfläche des Oppidums Alkimoennis scheint mit Ausnahme des vordersten Sporns nicht bewohnt gewesen zu sein. Einige wenige Grabungen zeigten, daß man hier Eisenerzabbau und -verhüttung betrieb. Tillman und Schwarz dokumentierten 1960 verschiedene Geländehohlformen. Darunter befand sich ein 12 m tiefer Schacht (obertägig als Trichtergrube erkennbar), der eine 18 m weite und 7 m tiefe Mulde schnitt. Ziel des Abbaus war in beiden Fällen eine erzführende Schicht der Oberkreide, die auf dem sehr zerklüfteten Massenkalk aufliegt. C^{14}-Datierungen ergaben, daß die Schürfmulde in die Zeit zwischen 310 und 70 v.Chr. fällt, der senkrechte Schacht zwischen 510 und 630 n.Chr. entstanden sein dürfte. Ein Drittel des Pingenfeldes ist von solchen »keltischen« Schürfmulden durchzogen. Sollte aus diesem Grunde ein so riesiges Areal geschützt und umwehrt worden sein, obwohl doch außerhalb des Oppidums beziehungsweise nördlich der Altmühl ebenso reiche Eisenvorkommen zu verzeichnen sind? Und dennoch ist die Hochfläche mit der Eisengewinnung und -verhüttung in Verbindung zu bringen. Bereits 1939 kamen hinter dem inneren Keltenwall bei Untersuchungen von Schlackenhalden durch Heinz Behaghel Eisenverhüttungsöfen zutage, die sowohl der Spätlatènezeit als auch dem frühen Mittelalter angehören. Ein weiterer Ofen vom gleichen Typ wurde 1980 auf der Altmühlterrasse 200 m außerhalb der äußeren Stadtmauer gefunden.

Abb. 28 Beigaben der spätkeltischen Säuglingsbestattung 103 im Osten der Stadt Kelheim

Im eigentlichen Zentrum des Oppidums, im Mitterfeld, wurden schon 1863 Reste von Brandbestattungen aufgedeckt, die aufgrund der Beigaben (Schwerter, Schildbuckel, Lanzenspitze und einer mittelitalischen Weinkanne) an eine Art Adelsschicht am Ort denken lassen. Die Bestattungssitten der übrigen Bevölkerung kennen wir nicht, ausgenommen für Säuglinge. Im Bereich der Vorstadt am Altmühldelta wurden sieben Bestattungen von Kleinstkindern in Nord-Süd-Orientierung ausgegraben, denen Miniaturgefäße und einmal eine Nauheimer Fibel beigegeben waren (Abb. 28). Sie gehören in die Zeitabschnitte Latène C 2 und D 1. Der Friedhof lag in unmittelbarer Nähe einer inzwischen eingeebneten Viereckschanze.

Die Oppida entstanden im Laufe des 2. Jahrhunderts v.Chr. Auch in Alkimoennis legen einige Scherben der Stufe Latène C, die frühen Kindergräber in Nähe der Viereckschanze und ein rechteckiger Bronzebeschlag mit gegenständigen Tierköpfen die Besiedlung in dieser Zeit nahe. Die Masse der Funde gehört aber der Spätlatènezeit an (Abschnitt D), wie Graphittonkeramik mit Kammstrichverzierung, Drehscheibenware und bemalte Keramikfragmente zeigen. Die erste Stadtmauer muß daher spätestens in Latène D 1 bestanden haben, das heißt zwischen etwa 120/100 bis 50 v.Chr. Die Nauheimer Fibel im Säuglingsgrab 103 und die bronzene Weinkanne aus der ersten Hälfte des 1. Jahrhunderts v.Chr. sind gleichfalls Leitformen für diesen Horizont. Typische Elemente des Zeitabschnitts D 2 in der zweiten Hälfte des 1. Jahrhunderts fehlen jedoch bisher, so geschweifte Fibeln und Stabgürtelhaken. Die Fundsituation erscheint damit ähnlich wie in anderen Oppida Süddeutschlands, die schon um 60 v.Chr. aufgegeben wurden. Keinesfalls hat sich die keltische Siedlung unter dem Druck germanischer Invasoren bis in römische Zeit halten können, wie immer auch die Ähnlichkeit einiger Kelheimer Scherben mit kaiserzeitlicher »Auerbergware« zu beurteilen ist.

Literatur:
H. Behaghel, Eine Spätlatènegrube mit Eisendepot vom Mitterfeld bei Kelheim. BVbl. 18/19, 1951, 106ff. – B. Engelhardt, Führer zum archäologischen Wanderpfad »Weltenburger Enge« 1. Etappe: Von Kelheim nach Weltenburg (1982). – F.-R. Herrmann, Testgrabung im Oppidum von Kelheim 1964. Germania 47, 1969, 91–96. – Ders., Die Grabung am inneren Wall im Oppidum von Kelheim im Jahre 1971. Germania 51, 1973, 133–146. – Ders., Grabungen im Oppidum von Kelheim 1964 bis 1972. Ausgrabungen in Deutschland 1, 1 (1975) 298–323. – J. Kluge, Spätkeltische Gräber mit Säuglings- und Ferkelbestattungen aus Kelheim, Niederbayern. BVbl. 49, 1984 (im Druck). – R. Nierhaus, Zu den topographischen Angaben in der »Geographie« des Klaudios Ptolemaios über das heutige Süddeutschland. Fundber. Baden-Württemberg 6, 1981, 493ff. – P. Reinecke, Die örtliche Bestimmung der antiken geographischen Namen für das rechtsrheinische Bayern. Bayer. Vorgeschichtsfrd. 4, 1924, 20. – K. Schwarz, H. Tillmann u. W. Treibs, Zur spätlatènezeitlichen und mittelalterlichen Eisenerzgewinnung auf der südlichen Frankenalb bei Kelheim. JbBB 6/7, 1965/66, 35–66. – J. Werner, Spätes Keltentum zwischen Rom und Germanien. Münchner Beitr. z. Vor- u. Frühgesch., Ergänzungsbd. 2 (1979) 68ff. – VN 102, 1976, 70–72.

Ingrid Burger

Die kilometerlange Talweitung zwischen Neuessing und den Schellnecker Wänd ist schon in paläolithischen Zeiten bevorzugtes Jagdgebiet und wird später ziemlich dicht besiedelt. Unser Plan ist jedoch nicht als archäologische Karte zu verstehen (Abb. 29). Er soll nur die Gesamtsituation und vor allem die Zufahrten deutlich machen. Die Landschaft hat sich im Laufe der letzten Jahre durch den Bau des Rhein-Main-Donau-Kanals entscheidend verändert. In seinem Gefolge sind auch Straßen verlegt worden, die selbst auf neueren Karten noch nicht alle korrekt eingetragen sind. Unsere Übersicht beruht auf den verbindlichen Unterlagen der Kanal-AG für die letzte Ausbaustufe.

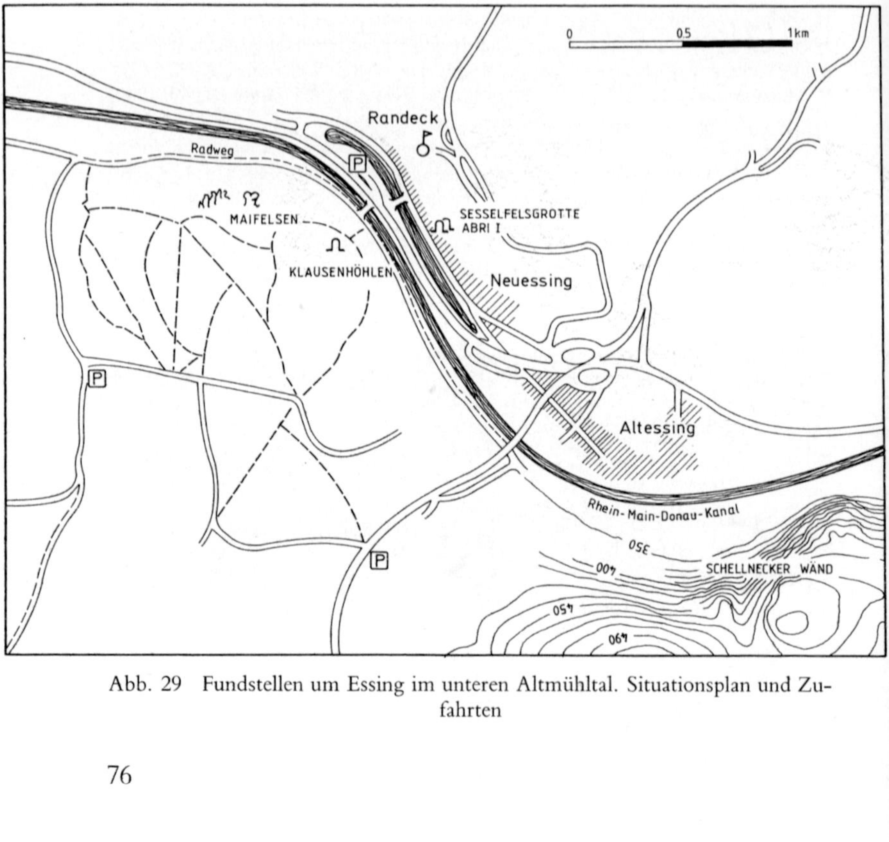

Abb. 29 Fundstellen um Essing im unteren Altmühltal. Situationsplan und Zufahrten

Abb. 30 Das untere Altmühltal zwischen Kastlhof und Neuessing mit dem Rest des alten Kanals und dem neuen Kanal im Bauzustand vom Frühjahr 1981

Vor der malerischen Kulisse von Neuessing ist ein Teilstück des alten *Ludwigs-Donau-Main-Kanals* (s. S. 106) erhalten geblieben. Zwischen ihm und dem neuen Kanal verläuft eine neue Talstraße von Kelheim nach Riedenburg, an der sich ein Parkplatz als Ausgangspunkt anbietet. Von hier hat man einen guten Blick auf den *Maifelsen* im Westen, der als urgeschichtlicher Opferplatz kanzelartig über den Talhang vorragt (s. Bd. 5 S. 208). Vom Parkplatz aus sollte man die gefährlich befahrene Straße durch die Unterführung queren. Auf einer provisorischen Pontonbrücke über den neuen Kanal gelangt man dann auf einen Rad- und Flurweg, von dem etwa 150 m weiter südlich ein ausgeschilderter Weg zu den *Klausenhöhlen* abzweigt. Aus ihr stammen alle jungpaläolithischen Kunstwerke des Tales (s. Bd. 5 S. 182) und eine merkwürdige Bestattung. Vom Vorplatz der Höhlen genießt man ein eindrucksvolles Panorama. Unmittelbar gegenüber erhebt sich auf dem wild zerklüfteten Felshang gut 100 m über Talgrund die *Ruine Randeck* (s. S. 50 Abb. 19). Im Osten ist über der Kirche von Neuessing die Stelle der *Sesselfelsgrotte* (s. S. 79) und des *Abris I* zu erkennen (Abb. 31). Im Südosten sind in der Flußbiegung gegen die Talenge zu die imposanten Felstürme der *Schellnecker Wänd* auszumachen. Abri I und II haben hier bedeutsame mesolithische Schichtenfolgen, ein mesolithisches Doppelgrab (s. S. 93) und die Spuren von Wohnbauten geliefert. Vor Abri I fand sich außerdem eine urnenfelderzeitliche Opferstelle (s. Bd. 5 S. 208).
Eine Luftaufnahme zeigt das Tal von Westnordwest von einem nach Osten verlagerten Standort (Abb. 30). Im Frühjahr 1981 war der alte Kanal noch weitgehend erhalten, das Bett für den neuen aber schon teilweise ausgehoben. Am Rande der Hochfläche im Hintergrund links steht die Burg Randeck, darunter zieht sich auf der Nordseite des Tales langgestreckt Neuessing bis zum Anfang der Talweitung hin. Die Brücke über den neuen Kanal lenkt zu den Klausenhöhlen, die hinter dem breiten Massiv rechts im Bild verborgen bleiben wie der Maifelsen an seinem Rand. Im Felsstock unten rechts im Bild liegt 65 m über Talgrund die *Kastlhänghöhle* mit reichen jungpaläolithischen Funden. Hier hat J. Fraunholz mit Grabungen 1888 die frühe Periode der Höhlenforschung im unte-

ren Altmühltal eingeleitet. In der projektierten Kanaltrasse liegen zwei Grabungsfelder, die nach ihrer Ausdehnung einen Begriff vom Umfang der begleitenden archäologischen Untersuchungen geben. Ganz im Vordergrund sind westlich des Kastlhofs erst lange Suchschnitte angelegt, die später zur Aufdeckung von Gräbern und Siedlungen der Hallstattzeit geführt haben (s. Bd. 5 S. 142f., Abb. 24, 5). Auf der anderen Seite des alten Kanals markieren breite Streifen östlich des Kastlhofs ein Gelände mit Siedlungsplätzen der Urnenfelder- und Latènezeit, mit Gräbern der Völkerwanderungszeit und Öfen des Mittelalters (s. Bd. 5 S. 142, Abb. 24, 4).

Literatur:
Grundsätzlich in den oben bezeichneten Beiträgen, zusätzlich B. Kaulich, M. Nadler u. L. Reisch, Führer zu urgeschichtlichen Höhlenfundplätzen des unteren Altmühltales (1978) 82–86 (Kastlhänghöhle). – W. v. Koenigswald u. J. Hahn, Jagdtiere und Jäger der Eiszeit (1981) 96 (Klausenhöhlen). – Pätzold, Geländedenkmäler, 159f. (Kastlhänghöhle). – VO 102, 1976, 15.57.59 (Schellnecker Wänd).

Alfred Reichenberger

Die Sesselfelsgrotte im unteren Altmühltal

Die Sesselfelsgrotte liegt inmitten des an paläolithischen und ganz allgemein an vorgeschichtlichen Fundplätzen so ungewöhnlich reichen unteren Talabschnitts der Altmühl, jener Region, die, zum erstenmal von einer älteren Forschergeneration um Obermaier und Birkner untersucht, nach wie vor die für das Paläolithikum Bayerns bedeutendste ist. Gegenüber den Klausenhöhlen, auf der nordöstlichen Uferseite der Altmühl, mitten im Ort Neu-Essing, befindet sich der nach Süden und Südwesten geöffnete Abri unmittelbar über der Häuserzeile des Ortes und 25 m über der Talsohle in der als Sesselfelsen bekannten Partie der von der Burg Randeck gekrönten steil abfallenden Malmkalke (Abb. 31). Nur wenige Meter vom nebengelegenen »Abri I im Dorf Neu-Essing« mit seiner einzigen jungpaläolithischen Kulturschicht entfernt, wurde der erst 1964 entdeckte Fundplatz zunächst als »Abri II im Dorf Neu-

Abb. 31 Sesselfelsgrotte (↓) und »Abri I im Dorf Neu-Essing« (↓ ↓) über den Dächern der hinteren Häuserzeile

Essing« bezeichnet. Eine im genannten Jahr unter Lothar F. Zotz und dem Verfasser stattgefundene Probegrabung, die lediglich zur Kontrolle der Sedimente des 1959 gegrabenen Abri I dienen und zugleich den Abschluß der von 1959–64 durchgeführten Untersuchungen in verschiedenen Höhlen des unteren Altmühltals bilden sollte, war der Beginn eines ausgedehnten Grabungsunternehmens, das erst 1977 bzw. 1981 (Verschalung der Profilwände) beendet wurde. Seit Anbeginn von der Deutschen Forschungsgemeinschaft finanziert und von der Universität Erlangen-Nürnberg, die heute Eigentümerin des Geländes ist, großzügig unter-

stützt, waren die jährlichen Grabungskampagnen auf jeweils sechs Sommerwochen beschränkt. Angesichts des ungeheuren Fundreichtums wäre andernfalls die inventarmäßige und zeichnerische Erfassung des mit jeder Kampagne angefallenen Materials mit den normalen personellen Möglichkeiten des Instituts für Ur- und Frühgeschichte nicht durchführbar gewesen. Nach dem Tod von Zotz im Frühjahr 1967, der überdies eine unerfreuliche Raubgrabung, die gerichtlich geahndet wurde, zur Folge hatte, wurden die Grabungen vom Verfasser allein und unter verstärkten Absicherungsmaßnahmen durchgeführt, in den letzten Grabungsjahren zunehmend unter der tatkräftigen Mithilfe von Ludwig Reisch und Christian Züchner.
Die Geländearbeiten zerfielen zeitlich und räumlich in zwei Teile. 1964–71 wurde – ein Kontrollblock ausgenommen – die abrieinwärtige Fläche von ca. 25 qm bis auf das Anstehende ergraben, also jener Raum, der vom Abridach nahezu vollständig geschützt ist. Bereits in diesem Grabungsabschnitt wurde der Felsboden, der eine zunächst wannenförmige Fortsetzung der nördlichen Felswand zu sein schien, in auffallend wechselnder Tiefe erreicht. Die erst während der Grabung 1971 gewonnene Erkenntnis, daß dieser etwa im Bereich der heutigen Traufline in steilen Stufen talwärts zu fallen begann, machte aber 1972 die Erweiterung des gesamten Grabungsfeldes abriauswärts um 3 m gegen den Hang und damit um weitere insgesamt 18 qm notwendig (Abb. 32). Daß eine abriauswärtige Ausdehnung der Grabungsfläche nicht von Anbeginn an geschah, war in dem 1964 noch primär vorhandenen Steilabfall des Hanges knapp außerhalb des Traufes gegen die darunter liegenden Hausdächer begründet. Ein ungestörtes Hineinreichen tiefliegender Kulturschichten in den Hangbereich konnte bei Beginn der Arbeiten in keiner Weise erwartet werden.
Die erwähnte Zweiteilung des Grabungsfeldes bereitete naturgemäß viel Aufwand und manche Schwierigkeiten. Aber sie brachte auch große Vorteile: Eine Kontrolle aller strategischen Beobachtungen ab der obersten Deckschicht (Schicht A) sowie die Möglichkeit eines unmittelbaren Vergleichs von Sedimentcharakter, Artefakt- und Faunenführung zum einen innerhalb des Abris, zum

Abb. 32 Teil der Erweiterung des Grabungsfeldes auf dem Abri-Vorplatz im Jahr 1972. Eine der Längsmauern des mittelalterlichen Kellereinbaues ist bereits sichtbar

anderen außerhalb auf dessen Vorplatz. Entsprechend dem schon erwähnten stufenartigen Abfall des Anstehenden gegen den Hang, beinhaltet das Abri-Innere die Schichten A bis etwa N – im Traufbereich wurde eben noch die Schichtgrenze R/S erreicht (Abb. 33) –, während der Vorplatz einen weiteren Aufschluß tieferer Schichten ermöglichte, die in der Westecke bei »3-West« enden, eine Zone, die dem Anstehenden aufliegt. Alle unteren Schichten, etwa unterhalb des früher schon mehrfach beschriebenen G-Komplexes mit dem ungewöhnlich reichen Mittelpaläolithikum, liegen horizontal, und dies bedeutet, daß sie, je mehr sie ins Abri-Innere reichen, auf den dort gegen die Felswand ansteigenden Boden auf- und auslaufen (Abb. 33). Das konnte besonders an den sehr dunkel gefärbten Kulturschichten des M-Komplexes und dessen liegenden

Zonen gut beobachtet werden, die in der innersten Abri-Ecke nicht mehr zur Ablagerung gelangten. In Tiefenangaben ausgedrückt heißt dies, daß unterhalb der Traufkante etwa 5 m unter dem knapp über der ehemaligen Oberfläche gelegenen Null-Punkt erreicht wurden, an der tiefsten Stelle des Vorplatzes das in der Westecke ergrabene Anstehende jedoch bei 6,7 m lag. In der Südecke des Vorplatzes konnte das Anstehende nicht ergraben werden. Die mehr und mehr sterile Schuttschicht S verlor sich in einem engen Kolk.

Das Grabungsfeld auf dem Vorplatz bot zusätzlich noch zwei be-

Abb. 33 Schichtenfolge im Kontrollblock des Abri-Inneren. In der linken unteren Ecke ist das zerklüftete und gegen die Traufkante steil abfallende Anstehende zu erkennen, auf das die unteren Schichten M 1 bis S auf- und auslaufen

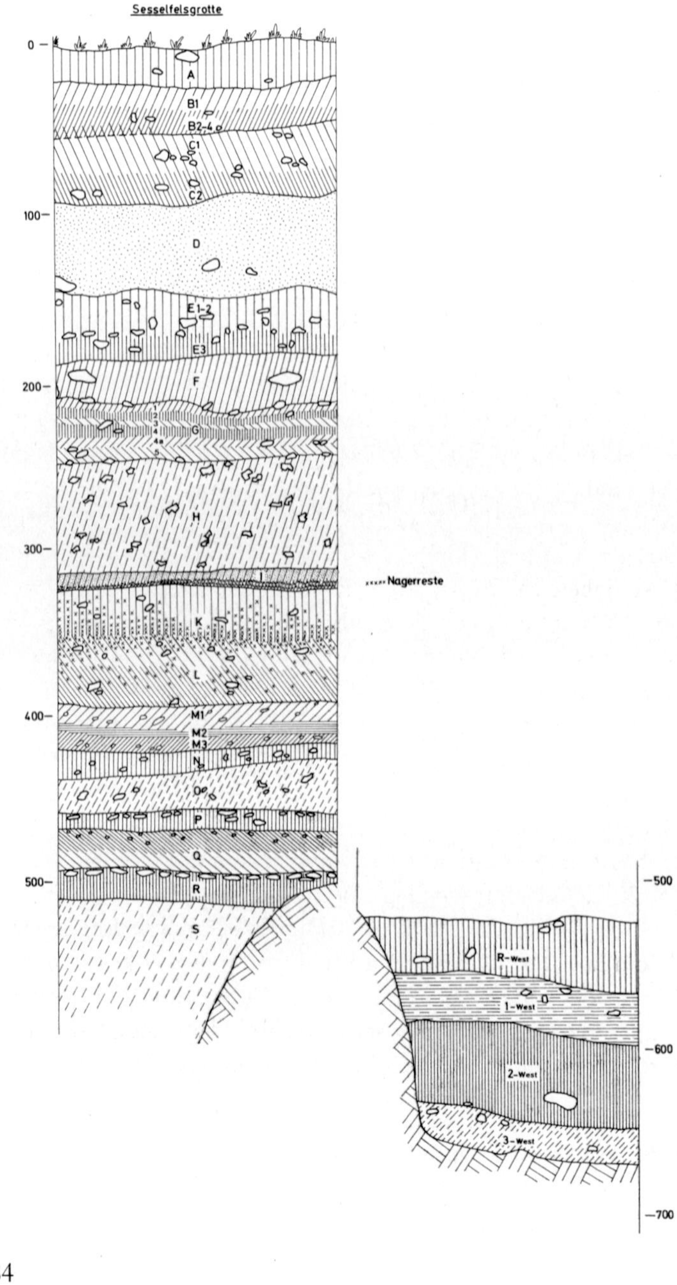

Sesselfelsgrotte
0
100
200
300
400
500
A
B1
B2-4
C1
C2
D
E1-2
E3
F
G
H
I
Nagerreste
K
L
M1
M2
M3
N
O
P
Q
R
S
R-West
1-West
2-West
3-West
-500
-600
-700

sondere und nicht zu erwartende Schwierigkeiten. Im obersten Schichtpaket lag ein mittelalterlicher Kellereinbau (Abb. 32), der die spätjungpaläolithischen Horizonte der Schichten C1 und C2 weitgehend zerstört und entsprechendes Fundgut vernichtet oder umgelagert hatte. Dies war angesichts des im Vergleich zum Mittelpaläolithikum weit weniger reichen Jungpaläolithikums besonders schmerzlich. Die weit größere Schwierigkeit tauchte jedoch im Bereich der tiefsten Schichten auf: Der anstehende, in seinem sehr unebenen Verlauf schon geschilderte Felsboden bildete hier eine diagonal durch die Grabungsfläche etwa Nordost-Südwest verlaufende mächtige Mittelrippe, die beiderseits steil abfiel, so daß von Schicht Q abwärts die Grabungsfläche in eine West- und eine Südecke auf natürliche Weise geteilt wurde. In der Südecke folgten die aus dem Traufinienbereich schon bekannten Schichten R und S, während in der Westecke ein abweichender Sedimentationscharakter schon für Schicht R zu der Bezeichnung R-West zwang. Die darunter noch folgenden mächtigen Zonen 1-West, 2-West und 3-West haben im gesamten übrigen Abri keine Entsprechung (Abb. 34). Die Basis von 3-West liegt auf der in dieser Tiefe plötzlich in horizontale Richtung »abknickenden« steilen Böschung der genannten Mittelrippe, also auf dem Anstehenden. Bis zuletzt fundführend, darf angenommen werden, daß die Schichten 1-West bis 3-West die oberste Sedimentationsfüllung eines tieferen, im Hang verschütteten weiteren Abris darstellen. Das entsprechende Gelände wurde deshalb unter Denkmalschutz gestellt.
Zum besseren Verständnis der reich gegliederten Sedimente und der Kulturschichtenfolge mag eine schematisierte Profilzeichnung dienen (Abb. 34), die ähnliche, schon früher publizierte ergänzt und dem Stand bei Grabungsende entspricht. Sie ist aus mehreren Profilblöcken zusammengesetzt. Der Sedimentationscharakter der in Schutt- und Lehmführung stark wechselnden Schichten ist daraus freilich nur in groben Zügen zu entnehmen. Wichtiger ist an dieser Stelle gewiß die Anzeige der Kulturreste führenden Hori-

Abb. 34 Schematisches Profil der Sedimente und Kulturschichten der Sesselfelsgrotte. Der rechte unterste Teil ist nur im abriauswärtigen Bereich der W-Ecke abgelagert

zonte, die von oben nach unten kurz umrissen seien. Das schon erwähnte späte Jungpaläolithikum der spätwürmglazialen Schuttschichten C1 und C2 wird überlagert von den nicht auf dem gesamten Grabungsfeld entwickelten B-Schichten mit spärlichen Resten eines Mesolithikums im oberen Teil. Einen ungewöhnlichen Befund innerhalb des Jungpaläolithikums stellt ein Depot von Plattensilexkernen aus dem Abri-Inneren dar, das schon einmal ausführlich vorgelegt wurde. Im Liegenden der C-Schichten befindet sich die einzige absolut sterile Zone in der mächtigen Sedimentationsfolge der Sesselfelsgrotte, nämlich die ganz überwiegend aus Löß bestehende Schicht D, die besonders in der Nordostecke des Abri-Inneren günstige Ablagerungs- und Erhaltungsbedingungen fand. Sie enthält nicht einmal Faunenreste. Es dürften für eine Begehung also denkbar schlechte Klimaverhältnisse geherrscht haben. Man wird sie unschwer dem Maximum der Würmvereisung zuweisen können.
Die unter D folgenden Schuttschichten E enthalten an ihrer Basis bereits ein spätes Mittelpaläolithikum. Allein diese Tatsache läßt eine Sedimentationsunterbrechung im Bereich von E vermuten. Sie konnte bei der Grabung in der Tat nachgewiesen werden. Schicht F ist partiell artefaktführend, ohne als Kulturschicht im engeren Sinn angesprochen werden zu können. Dies jedoch trifft in für mitteleuropäische Verhältnisse ungewöhnlichem Maß für den gesamten G-Komplex mit seiner Untergliederung bis zu 6 deutlich voneinander unterscheidbaren Begehungshorizonten (G 1, G 2, G2a, G 3, G 4, G 4a, G 5) zu. Über dieses an bifazialen Geräten und teilweise auch an sogenannten Mikrolithen reiche Mittelpaläolithikum ist schon wiederholt berichtet und auch aus der Fülle mehr willkürlich herausgegriffenes Artefaktmaterial abgebildet worden. Unter der mächtigen, verstreut Geräte führenden, lockeren Schuttschicht H folgt ein Paket von kulturrestefreien, aber mit Mikrofauna reich bestückten Zonen (Schichten I, K und L), die für die klimatische und chronologische Interpretation der Gesamtsedimentation der Sesselfelsgrotte von besonderer Bedeutung sind. Innerhalb dieser Schichten mit Nagerresten zeichnet sich eine deutliche klimatische Folge von Faunengesellschaften eines mehr arkti-

schen Klimas (Grenze Schicht K/L) zu solchen eines eher temperierten (Schicht I) ab. Dieser Wechsel muß eine beachtliche Zeitspanne umfaßt haben, so daß der Abstand der Begehung des Abris durch den Menschen zwischen der Phase des unteren G-Komplexes und dem des oberen M-Paketes (Schicht M 1) sehr groß gewesen ist.

Ab M 1 folgt in unmittelbarer Superposition, sedimentologisch gut gliederbar und in horizontaler Lage, eine Serie von Kulturschichten oder durch Artefakte, Faunenreste und zahlreiche Holzkohlen führenden Horizonten, die von keiner sterilen Lage unterbrochen werden. Einschließlich einer Zwei- bis Dreigliederung in Schicht O sind dies insgesamt 14 bis 15. Die Fundführung nimmt zwar nach unten hin ab; doch sind auch für Schuttschicht S im oberen Teil – der untere verliert sich, wie erwähnt, in einen Kolk der Südecke des Abrivorplatzes – und für die Schichten 1-West bis 3-West in der Westecke des Vorplatzes Silexartefakte, Knochenfragmente und Holzkohlen untrügliche Zeugnisse der Anwesenheit des Menschen in einem zu jener Zeit freilich völlig anders gestalteten abriartigen Unterschlupf.

Die Dichte der Artefaktstreuung der untersten Horizonte ab Schicht M 1 entspricht nicht dem der G-Schichten, in denen auf einem Quadratmeter und in einer Fundserie von nur wenigen Zentimetern Mächtigkeit bis zu 4000 Silexstücke geborgen werden konnten. Dennoch sind auch manche der unteren Zonen sehr reich und weisen sich durch Herde und eine extreme Dunkelfärbung (besonders Schichten M 1 und M 3) mit zum Teil starker Humusführung als intensiv begangene Horizonte aus.

Auch typologisch hebt sich der gesamte untere Kulturenkomplex von dem der G-Schichten ab. Die Bifazialität ist weniger auffallend, Mikrolithen fehlen, die Geräte entsprechen eher als in G konventionellen westeuropäischen Typen. Es handelt sich um eine Abfolge älteren mittelpaläolithischen Formengutes, zu dem es in seiner nach wie vor als frühwürmeiszeitlich angenommenen Zeitstellung in Mitteleuropa keine Parallele gibt.

Die Annahme, daß die gesamte in der Sesselfelsgrotte ergrabene Sedimentationsfolge mit etwa 25 archäologischen Horizonten ausschließlich der Würm-Eiszeit angehört, wird durch die bisher vorliegenden Faunen- und Florenbestimmungen bestätigt. Allerdings sollten alle unteren Schichten ab M, vor allem wegen des Vorkommens wärmeliebender Mollusken (Weichtiere) (besonders Schichten O und P) dem letzten Interglazial sehr nahestehen oder einer der Wärmeschwankungen des Frühglazials angehören, in denen dann freilich noch echt interglaziale Molluskenarten vertreten wären. Einer insgesamt würmeiszeitlichen Stellung der Sedimentfolge widersprechen auch die bisher vorliegenden C^{14}-Daten nicht. Für das späte Mittelpaläolithikum aus Schicht E 3 liegt ein Datum von 37100 ± 1000 B.P. vor. Aus dem an Holzkohlen sehr armen G-Komplex konnte bisher nur für G 2 ein einigermaßen verläßlicher Anhalt gewonnen werden in Gestalt eines C^{14}-Alters von 41840 ± 1170/1020 B. P. Aus den G-Schichten liegen Unmengen von Knochenkohlen vor, an ihnen sollten die Messungen aber nochmals wiederholt werden. Das untere Kulturschichtenpaket entzieht sich schon weitgehend der Reichweite der C^{14}-Methode. Kohlen aus Schicht N ergaben bei zwei Untersuchungen > 45900 B.P. Da alle Schichten von M 1 abwärts sehr viel Holzkohle lieferten, sind weitere und genauere Daten zu erwarten, falls nach Zusammenführung aller Kohlenreste nach beendeter Artenbestimmung die notwendigen Mengen pro Schicht erreicht werden können.

Die Bedeutung der Sesselfelsgrotte mag hier nur in wenigen Punkten umrissen sein. Die ungewöhnlich mächtige und gut gegliederte Sedimentationsfolge dürfte die gesamte Würm-Eiszeit mit mehreren Klimaschwankungen repräsentieren. Eine Unterbrechung der Sedimentfolge (Hiatus) konnte nur im oberen Bereich nachgewiesen werden. Der untere Teil beinhaltet Schichten, die in anderen Abri- und Höhlenfundplätzen Mitteleuropas offenbar nicht zur Ablagerung gelangten oder wieder ausgeräumt wurden. Von den etwa 25 archäologischen Horizonten gehören mehr als 20 dem Mittelpaläolithikum an. Sicher stratifiziert bieten sie die Möglichkeit, Entwicklungen und Veränderungen des jeweiligen Kulturgutes zu erarbeiten, sowohl bei unmittelbar aufeinanderfolgenden Begehungen (Schichten G 1–5, ab M 1 abwärts), wie auch bei solchen, die durch einen Klimazyklus voneinander getrennt sind (G-Komplex und M-Komplex). Wenn das Mittelpaläolithikum der G-Schichten ein Micoquien im Sinne Bosinskis darstellt und starke Berührungen mit dem der Klausennische zeigt, dann bedeutet dies, daß bisherige Vorstellungen über die chronologische Stellung solcher Industrien modifiziert werden müssen. Dieses »Micoquien« der Sesselfelsgrotte liegt deutlich in der oberen Hälfte der Gesamtstratigraphie. Mehr als 1,5 m tiefer als Schicht G 5 und von dieser, durch Mikrofauna gut ansprechbare, verschiedene Klimaphasen anzeigende Sedimente getrennt, beginnt mit Schicht M 1 eine weitere mächtige Folge mittelpaläolithischer frühwürmeiszeitlicher Schichten, für die, wie erwähnt, es anderswo in Mitteleuropa keine Vergleiche gibt. Die Analysen der Sedimente sowie des Faunen- und Floreninhaltes werden die Gliederung der Würm-Eiszeit und ihrer frühen Phasen vorantreiben.

Literatur:
G. Freund, Die ältere und die mittlere Steinzeit in Bayern. JbBB 4, 1963, 9–167. – L. Zotz, Das Paläolithikum der Sesselfelsgrotte. Actes du VIIe Congrès Intern. des Sciences Préhist. et Protohist., Prague 1966 (1970) 373–376. – G. Bosinski, Die mittelpaläolithischen Funde im westlichen Mitteleuropa. Fundamenta, R. A 4 (1967). – G. Freund, Mikrolithen aus dem Mittelpaläolithikum der Sesselfelsgrotte im unteren Altmühltal, Ldkr. Kelheim. Quartär 19, 1968, 133–154. – Dies., Die Sesselfelsgrotte, eine altsteinzeitliche Siedlungsstelle im unteren Altmühltal. Probleme der Zeit, Zeitschr. f. Wissenschaft, Wirtschaft u. Kultur: Neue Ausgrabungen in Bayern. (1970) 2–7. – Dies., Die Sesselfelsgrotte im unteren Altmühltal (Lkr. Kelheim, Bayern). Neue paläolithische u. mesolithische Ausgrabungen in der Bundesrepublik Deutschland. Zum IX. INQUA-Kongreß, Neuseeland 1973 (1973) 19–22. Vorabdruck aus Arch. Informationen 2–3, 1973, 19ff. – Dies., Ein jungpaläolithischer Depotfund aus der Sesselfelsgrotte im unteren Altmühltal. Jahrb. f. fränk. Landesforschung 34/35, 1974/75, 17–36. – K. Schwarz, Die Archäologische Denkmalpflege in Bayern in den Jahren 1973 bis 1975. JbBB 15/16, 1974/75, 156f. – G. Freund, Zum Stand der Ausgrabungen in der Sesselfelsgrotte im unteren Altmühltal. Ausgrabungen in Deutschland. Monogr. d. Röm.-Germ. Zentralmuseums 1 Tl. I (1975) 25–41. – B. Kaulich, M. Nadler, L. Reisch, Sesselfelsgrotte in: Führer zu urgeschichtlichen Höhlenfundplätzen des unteren Altmühltales (1978) 40–45. – L. Reisch, Vortrag »Untersuchungen an Molluskenresten aus den unteren Schichten der Sesselfelsgrotte« in: F. B. Naber, L. Reisch u. Chr. Züchner, Die 22. Tagung der Hugo-Obermaier-Gesellschaft 1980 in Sigmaringen. Quartär 31/32, 1981, 218f. – G. Freund, Der Übergang vom Alt- zum Mittelpaläolithikum in Süddeutschland. »The Transition from Lower to Middle Palaeolithic and the Origin of Man«, ed. by A. Ronen, Symposium Haifa 1980. British Archaeological Reports, Intern. Series 151 (1982) 151–163.

Gisela Freund

Obwohl das Altmühltal zwischen Kelheim und Riedenburg seit dem Ende des 19. Jahrhunderts ein bevorzugtes Objekt der Altsteinzeitforschung ist, waren bis in die sechziger Jahre unseres Jahrhunderts keine mittelsteinzeitlichen Funde bekannt. Erst die Grabungen, die das Erlanger Institut für Ur- und Frühgeschichte nach dem Zweiten Weltkrieg durchführte, lieferten neben alt- auch mittelsteinzeitliche Funde. So stieß man 1963 in Jagerloch im Ziegeltal bei Oberau (Abb. 35,1) auf einige mittelsteinzeitliche Steingeräte. Noch im gleichen Jahr folgten Grabungen im Abri im Pfaffenholz bei Neuessing (Abb. 35,6), die 1964 weitergeführt wurden. Auch in der ab 1964 untersuchten Sesselfelsgrotte (Abb. 35,5) fand sich in einer der oberen Schichten etwas Mittelsteinzeit. Seit 1962 hatte Manfred Moser die Äcker im Bereich der Schleuse 4 des alten Ludwigs-Donau-Main-Kanals (Abb. 35,2) und andere Stellen im unteren Altmühltal abgesammelt und eine große Zahl von Steingeräten geborgen. Funde aus der Umgebung der Schleuse 4 gelangten zudem in mehrere Privatsammlungen.
Der Bau des neuen Rhein-Main-Donau-Kanals machte dann eine Grabung im Bereich dieser Oberflächenfundstelle notwendig. Sie wurde 1972 von F. B. Naber vom Institut für Vor- und Frühgeschichte der Universität Bonn durchgeführt. Gleichzeitig untersuchte man ein Abri am Fuß einer nahegelegenen mächtigen Felspartie, den Schellnecker Wänd (Abb. 35,3). 1976 schloß sich die Grabung in einem Abri am nur 200 m entfernten Siegfriedfelsen (Abb. 35,4) an. Nachuntersuchungen bei den Schellnecker Wänden und der Schleuse 4 finden seit 1980 statt. Leider fehlt von allen Grabungen bislang eine abschließende Publikation, so daß die Kenntnis der mittelsteinzeitlichen Begehung des unteren Altmühltals noch sehr gering ist.
Fundstellen wie die Sesselfelsgrotte (s. S. 79ff.), die Kastlhänghöhle oder die Klausenhöhlen (s. S. 78) geben uns Aufschluß über die Besiedlung des unteren Altmühltals am Ende des Eiszeitalters, im Magdalénien und Spätpaläolithikum. Der Übergang vom eiszeitlichen Spätpaläolithikum zum nacheiszeitlichen Mesolithikum wird

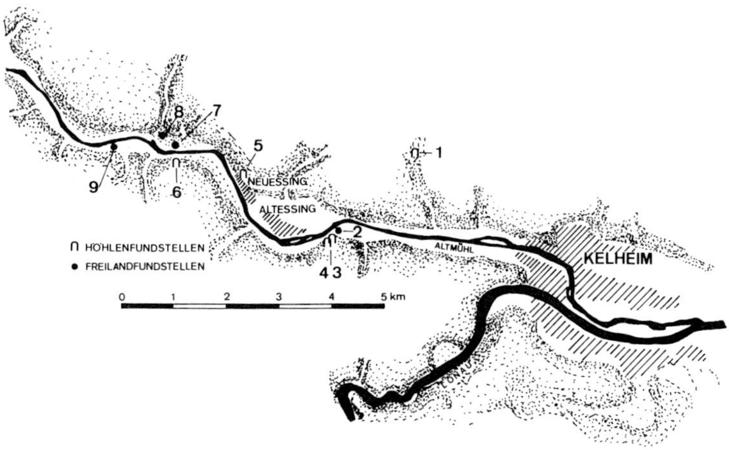

Abb. 35 Mittelsteinzeitliche Fundstellen im unteren Altmühltal (Erklärung der Zahlen im Text)

in der Schichtenfolge des Abris am Siegfriedfelsen (Schellnecker Wänd Abri II) dokumentiert:

Schicht A: Schwarzer Waldhumus mit neuzeitlichen und mittelalterlichen Funden sowie vereinzelten umgelagerten Funden älterer Perioden.

Schicht B: Dunkelbraunes, stark humoses, kalkschuttreiches Material mit mittelalterlichen und metallzeitlichen sowie umgelagerten Funden aller Perioden (besonders Mittelsteinzeit). Von hier stammt auch das Bruchstück einer Harpune aus Hirschgeweih. Schicht B 2 war nur hangwärts auszugliedern und enthielt spätneolithische Funde. Mehrere Gruben mit mittelalterlichen Funden (B 3–B 5) sind von B 1 aus in die liegenden Schichten eingetieft worden.

Schicht C 1: Das gelbliche Sediment wird mit zunehmender Tiefe immer heller, also humusärmer. Mesolithische Funde, darunter besonders schmale, ungleichschenklige Dreiecke sowie schmale, kleine Dreieckspitzen und Trapezformen. Der bedeutendste Fund ist ein rechteckiger Knochenanhänger. In C 1 scheint spätes Früh- und Spätmesolithikum vorzuliegen.

Schicht C 2: Mesolithische Funde wie Dreieckspitzen mit konkaver

oder gerader Basis, gleichschenklige Dreiecke mit einer geraden und einer konkaven Kante sowie Stücke mit schräger Endretusche. Alle Geräte sind kurz und gedrungen und gehören wohl in ein Frühmesolithikum.
Schicht C 3: Hier treten Geräte mit altsteinzeitlicher Tradition auf. Rückenspitzen, Rückenmesserchen und Rechteckmesserchen sprechen für ein Spätpaläolithikum.
Schicht D: Schicht D kann vierfach unterteilt werden. In allen Teilen treten zwar Klingen und Abschläge auf, charakteristische Geräte fehlen aber weitgehend. Das Rohmaterial unterscheidet sich deutlich von dem aus C 3. Aus D 4 stammt ein kleines »Depot« mit 23 Klingen und Klingenfragmenten oder Abschlägen, die alle von einem einzigen Kern stammen. In D 3 tauchen einige kurze Kratzer und ein Rechteckmesserchen auf.
Leider stehen naturwissenschaftliche Untersuchungen noch aus. Es läßt sich aber schon festhalten, daß unter den Tierresten Fischreste sehr häufig sind. Dabei fällt eine große Zahl an Großfischresten und Muscheln, meist der Gattung Unio, auf.
Schon Naber hat auf die günstige Lage der Schellnecker Wänd für die Jagd hingewiesen. Hier bildeten die beiden steilen, felsigen Talhänge einen Engpaß für die Tiere, die das Altmühltal als Zugweg benutzten. Daß solche Geländesituationen gerne zur Jagd benutzt wurden, ist besonders für das Jungpaläolithikum an einigen Fundstellen Baden-Württembergs nachgewiesen.
Nur etwa 250 m nordöstlich des Abris am Siegfriedfelsen liegt das Abri I am Fuß der etwa 15 m hohen Schellnecker Wänd. Auch hier fanden sich im gelblichen pleistozänen Hangschutt wenige Geräte, Klingen und Abschläge, die vielleicht noch in ein spätes Jungpaläolithikum oder Spätpaläolithikum gehören. Die hängende tiefschwarze postglaziale Schicht ließ sich nicht untergliedern. Zwei mesolithische Horizonte wurden vom Ausgräber nur durch die unterschiedliche Tiefenlage der Artefakte getrennt. Ein unteres Mesolithikum wird durch breite gleichschenklige Dreiecke charakterisiert, während im höher gelegenen langschmale Dreiecke, Rükkenmesserchen und kleine Knochenspitzen vorhanden sind. Beide Komplexe dürften in ein Frühmesolithikum zu stellen sein.

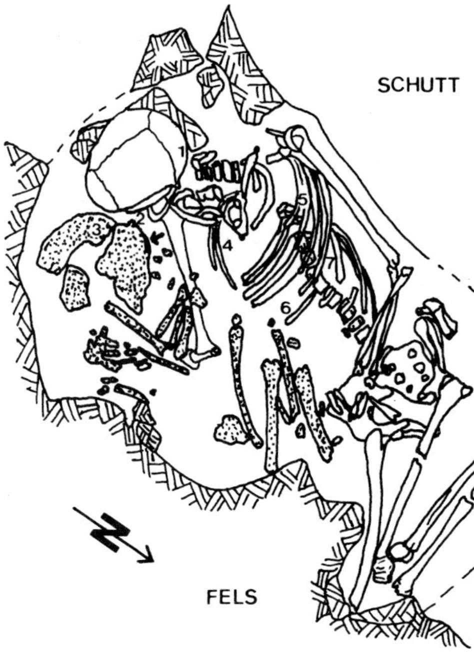

Abb. 36 Schellnecker Wänd Abri I. Mesolithisches Doppelgrab (die Ziffern zeigen die Lage der Geräte Abb. 37,1–7)

Den aufregendsten Fund stellte eine Doppelbestattung im westlichen Teil des Abris (Abb. 36) dar. In einer flachen ovalen Grube lagen eine etwa 35jährige, sehr grazile Frau und ein etwa 3 bis 4 Jahre altes Kind, offenbar ein Mädchen. Beide waren in Schlafstellung beigesetzt, die Gesichter einander zugewandt. Kopf und Oberkörper des Kindes lagen auf dem Arm und der Hand der Frau, seine Hände griffen zu ihrem Arm. Die enge Beziehung beider Personen, die dadurch angedeutet wird, bestätigt auch die anthropologische Untersuchung. Es handelt sich demnach mit großer Wahrscheinlichkeit um Mutter und Kind. Sieben Silexartefakte (Abb. 37), die in der Umgebung des Frauenskeletts gefunden wurden, werden vom Ausgräber als Beigaben gewertet, ebenso die Reste eines Vogelskeletts, die über das Grab verstreut waren. Die Knochenscheide des Vogelschnabels lag direkt auf der Stirn des

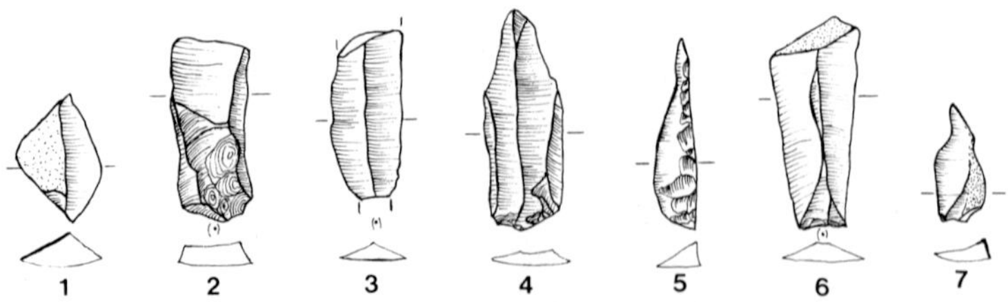

Abb. 37 Schellnecker Wänd Abri I. Artefakte aus der Grabgrube der Doppelbestattung. M 2:3

Kindes. Die Datierung dieser Bestattung ist nicht ganz einfach. Da der Aushub der Grabgrube, die in das gelbe pleistozäne Sediment eingetieft war, in der mesolithischen Schicht gefunden wurde und diese eindeutig die Grablege überdeckt, scheint die Datierung in die Mittelsteinzeit gesichert. Die Artefakte aus der Grabgrube lassen aber keine genauere zeitliche Einordnung zu.

Etwa 200 m nordöstlich dieses Abris liegt der Freilandfundplatz, der schon seit 1962 von Moser und anderen abgesucht wird. Eine große Kollektion von Lesefunden hat Moser bereits publiziert und dabei spätpaläolithische und mesolithische Funde typologisch getrennt. Bei der Grabung durch F. B. Naber fanden sich insgesamt vier Feuerstellen. Die größte, 1 m breit und 1,5 m lang, war mit stark verbrannten Kalksteinen umstellt. Steingeräte datieren sie in ein spätes Frühmesolithikum.

Eine weitere Höhlenfundstelle befindet sich weiter flußaufwärts, oberhalb der Altessinger Talweitung und fast direkt gegenüber der Weihermühle. Das 30 m breite, zwischen 6 und 3 m tiefe Abri im Pfaffenholz liegt etwa 25 m über dem Tal und zieht sich schräg am Hang hoch. Grabungen an drei Stellen innerhalb des Abris, die Gisela Freund und Lothar Zotz 1963 bis 1964 vornahmen, zeigten folgende Stratigraphie (Abb. 38): Die dunkelbraun bis schwarz gefärbte Deckschicht (Abb. 38,1) enthielt metallzeitliche und mittelalterliche Funde. Es folgte ein Komplex graubrauner bis brauner Straten (Abb. 38,1–7), der nicht über die gesamte Grabungsfläche gleich gut gliederbar war. Auffallend sind mehrere mächtige Feuerstellen (z. B. Abb. 38,6), die meist mit großen Kalkbrocken umstellt waren. Im oberen Teil dieses Schichtkomplexes (Abb. 38,2–

4) waren Funde recht selten. Zwei Trapeze, wenige Klingen und Abschläge zeigen eine Begehung während des Spätmesolithikums an. Eine größere Zahl von Artefakten stammt aus dem unteren Teil dieses Komplexes (Abb. 38,5–7). Neben langschmalen, gleichschenkligen und ungleichschenkligen Dreiecken, manchmal mit einer geraden und einer konkaven Kante, treten Kerbbruchreste, endretuschierte Stücke, aber auch Fragmente von Rückenmesserchen und einige große, teilweise retuschierte Klingen auf. Die geometrischen Mikrolithen verweisen diese Industrie in ein mittleres Frühmesolithikum, während die Rückenmesserchen und die Klingen auch noch einem späten Jungpaläolithikum angehören könnten (Abb. 39). Etwa 75 Prozent aller Artefakte aus dem Abri im Pfaffenholz stammen aus dem Bereich der großen Feuerstelle (Abb. 38,6) im Westen des Abris. Im Liegenden folgte zuerst ein hellgelber, kleinstückiger Kalkschutt (Abb. 38,8), dann ein Kalkschutt mit rotbraunem Bindematerial (Abb. 38,9). Beide Schichten waren fundleer, nur im obersten Bereich der Schicht 8 traten vereinzelt umgelagerte mesolithische Funde auf.
Im Abri im Pfaffenholz spielt, ebenso wie in den Schellnecker Wänden, neben der Jagd der Fischfang eine große Rolle. Knochen von Rothirsch, Biber, Fuchs, Wildschwein und Hase repräsentieren die Jagdbeute mittelsteinzeitlicher Jäger; unter den häufigen Fischresten befinden sich Capriniden und Perlfisch.

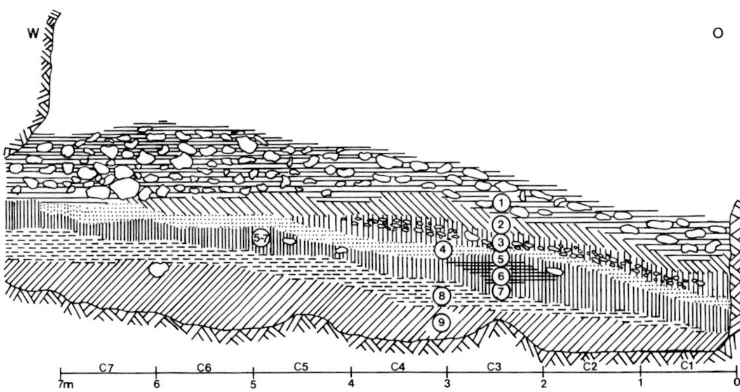

Abb. 38 Abri im Pfaffenholz. Profil C–C' im westlichen Teil des Abris

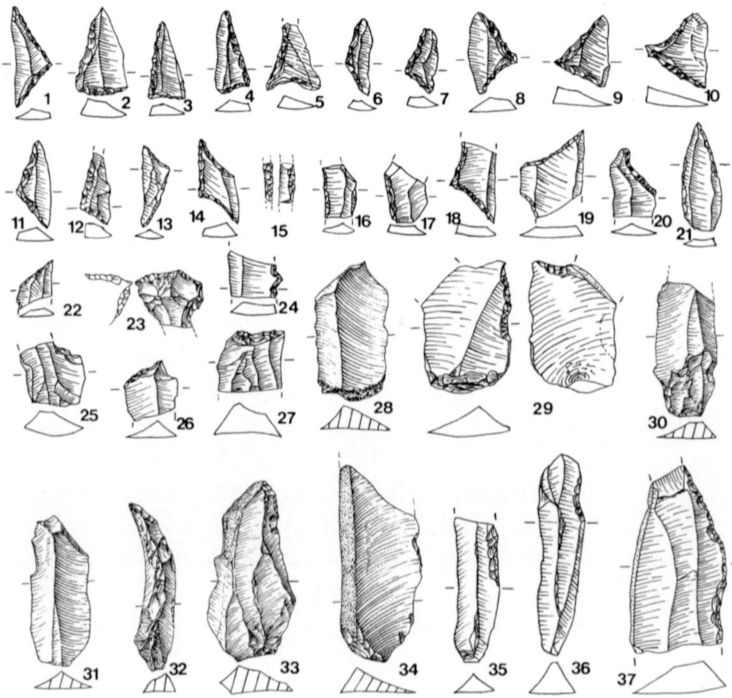

Abb. 39 Abri im Pfaffenholz. Mesolithikum. Die Artefakte 11–37 stammen aus dem Bereich der auf Abb. 38,6 deutlich sichtbaren Feuerstelle. M 2:3

Auch aus der in den Felswänden über dem Ort Neuessing liegenden Sesselfelsgrotte stammt ein kleiner Komplex mittelsteinzeitlicher Funde, der zur Zeit noch aufgearbeitet wird. Alle anderen mittelsteinzeitlichen Fundstellen des unteren Altmühltales wie das Jagerloch im Ziegeltal (Abb. 35,1) oder die Freilandfundstellen am Felsenhäusl (Abb. 35,8), der Weihersmühle (Abb. 35,7) oder unterhalb der Kastlhänghöhle (Abb. 35,9) haben jeweils nur wenige Artefakte geliefert. Warum mesolithische, ebenso wie paläolithische Fundstellen weiter flußaufwärts fast fehlen, muß erst noch geklärt werden. Es wird sich aber nicht allein um eine Forschungslücke handeln.

Die Grabungen der sechziger und siebziger Jahre haben gezeigt, daß das untere Altmühltal auch während des Spätpaläolithikums und des Mesolithikums begangen wurde. Dabei dürfte besonders der fischreiche, damals noch frei fließende Fluß Anziehungskraft ausgeübt haben. Da naturwissenschaftliche Untersuchungen zu botanischen Funden, Tierknochen, Erd- und Gesteinsproben bislang fehlen, wissen wir allerdings noch wenig über das zeitliche Verhältnis der einzelnen Fundstellen zueinander, die Umwelt und die Lebensweise der mittelsteinzeitlichen Menschen im unteren Altmühltal.

Literatur:
B.-R. Goetze, Archäologische Gewinne des Rhein-Main-Donau-Kanals 1 (1980); 2 (1981). – G. Fluhrer, Kleiner Führer zu der Exkursion zu paläolithischen Höhlenfundstellen im unteren Altmühltal am 15. Oktober 1972 anläßlich der 15. Jahrestagung des Verbandes der Deutschen Höhlen- und Karstforscher e. V., München, in Kelheim/Donau (1972). – G. Freund, Die ältere und die mittlere Steinzeit in Bayern. JbBB 4, 1964, 9–167. – K. Gerhardt und F. B. Naber, Die mesolithische Doppelbestattung bei Altessing, Ldkr. Kelheim/ Ndb. BVbl. 48, 1983, 1–30. – B. Kaulich, M. Nadler, L. Reisch, Führer zu urgeschichtlichen Höhlenfundplätzen des unteren Altmühltals (1978). – M. Moser, Der epipaläolithisch-mesolithische Fundplatz Schellneck im unteren Altmühltal. BzO 3, 1969, 61–69. – F. B. Naber, Die mittlere Steinzeit unter besonderer Berücksichtigung von Fundstellen aus dem Altmühltal. Weltenburger Akademie, Arbeitsblatt der Historischen Arbeitsgemeinschaft (1973). – Ders., Schellnecker Wänd – Abri II, Gemeinde Essing, Ldkr. Kelheim, Niederbayern. Vorbericht über eine endpaläolithisch-mesolithische Schichtenfolge. Arch. Korrbl. 7, 1977, 185–194. – Pätzold, Geländedenkmäler, 122.133f. 159.161.

Brigitte Kaulich

Der Wolfsberg bei Mühlbach

Zufahrt: Von der Ortsausfahrt Richtung Dietfurt ungefähr 250 m nördlich von Mühlbach Abzweigung zum Fuß des Wolfsberges. Von hier führen Waldwege zum an der Hangkante verlaufenden Ringwall. Ungefähr 850 m nördlich von Mühlbach ferner Fahrweg zum Wolfsberg abzweigend (Abb. 40).

Der Inselberg erhebt sich 1800 m lang und 100 bis 140 m hoch zwischen Altmühl- und Mühlbachtal. Durch steile Hänge, an der Westseite auch senkrechte Felsen, bietet er eine natürliche Schutzla-

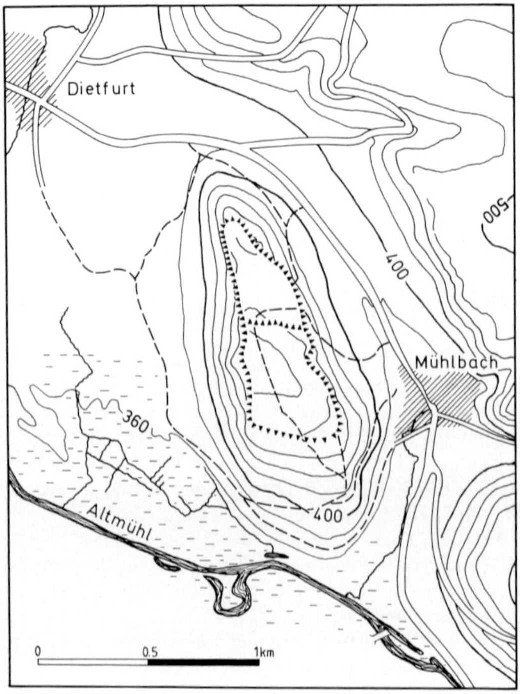

Abb. 40 Der Wolfsberg bei Mühlbach

ge, die für eine Befestigung genutzt wurde. Entlang der Hangkante verläuft ein Ringwall mit Steinkern um das 1000 m lange und bis 350 m breite, sich nach Norden verschmälernde Plateau. Am besten erhalten ist er auf der Südseite, wo wegen des flachen Hanges offensichtlich ein höherer Wall aufgebaut wurde, der heute noch innen eine Höhe bis zu 2 m erreicht. 450 m vor der Nordspitze wird die Befestigung durch einen Querwall in eine Unter- und eine Oberburg geteilt. An der Basis ist er 4 m breit und nach Norden noch bis zu 1,3 m hoch. Während er im Westen spitzwinklig auf den Ringwall stößt, biegt er im Osten kurz vorher nach Süden und bildet mit dem parallel verlaufenden Hauptwall eine ungefähr 15 m lange Torgasse, die die Verbindung zwischen Unter- und Oberburg herstellte. Zwei weitere gesicherte Tore mit eingezogenen

Wallflügeln (Zangentore) führen im Osten und Westen des Ringwalls zur Unterburg. An Funden sind nur einige vorgeschichtliche Lesescherben bekannt.

Literatur:
Stroh, Geländedenkmäler, 187–188 mit Beil. 3 u. Taf. 5 b.

Peter F. Stary

Prospektionen im Ottmaringer Tal

Zwischen Dietfurt und Beilngries ist in die südliche Frankenalb das Ottmaringer Tal gut 100 m tief eingeschnitten (Abb. 41). Sein Grund liegt bei 385–390 m ü.NN. Bis zu 3 km breit und über 10 km lang, bildet es einen eigenen kleinen Siedlungsraum, der von der Altmühl im Urstromtal der Donau durch den langgestreckten Arzberg isoliert wird. Seine Entstehung mag ebenfalls auf die Donau zurückgehen. Heute sind die stark geneigten Talhänge bis in tiefere Lagen mit Nadelwald bestanden, der auch auf den Hochflächen die ursprünglichen Mischwälder mit überwiegenden Anteilen von Laubgehölz abgelöst hat. Allerdings ist er hier durchweg bis an die Randzonen gerodet, so daß sich ein breiter Baumgürtel beiderseits der Hangkanten entlangzieht. Die Hangböden selbst bestehen aus Hangschutt mit einer Mischung aus Malmscherben, die zum Teil mit Kalk verkittet sind, und abgeschwemmtem Lehm von der Albüberdeckung sowie aus alluvialen und Quarzsanden. Die talgründigen Böden weisen dieselben Komponenten auf, allerdings mit stärkeren lehmig-tonigen Anteilen. Der Südhang am Arzberg liegt trocken, wie schon der Flurname »Dürre Leite« sagt. Dagegen treten am Nordhang unterhalb der wasserlosen Hochfläche mehrere Quellen aus, wenn auch abhängig von Regen- und Schneefall nicht alle ganzjährig. Im Talgrund konnte sich deshalb über undurchlässigen Opalinustonen ein Feuchtgebiet mit Schilf, Naßwiesen und Auewald bilden, das durch die Flurnamen »Ottmaringer Moos« und »Im Ried« bezeichnet wird. Der Ludwigs-Donau-Main-Kanal hat das Biotop ab 1846 nicht wesentlich verän-

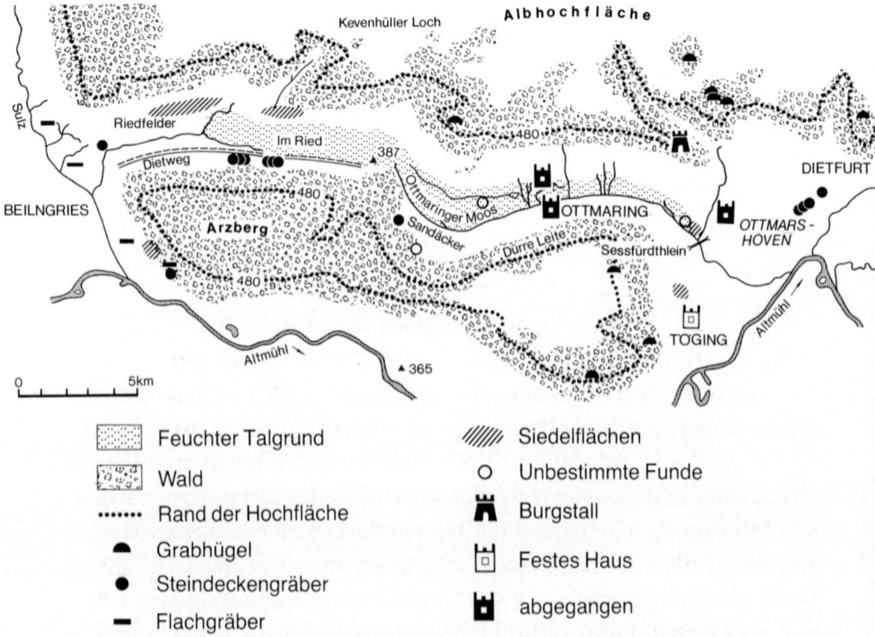

Abb. 41 Fundstellen im und am Ottmaringer Tal zwischen Beilngries und Dietfurt. Die 480 m-Linie markiert ungefähr den Rand der Hochflächen

dert, zumal er über der Talsohle läuft. Nach wie vor fließt das Wasser in zwei Bachläufen nach Osten und Westen ab. Die unteren Hanglagen sind streckenweise terrassenartig gestuft und werden meist als Äcker genutzt, obwohl der kalkhaltige Hangschutt den Feldbau nicht begünstigt. Auch Feuchtwiesen im Talgrund sind nach neuzeitlicher Drainage teilweise in Felder umgewandelt worden.

Die bestimmenden Faktoren sind jedoch unveränderlich, die vorgeschichtliche Bodennutzung kann sich deshalb nur wenig von der heutigen unterschieden haben. So zeigt der Vergleich mit den ältesten Flurkarten von 1825, daß sich das Verhältnis zwischen Wald und offenem Land bis jetzt kaum verschoben hat. Von Haus aus eignen sich allein die mit Lehm angereicherten unteren Hanglagen zum Feldbau. Das Grünland im Talgrund, die bewaldeten Hänge und die Albhochfläche bieten sich als spezielle Weidegründe an. Dabei müssen auf der Hochfläche mindestens die Zonen mit Grabhügelnekropolen seinerzeit ebenfalls offengelegen haben, auch wenn sie inzwischen wieder bewaldet sind und heute gewissermaßen umgekehrt die Hügel in Schutz nehmen. In jedem Fall stand Holz als ein wichtiges Grundmaterial wohl reichlich zur Verfügung, nicht gerechnet Schilf und andere natürliche Baustoffe. Auf engem Raum stellt sich damit ein ziemlich begünstigtes Wirtschaftsareal mit guter Wasserversorgung dar. Darüber hinaus spielt das Tal verkehrsgeographisch als Ost-West-Verbindung über die Alb eine Rolle, die noch im mittelalterlichen Dietweg (von ahd. diet = Volk) auf der trockenen Südterrasse zum Ausdruck kommt. Ihm folgt parallel die neuzeitliche Straße von Beilngries nach Dietfurt. Ebenso läuft aus verkehrsgeographischen Gründen sogar der neue Rhein-Main-Donau-Kanal durch die fundreiche Tiefenzone. Das hat Anlaß gegeben, noch vor Beginn der Arbeiten eine umfängliche Prospektion durchzuführen (s. Bd. 5 S. 145). Bekannt waren seit langem vor allem die großen Hallstattfriedhöfe »Im Ried« und eine weitflächige Fundstelle vor dem Kevenhüller Loch. Seit ihrer Publikation mit anderen Befunden durch Walter Torbrügge 1965 haben sich aber gerade in den letzten Jahren die Fundorte deutlich und bezeichnend vermehrt. Das forschungsgeschichtlich bedingte Mißverhältnis von zahlreichen Gräbern und wenigen Wohnplätzen ist zwar noch nicht aufgehoben, doch zeichnet sich ein gewisser Ausgleich ab. Vor allem wird das Übergewicht der Hallstattzeit allmählich abgebaut, denn es erklärt sich hauptsächlich aus frühen Grabungen zwischen 1899 und 1917 auf den ackerbaulich genutzten Hangterrassen, wo aufwendige und auffällige Steingräber entfernt werden mußten. Noch nicht geklärt ist, ob ihre Reihung am südlichen Talrand annähernd dem ehemaligen Bestand entspricht oder ob sie sich unterirdisch noch in den Zwischenbereichen bis zu den Sandäckern südwestlich Ottmaring fortsetzten. Die Frage ist von einiger Bedeutung, weil die großräumigen Bauten gerade im Ackerland liegen, das bis heute bestellt wird. Andererseits finden sich mutmaßliche Siedelstellen im Tal selbst bisher nur vor dem wasserreichen Nordhang. Zum altbekannten Platz vor dem Kevenhüller Loch hat die gezielte Absuche des gesamten Hanges zusätzlich jedenfalls zahlreiche Scherben von den Riedfeldern erbracht, und zwar in beträchtlicher Ausdehnung. Funktion und Zeitdauer der Stelle können allerdings noch nicht näher eingegrenzt werden, doch sind neben der Hallstattzeit auch andere metallzeitliche Perioden beteiligt. Auf beiden Plätzen weisen Schlacken auf ausgiebige Eisenverhüttung, obwohl Alb- oder Bohnerze nicht in der näheren Umgebung vorkommen oder jedenfalls nicht ausgebeutet worden sind. Der Name des Arzberges hat seine Wurzeln nicht im Erz.

In der Talöffnung nach Osten gibt es mehrere neue Fundstellen, die sich aber alle durch gesteigerte Bodeneingriffe erklären. Hier konnte im nördlichen Neubaugebiet von Töging im Anschluß an Straßenbauarbeiten eine späthallstatt-frühlatènezeitliche Siedlungsschicht aufgedeckt werden. Sie lag unter einer dicken lößführenden Decke unmittelbar auf den alluvialen Sanden des Donauurstromtales. Aus weiteren Beobachtungen dieser Art hoffen wir, in Zusammenarbeit mit dem Geographischen Institut der Universität Regensburg und dem für die Grabungen in der Kanaltrasse zuständigen Büro Abensberg des Landesamtes für Bodendenkmalpflege einen Beitrag zur Paläo-Geographie des Tales liefern zu können. Ebenfalls Bauarbeiten führten zur Aufdeckung einer weiteren Hallstattnekropole mit Steindeckengräbern östlich von Dietfurt. Schließlich konnten im Bereich der Schleuse Dietfurt noch Hausgrundrisse der Urnenfelderzeit aufgenommen und einige zugehörige Gräber geborgen werden. Mit fortschreitendem Kanalbau und begleitenden Ausgrabungen kann man demnach auf ein Fundbild hoffen, in dem auch unterirdische Denkmäler ohne den auffälligen Steinmantel der Hallstattgräber zu ihrem Recht kommen.

Als jüngstes Ergebnis der archäologischen Überwachung kann ein Beispiel aus der mittelalterlichen Talgeschichte vorgestellt werden, die die Landschaft in einem unmeßbaren Ausmaß mitgeprägt hat. Obwohl sich die Voraussetzungen für die agrarische Nutzung nicht grundsätzlich geändert haben, wird immerhin ein Strukturwandel in Richtung auf eine herrschaftliche Grundaufteilung sicht-

Abb. 42 Sparschleuse des Rhein-Main-Donau-Kanals bei Dietfurt. Im Vordergrund die Bewuchsspuren einer viereckigen Grabenanlage aus dem vor 1615 abgegangenen Ottmarshoven

bar, die in diesem Kleinraum von wenigen Quadratkilometern überrascht. Ansatzpunkt ist eine bescheidene annähernd quadratische Grabenanlage, die Otto Braasch 1982 aus der Luft gut 50 m nördlich der Schleuse Dietfurt entdeckt hat. Sie zeichnet sich deutlich durch Verfärbungen im Bewuchs ab (Abb. 42). Ihre Kantenlänge beträgt etwa 20 m, ein Tor ist nicht erkennbar. Im Gelände tritt die Stelle als leichte Bodenwelle hervor. Die Katasterkarte von 1825 zeigt nun, daß der Ludwigs-Donau-Main-Kanal und Flurbereinigungen in der gesamten Umgebung nicht nur das Wegenetz, sondern vor allem die Fluraufteilung selber vollständig verändert haben. Allenfalls spiegeln einige Verfärbungen im Norden und Osten des Grabenvierecks die alten Flurgrenzen wenigstens zum Teil wider. Auch könnte ein Feldweg, der genau auf das Objekt zielt, aber unvermittelt nördlich von ihm endet, mit ihm in Zusammenhang gebracht werden. Sonst bleiben die Wege und Fluren ohne jede Beziehung zur Anlage.

Exakte Aufschlüsse vermittelt aber ein handgezeichneter und maßstabgenauer Plan des Ottmaringer Tales von 1625. Auf ihm führt ein Weg von Mallerstetten nach Töging über das »Seßfürdthlein«, das noch 1825 an derselben Stelle zu finden ist. Genau nördlich der Furt ist eingeschrieben: »Uff diesem Platz ist vor Zeiten Ottmarshoven gestanden«, und eben hier ist die Anlage nach dem Luftbild einzupassen. Wissenswertes über die vor 1615 abgegangene Ortschaft bleibt noch aus den Archiven zu fördern. Aufgrund der Namensform darf man wohl an eine Ausbausiedlung von Ottmaring denken, denn dort scheint es sich um einen echten -ing-Namen zu handeln, zu dem ein Sax aus Reihengräbern wohl des 7. Jahrhunderts gehören könnte. Ungewöhnlich ist allerdings der gleichnamige Kirchenpatron St. Ottmar (Audemar, Abt von St. Gallen, gest. 759). Die in ihren Ursprüngen sicher ältere Kirche zeigt im Gebälk der Glockenstube eine Tartsche mit der Jahreszahl 1516.

Auf dem handgezeichneten Plan sind in Ottmaring neben der Kirche und wenigen Hütten auch zwei stattliche Ansitze eingezeichnet, von denen einer 1496 als adeliges Lehen bezeugt ist (Abb. 43). Mit Grabenschutz, Zaun und festem Haus geben sie sicher einen Hinweis auf die Beschaffenheit der Anlage auf unserem

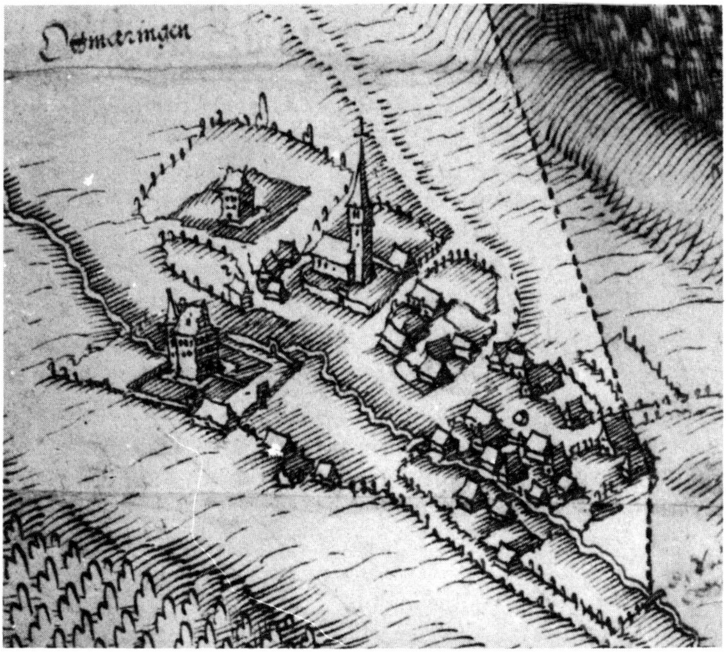

Abb. 43 Ansicht von Ottmaring auf einem kolorierten Stich von 1615

Luftbild (Abb. 42). Von beiden Schlössern ist heute obertägig nichts mehr erhalten, obwohl noch 1801 Mauerreste gestanden haben. Da der Ansitz südlich der Kirche durch den Kanalbau völlig verschwinden wird, hat die Grabungsstelle für die Kanaltrasse im August 1983 vorsorglich mit der Freilegung und Aufnahme der unterirdischen Überreste begonnen. Auch für die Luftbildanlage war im Herbst 1983 eine archäologische Untersuchung geplant. In jedem Fall zeigt sich hier wiederum exemplarisch, mit welchen Überraschungen man selbst in sehr kleinen und ziemlich gut beobachteten Landschaften auch für vorgeschichtliche Zeiten rechnen muß, wenn allein im Osten des Tales von ehemals fünf Herrensitzen oder Burgen innerhalb weniger Jahrhunderte drei ohne jede Spur untergegangen sind. Von einem Schloß »Stein (Burgstall genannt)« auf einer Zunge des nördlichen Talhanges über dem Hohlweg auf die Hochfläche, im Plan von 1615 noch als erhöhtes Plateau eingezeichnet, haben sich immerhin Wall und Graben erhalten. Nur in Töging stehen die verwahrlosten Reste eines Herrenhauses mit Treppengiebel noch mühselig aufrecht.

Literatur:
Der Beitrag beruht auf Vorarbeiten zu einer archäologisch-paläogeographischen Studie über das Ottmaringer Tal, die als Magisterarbeit an der Universität Regensburg ausgearbeitet wird. – Vgl. vorerst J. K. Bundschuh, Geographisches, Statistisch-Topographisches Lexikon von Franken, Bd. IV (1801) bes. 308–310. – B.-R. Goetze, Grabhügel der Hallstattzeit von Dietfurt, Lkr. Neumarkt, Oberpfalz. Das Archäologische Jahr in Bayern 1980 (1981) 98 f. – E. Krausen, Die handgezeichneten Karten im Hauptstaatsarchiv sowie in den Staatsarchiven Amberg und Neuburg an der Donau bis 1650. Archivinventare 37 (1973) Nr. 470: Das Tal der Altmühl bei Dietfurt (Hauptstaatsarchiv München Plansammlung 38). – W. Streim, Geologie der Umgegend von Beilngries. Erlanger Geol. Abhandl. 36 (1960). – Ders., Stratigraphie, Fazies und Lagerungsverhältnisse des Malm bei Dietfurt und Hemau. Ebd. 38 (1961). – Stroh, Geländedenkmäler 185, (Burgstall Mallerstetten). – W. Torbrügge, Die Hallstattzeit in der Oberpfalz II. (1965). – Die Hochstiftsliteralien von Eichstätt II M_5 Nr. 36,5. – Ortsakten des Landesamtes für Denkmalpflege (Büro Abensberg).

Markus Marquart

Der Ludwigs-Donau-Main-Kanal

Der Kanal von Kelheim bis Bamberg benutzt ab Dietfurt die untere Altmühl. Auf der restlichen Strecke durch das Ottmaringer Tal und das Sulztal nach Norden über das Fränkische Stufenland ist er als selbständiges Bauwerk nur noch teilweise erhalten. Die Idee einer solchen Verbindung geht auf Ratgeber Karls des Großen zurück, »welche die Sache zu verstehen behaupteten«. Klug wählten sie dafür eine Stelle beim heutigen Ort Graben nahe Treuchtlingen, wo die Altmühl der europäischen Wasserscheide besonders nahekommt. Karl selbst kannte den Platz von Reisen von und nach Regensburg, auf denen man seine Schiffe zwischen der Altmühl und dem Quellgebiet der Rednitz-Regnitz über Land ziehen mußte. Seine Vorliebe für Wasserfahrten ist bekannt. Das Unternehmen sollte aber sicher nicht allein seiner Bequemlichkeit, sondern allgemein einer besseren Verbindung zwischen den fränkischen Reichsteilen dienen, nicht zuletzt zum Nutzen aufwendiger Heerestransporte. Es schlug indessen fehl. Bald nach Baubeginn mußte es 793 aus technischen wie politischen Gründen wieder aufgegeben werden. Die imposanten Reste der fossa Carolina oder des Karlsgrabens haben in der späteren Geschichtsschreibung nur eine untergeordnete Rolle gespielt, seine Erforschung als Geländedenkmal ist mit den Untersuchungen Josef Röders erst jüngst zu einem gewissen Abschluß gekommen.

Im 18. Jahrhundert wird der Plan einer Kanalverbindung wieder

Abb. 44 Ludwigs-Donau-Main-Kanal: Schleuse Nr. 4 bei Schellneck vom Unterwasser aus, vgl. Umschlagbild mit Kanalwärterhaus

aufgenommen und in mancherlei idealen Projekten dargestellt, die zum Teil mehr als Gedankenspiele ohne jede Rücksicht auf die geologischen Voraussetzungen und praktischen Möglichkeiten entworfen sind. Ernsthafte Planungen setzen zu Beginn des 19. Jahrhunderts ein, nachdem der fränkische Gebietszuwachs für das neue Königreich Bayern 1805 die verkehrsmäßige Verklammerung aller Landesteile dringlich gemacht hatte. Dabei erwägt man als Strang zwischen Donau und Main aber auch eine Pferdebahn nach englischem Muster. Nachdrücklich gefördert werden Vorstudien und Studien zur Sache jedoch erst durch Ludwig I. nach seiner Thronbesteigung 1825. Der Kanal war eines seiner Lieblingsprojekte, er sollte ursprünglich in Anlehnung an einen Plan aus dem späten 18. Jahrhundert sogar von München ausgehen. Merkwürdigerweise gab der König einer Wasserstraße aus militärischen Rücksichten den Vorzug vor der Eisenbahn.
1836 begann der Bau auf der jetzigen Trasse gleich an mehreren Stellen, und zwar unter der obersten Leitung von Heinrich von Pechmann, dessen Entwürfe dem Projekt wesentlich zugrunde lagen. Bis zur feierlichen Eröffnung 1846 waren allerdings viele Rückschläge in Kauf zu nehmen. Dämme brachen, Wasser versikkerte, unerwartete technische Schwierigkeiten mußten gemeistert werden, die freilich auch zur Entwicklung neuer Gerätschaften führten. Ständig wurden Kostenvoranschläge überschritten, die Preise von Grundstücken, Baumaterialien, und die Löhne stiegen stetig an. Im übrigen stand der Bau unter Aufsicht des Polizeistaates. Arbeiter wurden nach Möglichkeit unter den Armen rekrutiert, die sonst der Armenpflege zur Last gefallen wären. Ihre persönliche Bewegungsfreiheit war stark eingeschränkt, die arbeitsrechtlichen Verhältnisse waren erschreckend rückständig. Immerhin zeigten sich Ansätze von Arbeiterschutz, sogar eine Krankenversicherung durch geringen Lohnabzug wurde ins Auge gefaßt.
Natürlich war erster Zweck des Bauwerks sein wirtschaftlicher Nutzen und die Vermehrung der sogenannten öffentlichen Wohlfahrt. Im zeitgenössischen Hintergrund steht die Gründung des deutschen Zollvereins 1833. Aber der wirtschaftliche Verfall war

Abb. 45 Ludwigs-Donau-Main-Kanal: Seitenansicht und Getriebe des Hebewerkes bei Schleuse Nr. 8 am Haidhof

vorprogrammiert. England, Frankreich und Preußen hatten ein zusammenhängendes Netz von Wasserstraßen bereits im 17. Jahrhundert angelegt, allerdings unter günstigeren geologischen Voraussetzungen. Der bayerische Kanal kam zu spät. Er befand sich trotz staatlicher Planung und Bauausführung ab 1835 im Besitz einer Aktiengesellschaft, deren Kapital von 10 Millionen Gulden für den unvorhergesehenen Mehraufwand nicht ausreichte, so daß der Staat den Kanal 1853 vertragsgemäß in sein Eigentum zurückkaufen mußte. Bis 1863 erwirtschaftete man bescheidenen Gewinn, dann geriet das Unternehmen endgültig in die roten Zahlen. Der Mißerfolg ist nicht nur durch das Aufkommen der Eisenbahn zu begründen. Die erste bayerische Strecke wird 1835 zwischen Nürnberg und Fürth befahren, zwischen 1839 und 1844 wird die Linie München-Augsburg-Donauwörth erbaut. Aber der gewinnbringende Güterverkehr auf der Bahn setzt in den sechziger Jahren ein. Nun zeigte sich allerdings deutlich, daß der Kanal von Beginn an veraltet war. Nur auf zeitraubende Treidelzüge mit Schiffen von geringer Durchschnittstonnage eingerichtet, war er für den Dampfverkehr zu schmal und konnte nicht mehr umgerüstet werden.

Bei einer Höhendifferenz von 183 m hatte der Kanal außerdem auf 178 km sage und schreibe 100 Schleusen zu passieren. Im Unterlauf der Altmühl glaubte man anfangs, sich mit einer Regulierung begnügen zu können, mußte dann aber 13 Staustufen einbauen, weil anders in trockenen Sommern die Wassertiefe nicht zu halten war. Die Einheitsschleusen mit 34,5 m Länge und 4,64 m Breite konnten nur Schiffe mit 120 t Ladegewicht aufnehmen, die eigens für den Kanal gebaut waren und wegen ihres Tiefgangs wiederum den unteren Main nicht befahren konnten. Umgekehrt waren die breiteren Rhein- und Donauschiffe nicht durch die engen Kanalschleusen zu zwängen (Abb. 44). Fracht mußte deshalb dauernd umgeladen werden. Der vergleichsweise winzige Hafen von Kelheim vor Schleuse Nr. 1 bezeichnet die eher kleinlichen Verhältnisse anschaulich genug (Abb. 46).

Unter ökonomischen Gesichtspunkten war das Bauwerk also eindeutig ein Fehlschlag. Technisch liefen die Dinge trotz aller Mängel

Abb. 46 Ludwigs-Donau-Main-Kanal: Schleuse Nr. 1 und der winzige Hafen mit eisernen Handkränen bei Kelheim. Im Vordergrund der Einlauf in die Donau

ein wenig anders. Gelungen ist vor allem die ingenieurmäßige Einbettung in die Natur, unterstützt zum Beispiel durch die alleenhafte Bepflanzung der Uferdämme (Abb. 44). Als ein Denkmal früher Industriezeiten wäre der Kanal schützenswert, doch ist er inzwischen vielerorts zerstört, trockengefallen oder umfunktioniert. Wo sie die gleiche Streckenführung haben wie im Altmühl- und Ottmaringer Tal, wird ihn bis auf geringe Reststücke der neue Kanal auffressen (s. Abb. 30).
Seine Geschichte ist unter allen denkbaren Aspekten aufgearbeitet. Aber Dokumentationen zu seinem Baubestand und Erscheinungsbild beziehen sich hauptsächlich auf die Idylle, in die das Werk von Menschenhand inzwischen zurückgefallen ist. Dabei hat Friedrich Schultheis schon 1847 eine Beschreibung vorgelegt, die mit 26 Stahlstichen von Alexander Marx (vgl. Abb. 18) zugleich eine Anschauung von der technischen Beschaffenheit des Systems gibt. In neuerer Zeit hat nur Rainer König in zahlreichen Aufnahmen, die bisher leider nur zum Teil publiziert sind, über den malerischen und poetischen Effekt hinaus auch konstruktive Einzelheiten aus der industriellen Frühzeit eindrucksvoll festgehalten. Aus der Vielzahl von Nachweisen, die er uns liebenswürdigerweise zur Verfügung gestellt hat, müssen Hinweise auf einfache, aber bezeichnende Verfahren genügen. So wurden die hölzernen Schleusentore mit den Wendesäulen dergestalt in eine neuartige Eisenangel an der Steinmauer eingezapft, daß man sie ohne große Mühe herausheben konnte. Außerdem hatte Pechmann die üblichen Winkelbänder zur Verstärkung der Holztore zu Dreiecken umgebildet, einmal um den Halt zu verbessern, und zum andern, um eine wohlfeile Herstellung aus Gußeisen zu ermöglichen (Abb. 44). An den Staustufen in der Altmühl, die jeweils durch Kammerschleusen zu umfahren waren, mußten bewegliche Wehre eingerichtet werden, zu heben oder zu senken über ein eigens konstruiertes Getriebe (Abb. 45).
Der neue Rhein-Main-Donau-Kanal knüpft direkt an die Geschichte des alten an. Die Verbesserung der Donau-Main-Verbindung wurde vom Verein zur Hebung der bayerischen Fluß- und Kanalschiffahrt betrieben, den interessierte Kreise aus Wirtschaft

und Politik schon 1892 ins Leben gerufen hatten. In der Folgezeit wechselten die Programme im einzelnen, behielten aber stets das große Ziel im Auge. Als 1921 alle Wasserstraßen von den Ländern auf das Deutsche Reich übergingen, führte ein »Main-Donau-Vertrag« zwischen dem Reich, Bayern und Baden endlich zur Gründung der Rhein-Main-Donau AG, die noch heute damit befaßt ist, eine Großschiffahrtsstraße von Passau bis Aschaffenburg auszubauen und dabei auch Wasserkraft zur Stromgewinnung zu nutzen. Der Ausbau beschränkte sich indessen jahrzehntelang auf die Flüsse. Erst 1959 wurde mit der künstlichen Kanalstrecke von rund 170 km Gesamtlänge begonnen, 1972 war vom Main her Nürnberg erreicht. Von der 99 km langen Trasse Nürnberg-Kelheim sind 42 km fertiggestellt, der Rest befindet sich in verschiedenen Ausbaustadien oder ist für den Baubeginn vorbereitet. Die großzügigen Abmessungen entsprechen internationalen Richtlinien. Sie sollen die Durchfahrt für Einheiten bis 15000t Ladegewicht und für zweigliedrige Schubverbände erlauben. Das erfordert Schleusen von 90 m Länge und 12 m Breite, nicht gerechnet vielerlei Zusatzbauten. Die Breite des Kanals beträgt im Regelprofil mit geböschtem Querschnitt 55 m, seine Tiefe zwischen 4,0 bis 4,8 m. Die Gesamtanlage steht in einem technischen Verbund mit Stauseeprojekten im wasserarmen Schichtstufenland. Die Prognosen zum wirtschaftlichen Nutzen für die Ufergebiete sind sehr unterschiedlich.
Vor allem im stellenweise ziemlich engen Altmühltal erzwingen die beachtlichen Ausmaße des Kanals erhebliche Eingriffe und Veränderungen (vgl. Abb. 30). Bei Kelheim und Riedenburg macht die Wasserhaltung eine Stufenhöhe von 8,4 m notwendig, Schleuse und Pumpwerk bei Dietfurt mit einer Stufenhöhe von 17 m sind im Bau (vgl. Abb. 42). Die zwangsläufigen Folgen für Ökologie und Landschaftsbild hat die Kanalgesellschaft entgegen heutigen Beteuerungen anfangs keineswegs berücksichtigt. Unter massivem Druck von vielen Seiten hat sie erst 1974 einen Landschaftsplan für die Umgestaltung des Altmühltales veröffentlicht. Seitdem versucht sie sich in verschiedenen Informationsschriften und vor allem in ihren prächtig ausgestatteten jährlichen Baube-

richten geradezu als Schöpfer und Schützer einer neuen Umwelt darzustellen, die weit besser beschaffen sein soll als die alte. Gleichsam als Brosamen hat sie zudem die Kosten für archäologische Nebenarbeiten übernommen (s. Bd. 5 S. 136). Gerechterweise muß man zugeben, daß die Zusammenarbeit mit den örtlichen Bauleitungen meist funktioniert. Auch Bemühungen um Naturschutz und naturraumbezogene Bauausführung muß man anerkennen, mindestens im optischen Endeffekt wirken sie hier und da ziemlich eindrucksvoll. Dazu gehört die Erhaltung von Altwassern und die Schaffung neuer Stillwasserflächen mit Inseln sowie die landschaftsgerechte Bepflanzung der Kanaluferzonen. Neue Straßen, Wander- und Radwege bringen durchaus praktische Vorteile. Man kann hoffen, daß sich der Naturhaushalt bei einiger Fürsorge neu einpendelt. Unter diesen Umständen muß man die Umgestaltung der alten Kulturlandschaft in Kauf nehmen, zumal sie anderwärts von öffentlicher wie privater Seite weit mehr geschunden wird. Allerdings bleibt Voraussetzung, daß der neue Kanal sich im dritten Anlauf endlich auch als wirtschaftlich sinnvoll erweist und nicht abermals als ein bayerischer Traumtänzerweg zwischen den großen Meeren.

Literatur:
W. Bader, Die Verbindung von Rhein und Donau. Zur Geschichte eines bemerkenswerten Wasserstraßenprojektes. Deutsches Museum, Abhandl. u. Ber. 50 (1982) H. 2. – R. König, Der Ludwig-Canal. Eine photographische Dokumentation. Bauwelt 40/41, 1977, 1263–1278. – H. Liedel u. H. Dollhopf, Der alte Kanal damals und heute. Ludwigs-Donau-Main-Kanal (1981). – H. Liermann, Vom Bau des Ludwigs-Kanals von der Donau zum Main. Zeitschr. f. bayer. Landesgesch. 33, 1970, 257–271. – H. v. Pechmann, Der Ludwigskanal (1954). – J. Röder, Fossatum Magnum – der Kanal Karls des Großen. JbBB 15/16, 1974/75, 121–130. – Fr. Schultheis, Der Ludwigs-Kanal. Seine Entstehung und Bedeutung als Handels-Straße. Mit 26 in Stahl gestochenen Ansichten von Alexander Marx (1847). – Der Ludwigs-Donau-Mainkanal. Ausstellung im Stadtmus. Fembohaus, hrsg. v. d. Museen d. Stadt Nürnberg. Ausstellungskat. 3 (1972). – Bauberichte Rhein-Main-Donau AG. – Für freundliche Hilfe ist Dipl.-Ing. Horst Hartmann von der Außenstelle Kelheim des Wasser- und Schiffahrtsamtes Nürnberg zu danken. – Besonders verbunden sind wir Prof. Rainer König in Berlin, für Aufnahmen aus seiner umfangreichen Fotosammlung, aus der weitere Abbildungen von dokumentarischem Wert erschienen sind bei R. König a.a.O. und im Anhang zu W. Bader a.a.O.

Walter Torbrügge

Zufahrt: Von der B 299 südlich von Pondorf führt von der Straßenkurve oder 1 km weiter jeweils ein asphaltierter Wirtschaftsweg in Richtung auf die Anlage. Vor dem Wald enden sie in gut begehbaren, jedoch je nach Witterung auch schwer befahrbaren Feldwegen, die im Wald unmittelbar auf die Schanze stoßen. Nicht zu empfehlen ist der Aufstieg zu Fuß aus dem Trockental östlich der Schanze, in dem die Straße verläuft, da er über einen steilen, mit Nadelwald bestandenen und mückenverseuchten Hang führt (Abb. 47).

Die Schanze liegt am Rand einer flächigen Höhe bei 508 m ü.NN an einem steileren Abfall nach Osten in ein jetziges Trockental, in das zwei Kilometer weiter südlich die Schambach mündet, die ehemals höher entsprungen sein muß. Mit hohen Wällen ist sie noch sehr gut erhalten. Die Anlage mißt 80 × 90 m und hat ein Tor an der Ostseite. Im Innern scheinen sich flache oder abgeflachte Hügel abzuzeichnen. In der Südwestecke befindet sich eine vermoorte Wasserstelle.

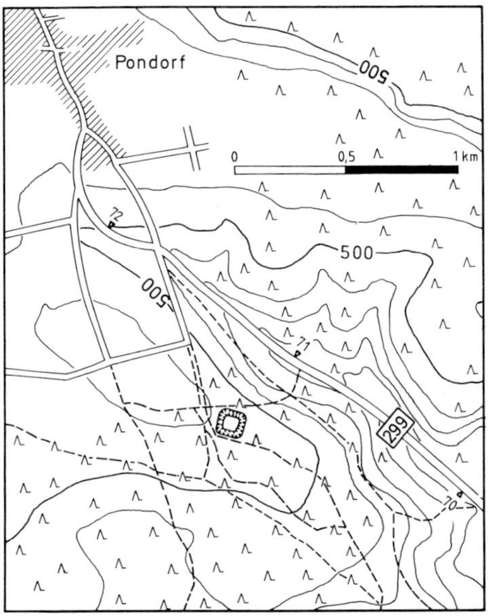

Abb. 47 Die Viereckschanze im Grabenholz bei Pondorf

Literatur:
Kl. Schwarz, Atlas der spätkeltischen Viereckschanzen Bayerns (1959) Bl. 88. – L. Kreiner, Topographische Untersuchungen an den Latène-Temene in Ostbayern (Magisterarbeit Univ. Regensburg 1981) Kat. Nr. 18.

Peter F. Stary

Der Limesknick bei Sandersdorf

Ziemlich genau bei km 67,5 kreuzt die B 299 in Sandersdorf den befestigten Limes, der hier merkwürdig über die Schambach vorspringt und dabei zweimal den Talgrund schneidet (Abb. 16). Die Stelle liegt zugleich in einem Areal, in dem der Hauptzug nach Westen um einige Grade nach Norden umschwenkt. Zum eigenartigen Gesamtverlauf mit dem strategisch ungünstigen Winkel zwischen obergermanischem und rätischem Limes liefern allerdings weder Knick noch Vorsprung eine Erklärung. Geographische Gründe können für den Wechsel nicht maßgeblich sein, denn gerade auf der südlichen Frankenalb folgt die Mauer nirgendwo konsequent natürlichen Linien. Daß sie streckenweise mit heutigen Waldgrenzen zusammenfällt, erklärt sich in erster Linie aus ihrer nachmaligen Funktion als Flurgrenze, an der die Rodung gleicherweise nach Süden wie nach Norden aufgehalten werden konnte.
Von Bedeutung ist hier nur der lokale Aspekt. Der Vorsprung besitzt am Limesanschluß eine Basisbreite von etwa 6 km. Von Osten zieht er zuerst durch ein Trockental mit sehr steilen Hängen und steigt dann von der Anhöhe im Bogen in das Schambachtal ab, aus dem er schließlich westlich der B 255 über den Steilhang fast 100 m hoch wieder die Hochfläche erklimmt. Spärliche Schuttwälle sind freilich nur in den Talungen erhalten, von den Hängen sind alle Reste abgestürzt. Zwei Turmstellen im Tal sind immerhin durch Grabungen belegt, zwei weitere mit guten Gründen zu vermuten. Davon stand WP 15/26 bei km 67,5 zwischen Berg und Fluß unmittelbar westlich der heutigen Straße. Der Verlauf ist jedenfalls gesichert und auf der Limeskarte bei Ulbert und Fischer leicht zu verfolgen.

Ein strategischer oder taktischer Vorteil des Vorsprungs ist nicht zu erkennen, eher hebt im Gegenteil die Führung über die Steilhänge den Verteidigungswert völlig auf. Friedrich Ohlenschlager, der eine erste kartographisch genaue Eintragung auf 1:50000 vorgenommen hat, vermutete deshalb das Aussetzen der Mauer südlich des Flusses, da ihm die Limesreste nördlich der Schambach noch unbekannt waren. Friedrich Winkelmann glaubte dagegen, daß man es speziell auf den Schutz von Bohneisen etliche Kilometer nördlich des Vorsprungs abgesehen hatte. Damit wiederholte er Argumente für den Gesamtverlauf, nach denen der Limes Eisenvorkommen aus dem Jura einschließen sollte, die aber tatsächlich gar nicht erfaßt werden. Viel wahrscheinlicher erklärt sich der Vorsprung einfach genug aus den örtlichen Erfahrungen und Ansprüchen der Truppe. Gegen das konventionelle Bauprinzip der kürzesten Strecke ist nämlich ein kilometerlanger Wasserlauf hinter dem Limes gezogen worden, und zwar der einzige weit und breit in diesem Teil der wasserarmen Alb, der bei nennenswertem Aufkommen ganzjährig fließt. Im Grunde ist damit wohl nur erneut die planerische Beweglichkeit römischer Militärs und Ingenieure unter Beweis gestellt, die unter dem Gewicht des Regelschemas oft verkannt oder in ein hypothetisches Großkonzept gepreßt wird, wo schlichtweg lokale Umstände eine Abweichung verlangen. Ebenso zeigen die topographischen Verhältnisse am Ort, daß auch die Mauer selbst – ob nun unter Caracalla (211–217) oder schon unter Commodus (180–192) aufgeführt – zur Hauptsache als Demarkationslinie des imperialen Machtanspruchs zu gelten hat, bestenfalls als ein militärisches Hilfsmittel, aber nicht als Festungsbauwerk von strategischem Wert. Eine Sache für sich bleibt, ob Limesvorsprung und Limesknick an der Schambach im ursprünglichen Zusammenhang miteinander stehen.

Literatur:
Fr. Ohlenschlager, Die römische Grenzmark in Bayern. Abhandl. d. Philosoph.-Philol. Classe Akad. Wiss. München 18 (1890) 59–144. – Fr. Winkelmann in: Ber. RGK 11, 1918/19, 6f. – G. Ulbert u. Th. Fischer, Der Limes in Bayern (1983) bes. 102–104.

Walter Torbrügge

Zufahrt: Die erhaltene Trasse erreicht man über mehrere Flurwege in der Umgebung, die zum Teil aber für Fahrzeuge über 3 t gesperrt sind. Am einfachsten ist die Zufahrt von Theißing (Abb. 48).

Am besten erhalten ist ein etwa 4 km langer Abschnitt östlich Theißing. Der Straßenkörper bestand aus einer dicken Kiesschicht, da anders die Lößflächen auf der südlichen Albabdachung nicht zu befahren waren. Der fruchtbare Boden des Umlandes hat auch die Erhaltung der Straße begünstigt, die sich heute als gepflegte Schottertrasse darstellt, weil sie noch immer als Feldweg und Flurgrenze fungiert. Leichte Ausbeulungen in dem sonst schnurgeraden Verlauf verstehen sich aus stetiger Erneuerung und winzigen Terrainverschiebungen im Laufe der Jahrhunderte (Abb. 49). Andere Streckenteile sind inzwischen überbaut oder nur noch in Wegezügen oder Feldrainen kenntlich wie östlich des Kastelles Celeusum. Im großen verbindet die Straße eine Kastellreihe von Abusina-Eining östlich der Donau über Celeusum-Pförring und Germanicum-Kösching bis weit nach Westen auf die südliche Frankenalb. Angelegt ist sie spätestens um 80 n.Chr., als die Grenze mit dem ersten Lager von Kösching nach Norden über die Donau vorgeschoben wurde. Nach dem Fall des Limes um 260 muß sie mindestens als Schneise weiterbestanden haben. Ihren Rang als Fernstra-

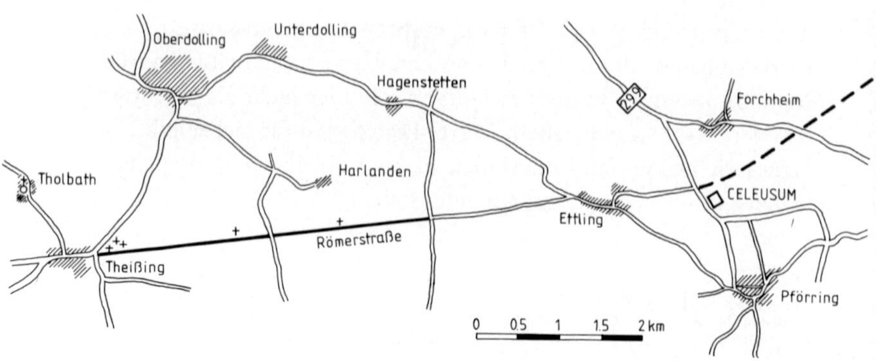

Abb. 48 Das Kastell Celeusum-Pförring an der Römerstraße nach Germanicum-Kösching

Abb. 49 Die Römerstraße zwischen Pförring und Kösching im Abschnitt zwischen Theißing und Ettling von Westen

ße von Osten nach Westen hat sie vielleicht aber schon in der Völkerwanderungszeit wieder gewonnen, wenn das Nibelungenlied solche frühen Erinnerungen spiegelt, denn bis Pförring haben die Burgunderfürsten Giselher und Gunther ihre Schwester Kriemhild auf der Brautfahrt an König Etzels Hof begleitet: Unz an die

Tuonouwe ze Vergen si dô riten (s. Bd. 5 S. 43). Unabhängig davon zeigt die Häufung von -ing-Namen entlang der Strecke die germanische Besetzung des alten römischen Kulturbodens schon in einer ersten Ausbauphase an, wobei die Straße als Leitlinie – in welchem Zustand auch immer – sehr nützlich gewesen sein muß. Eindringlich macht sie jedenfalls die römischen Ansatzpunkte im mittelalterlichen Siedelbild sichtbar, das wiederum die Grundlage für die heutige Kulturlandschaft bildet. Ein erst jüngst aus der Luft entdeckter Burgstall gleich nördlich Pförring und südsüdwestlich des Kastells (s.u.) ist noch nicht genauer zu datieren, muß aber sicher auf Straße und Flußübergang bezogen werden.

Literatur:

O. Braasch u. R. Christlein, Die Römerstraße zwischen Kösching und Pförring, Landkreis Eichstätt, Oberbayern. Das archäologische Jahr in Bayern 1980 (1981) 110f.

Kastell Pförring-Celeusum

Zufahrt: Etwa 1 km nördlich Pförring am Zubringer zur B 299 gelegen. Die sogenannte Biburg ist als nahezu quadratisches, künstlich geböschtes Plateau mit Baum- und Buschbegrenzung weithin sichtbar (Abb. 48).

Das Kastell liegt auf einer sanften Höhe im Winkel zwischen Donauniederung und Kelsbachtal im Westen. Auf der Tabula Peutingeriana ist es als Celeuso verzeichnet, Aventin hat es nach einer Weiheinschrift für Epona von hier benannt und über die fiktive Etymologie Eponburg, Pynburg mit dem noch heute gebräuchlichen Flurnamen Biburg für feste Plätze im feuchten Gelände in Verbindung gebracht. Grabungen hat 1893 im Auftrag der Reichslimeskommission Streckenkommissar J. Fink durchgeführt. Nach der Grundfläche von ungefähr 200 × 190 m hat es als Alenkastell gedient und war vielleicht von der *Ala I Flavia singularium civium Romanorum pia fidelis* besetzt, die für 107 in Raetien bezeugt ist. Diese Ala baut jedenfalls das erste Holzkastell 141 in Stein um, wie eine Inschrift für Antoninus Pius besagt, die heute in der Kirchhofsmauer von Pförring eingemauert ist. Die Truppe hatte sicher die

Straße von Kösching nach Eining, die gleich nördlich des Kastells vorbeiführt, und den Donauübergang bei Pförring zu kontrollieren. Das Ende des Kastells wird allgemein mit dem Alamanneneinfall von 233 in Verbindung gebracht, ist jedoch nicht genauer einzugrenzen. – Im topographischen Bezug steht eine kleine vorgeschichtliche Befestigung etwa 400 m nordwestlich des Kastells. Im Luftbild zeigen sich drei Gräben um eine fast quadratische Innenfläche von rund 60 m Seitenlänge.

Literatur:
G. Ulbert u. Th. Fischer, Der Limes in Bayern (1983) 110–113 mit weiterer Lit. – R. Christlein u. O. Braasch, Das unterirdische Bayern (1982) 138f. – H.-J. Kellner, Die Römer in Bayern (1978[4]) passim u. Abb. 33.

Wehrkirche in Marching

Die Kirche von Marching steht auf einer kleinen Anhöhe am östlichen Ortsrand. Das Langhaus ist mittelalterlich, der Turm stammt aus der Zeit um 1600. Das Innere ist barock verändert und ausgestattet, doch haben sich spätgotische Altarfiguren erhalten. Den kleinen Friedhof umzieht eine altersgraue Ringmauer mit kaum noch erkennbaren Schießscharten, stellenweise bis 3m hoch (Abb. 50). Westlich der Anlage hat sich von einer abgegangenen Burg, über die wenig bekannt ist, nur ein halbrunder Turmstumpf aus Bruchsteinen erhalten. Nach der örtlichen Überlieferung führt von der Kirche ein unterirdischer Gang zum Wirtshaus.

Befestigte Kirchen sind in der Umgebung nicht selten. Weiter stromabwärts steht in Irnsing eine feste Kapelle mit Schießscharten neben dem romanischen Tor in der Friedhofsmauer. Auch der Friedhof in Hienheim ist ummauert. Rechts der Donau finden sich Schießscharten im profanierten Obergeschoß der Kirche von Sandharlanden. Die Verbindung mit einer Burg oder Fluchtgängen ist für viele feste Plätze belegt. Die Steinbauten mit massiven Mauern und Türmen und manchmal mit einem ausgeklügelten System von Schußwinkeln besitzen einen hohen Verteidigungswert mindestens im Kleinkrieg, aber Wehrkirchen und Kirchenburgen sind

Abb. 50 Die Wehrkirche von Marching mit ihrer altersgrauen Ringmauer

hierzulande nur in Teilgebieten erforscht und bearbeitet worden. Je nach den politischen Voraussetzungen in ihrer Region haben sie eine höchst differenzierte Entwicklung erfahren. Immer aber handelt es sich nach dem praktischen Religionsverständnis des Mittelalters um den zentralen Schutzort für eine Gemeinde, der zugleich als Gotteshaus und Zitadelle dienen kann.

Literatur:
Kdm. Ndb. 7 Kelheim (1922) 224–226. – Ausführliche Behandlung der Erscheinung bei A. Kolb, Wehrkirchen und Kirchenburgen in Franken (1977).

Die romanische Kirche zu Tholbath

Nordöstlich Ingolstadt liegt abseits der beliebten Reiserouten nahe der Römerstraße das kleine Dorf Tholbath mit einer romanischen Kirche, die einen Umweg lohnt (Abb. 51). Als Kapelle einer jetzt abgegangenen Burg wurde sie im Spätsommer 1190 von Bischof Otto von Eichstätt geweiht, da sich der zuständige Bischof von Regensburg auf dem Kreuzzug befand. Der Bau ist außen mit schön behauenen Quadern verkleidet. Die alten Fenster geben noch ihre wehrhafte Nebenfunktion als Schießscharten zu erkennen, aber zugleich hebt plastischer Figurenschmuck von eindringlicher Bescheidenheit das Gotteshaus heraus. Im Türgewände am Portal an der Südseite krabbeln Tiere zum Tympanon hinauf, in dem der lehrende Christus mit zwei Aposteln steht. Je höher die Tiere steigen, desto mehr ähneln sie Menschen; die oberste Figur trägt auf dem Rücken ein Menschengesicht und verdeutlicht damit das biblische Programm der romanischen Bildkunst. Den halbrunden Ostchor umzieht ein Rundbogenfries mit Tier- und Menschenköpfen.

Eine andere Besonderheit verdankt die Kirche ihrem Patron St. Leonhard, dessen spätgotische Holzfigur in der schwarzen Kutte der Benediktiner mit einer Kette in der Hand hinter dem Hochaltar aufgestellt ist. In Österreich, Schwaben und Bayern ist er als Schutzherr der Pferde, der Landwirtschaft und der Gefangenen

Abb. 51 Die romanische Kirche von Tholbath wird von einer aus Votivgaben geschmiedeten Eisenkette umspannt

zum viel angerufenen Volksheiligen geworden. Als Votivgaben werden ihm eiserne Ketten von geheilten Tieren oder die Eisenbilder der Tiere selbst dargebracht. Die über Jahre hinweg gesammelten Opfer- und Dankgaben konnten zu einer langen Kette umgeschmiedet und um die Kirche gespannt werden, doch ist dies heute nur noch selten der Brauch. Die Kirche in Tholbath wurde in der Säkularisation aufgegeben und von den wenigen Bauern selbst instand gehalten. Ein Zwiebelturm an der Westseite bekommt ihrem Aussehen nicht gut. Durch eine letzte freundliche Renovierung sind aber die hellen Steinquader wieder freigelegt, so daß zusammen mit den eigentümlichen Bildfiguren eindrucksvoll ein romanischer Gesamteindruck bewahrt ist. – Bemerkenswert ist, daß sich in der näheren Umgebung drei weitere sehenswerte romanische Kirchen erhalten haben: in Weißendorf etwa 5 km nördlich Tholbath, in Pförring und in Bad Gögging mit einem Portal, wie es figurenreicher keine Dorfkirche nördlich der Alpen aufzuweisen hat. Bauliche Abhängigkeiten sind unverkennbar. In Tholbath deuten auch Steinmetzzeichen unmißverständlich den Einfluß der damals sehr bedeutenden Regensburger Dombauhütte an.

Literatur:
Vgl. Kl. Beitl, Volksglaube, Zeugnisse religiöser Volkskunst (1981) bes. Nr. 26 u. 27. – Fr. Dietheuer, Die romanische Kirche zu Tholbath mit ihren Steinmetzzeichen. Ingolstädter Heimatbl. 22, 1959, 27–40. – Ders., Die romanische Sonnenuhr an der Kirche zu Tholbath. Ebd. 42, 1979, 9–10. – H. Karlinger, Die romanische Steinplastik in Altbayern und Salzburg 1050–1260 (1924) 90f. – P. Leuschner, Romanische Kirchen in Bayern (1981) 11f. Abb. 24 u. 25. – Fr. Panzer, Beschreibung der Kirchen in Tholbath und Weißendorf. Obb. Arch. 5, 1844, 314ff. – B. Riehl, Kunsthistorische Wanderungen durch Bayern (1888) 102ff. – Kdm. Oberbayern Tl. I (1895) 90f. Taf. 17.

Markus Marquart

Panorama bei Eining

Auf dem Weinberg bei Eining gewinnt man noch heute eine ziemlich gute Anschauung vom Nordrand des römischen Imperiums. Auf dem Luftbild ist der Standort nach Westen verschoben. Es erfaßt aus der scharfen Beobachtung des Fliegers und Fotografen zusätzlich Einblicke in Geländeformationen, die vom Boden aus nicht zu erkennen sind, wahrscheinlich aber den römischen Exploratores bekannt waren (Abb. 52).

Die Donau zieht sich als schwarze Linie von Südsüdwest durch das Bild. Im Hintergrund lagern düster die bewaldeten Albhöhen, die nicht gerade zum weiteren Vorstoß verlockt haben mögen. Quer werden sie vom Unterlauf der Altmühl durchschnitten, an dem sich die Talweitung bei Essing links und die Kelheimer Bucht inzwischen freilich als freundliche Lichtungen darstellen. Rechts oben schiebt sich der Frauenberg in die Donauschlinge bei Weltenburg. Ihr Eingang und die Enge selbst werden von mächtigen Felspartien gesäumt; bei weniger Licht stehen sie wie Schattenwände über der Durchfahrt. Die Wasserschlucht ist epigenetisch entstanden und nicht durchgebrochen. Vorgezeichnet wird sie von einer Nebenrinne der Donau, die sich zuerst in die relativ weiche Obere Süßwassermolasse eingesägt hat und dann tiefer und tiefer durch die Kreide bis in den Jurakalk. Noch zur Rißeiszeit floß die Donau selbst durch das Altmühltal, das ihr seine siedlungsfreundliche Breite verdankt. Dann nahm sie ihren Weg vor dem Südfuß der Alb und schließlich weiter im Bett ihres ehemaligen Zuflusses durch die vorgebildete Enge, die sich seitdem nicht nennenswert zu erweitern oder zu vertiefen scheint.

Das offene Land vor der Alb ist rechts der Donau kuppiger als es auf dem Foto zum Ausdruck kommt. Die Höhenlagen sind von Wiesen und Wald bedeckt, die Tieflagen stehen durchweg unter dem Pflug. Der Strom ist heute begradigt, deutlich markiert die Dunkelzone das Grünland bis zu den randlichen Busch- und Baumreihen. Im Vordergrund läuft die kanalisierte Abens unter dem Hochufer entlang, auf dem das Kastell Abusina-Eining (1) angelegt ist

---

Abb. 52 Donaupanorama von Eining bis Weltenburg aus Südsüdwest. Ganz im Hintergrund zieht sich quer durch die bewaldete Albhochfläche das Altmühltal mit der Talweitung um Essing links und der Kelheimer Bucht rechts. – 1 Kastell Abusina-Eining. 2 Römisches Lager Eining-Unterfeld. 3 Römische Anlagen auf dem Weinberg bei Eining. 4 Spätrömisches Kleinkastell auf dem Frauenberg bei Weltenburg. 5 Frühgeschichtlicher Wall auf dem Frauenberg. 6 Michelsberg bei Kelheim. 7 Hadrianssäule mit Limes. 8 Vorgeschichtliche Wohnstellen bei Hienheim

6
4
5
7
3
8
2
1

(s. S. 129). Im großen Lager im Unterfeld erkennt man die Steinfundamente der Principia (2). Von den Bauresten auf dem Weinberg (3) sind Fundamentspuren nur an Ort und Stelle sichtbar. Von hier besteht Sichtverbindung zu den Wachttürmen am Limes (7) und zur spätrömischen Station auf dem Frauenberg bei Weltenburg (4), wenn das Zwischengelände gerodet ist (s. S. 139). Der frühgeschichtliche Abschnittswall auf dem Berg (5) ist am Bewuchsstreifen auszumachen. Ganz links an der Spitze der Landzunge liegt das Kloster. Das Oppidum auf dem Michelsberg (6) spielt in römischer Zeit längst keine Rolle mehr (s. S. 68). Es unterstreicht aber die Bedeutung der Grenzzone, in der um 80 n.Chr. der Limes mindestens bei Eining über den Fluß vorgeschoben wird, da von hier die Straße nach Celeusum-Pförring und Germanicum-Kösching einsetzt (s. S. 118). Die letzte Ausbauphase mit der rätischen Mauer liegt weiter nördlich. Noch im Bildbereich ist die sogenannte Hadrianssäule (7) zu lokalisieren, die 1861 an einer Kreuzung des Weges mit dem gradlinigen Schuttwall aufgestellt wurde und vom vermeintlichen Mauerbau unter Trajan, Hadrian und Probus von 117 bis 228 kündet. Östlich der Säule verlieren sich die Spuren in der Aue, ungefähr auf halber Strecke zum Flußufer stand WP 15/47. Westlich ist der Verlauf immerhin kenntlich. An der Stelle von WP 15/46 steht heute ein »römischer Form sich nähernder« Holzturm, von dessen Galerie man jedenfalls einen vortrefflichen Überblick über das Umland gewinnt.
Das Gebiet nördlich der Donau ist auf Lößflächen entlang dem Strom seit dem Neolithikum besiedelt. Zu den bedeutenden Fundorten gehört Hienheim, wo ein Wohnplatz über dem meterhohen und scharf abgekanteten Rand zur Aue sorgfältig untersucht werden konnte. Auf der wenig geneigten Fläche gleich nördlich des Dorfes (8) sind vor allem linearbandkeramische Siedelspuren zutage gekommen, weiter mit wechselnden Anteilen mittel- und jungneolithischer Fundkomplexe und schließlich ein Grabenwerk der Chamer Gruppe. Unvermutet fand sich zudem ein Bechergrab innerhalb eines kleinen Palisadengrabens. Es kennzeichnet die natürliche Qualität des Platzes, daß sich hier in der Folge auch in der Bronze-, Urnenfelder- und vielleicht Latènezeit Leute niedergelas-

sen haben. Die weitflächige Rodung um Hienheim muß man für die vorzeitlichen Verhältnisse aber wohl auf eine Lichtung von jeweils angepaßtem Umfang reduzieren, die über Uferpfade und Wasserweg gleichwohl eng mit der zeitgenössischen Umwelt verbunden war.

Literatur:
G. Ulbert u. Th. Fischer, Der Limes in Bayern (1983) bes. 106 Abb. 77. – P. J. R. Modderman, Die neolithische Besiedlung bei Hienheim, Lkr. Kelheim I. Die Ausgrabungen am Weinberg 1965 bis 1970. Materialh. R A 33 (1977). – L. Kruyff u. P. J. R. Modderman, Urnenfelderzeitliche Siedlungsspuren am Weinberg, Gde. Hienheim, Ldkr. Kelheim. BVbl. 44, 1979, 1–11. – E. Rutte, Geologischer Führer Weltenburger Enge. Weltenburg-Kelheim (1971).

Kastelle und Lagerdorf Eining-Abusina

Auf dem südlichen Hochufer der Donau bei Eining, unweit östlich der antiken Mündung des Flüßchens Abens, errichteten die Römer unter Kaiser Titus (79–81 n.Chr.) ein Kohortenkastell (Abb. 53, 55). Erste Besatzung bildete mit hoher Wahrscheinlichkeit die Cohors IIII Gallorum, die bis zum Ende der Regierungszeit Trajans (98–117 n.Chr.) am Ort verblieb. Dieses Kastell wurde wohl nach dem Fluß Abens, dessen heutiger Name den antiken bewahrt, Abusina genannt. Der Platz war topographisch und verkehrsgeographisch günstig gewählt, kreuzten sich hier doch die Donau-Süd-Straße und eine Straße, die vom Limesgebiet über das Kastell Pförring weiter zum wichtigen Straßenknotenpunkt Ad Isaram (bei Landshut im Isartal gelegen) führte; auch sollte der Verkehr auf der Donau selber überwacht werden. Schließlich konnte die Eininger Truppe auch das letzte Stück des Limes bis zu dessen Ende an der Donau unter Kontrolle halten. Dem ersten, in Holz-Erde-Technik erbauten Lager, schloß sich bald ein umfangreiches Lagerdorf (vicus) mit Gräberfeldern an den Ausfallstraßen an. Nach dem Wegzug der ersten Besatzung ist die etwa 500 Mann starke Teileinheit einer Cohors milliaria equitata, eine Vexillation der Cohors II Tungrorum milliaria equitata, in Eining belegt. Die Stammtruppe dieser Einheit blieb auch weiter in Britannien stationiert. Auch zu

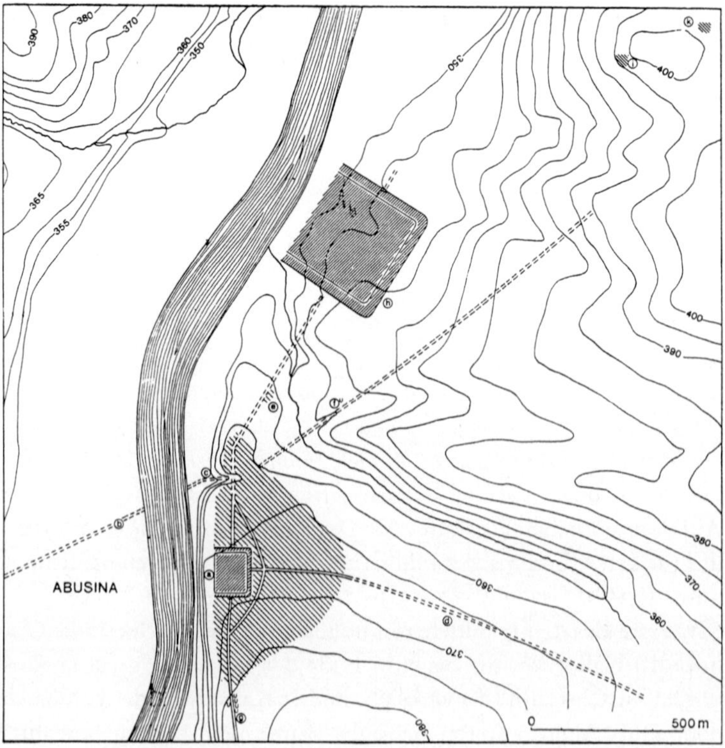

Abb. 53 Eining/Abusina. Topographie des Ortes in mittelrömischer Zeit. a Kohortenkastell; b–d Straßen; e Vicusbauten auf Pl.-Nr. 8; f–g Brandgräber; h Lager Eining-Unterfeld; i Villa rustica; k Tempelbezirk auf dem Weinberg. Vicusbereich schraffiert; nach Fischer 1980

dieser Zeit war das Eininger Kastell nur in Holz-Erde-Technik errichtet. Der Ausbau in Stein des nun 1,8 Hektar großen Kastells unter Antoninus Pius (138–161 n.Chr.) könnte mit der neuen Besatzung des Lagers zusammenhängen. Nach 153 n.Chr. ist nämlich als Truppe von Eining die Cohors III Britannorum equitata bezeugt. Vielleicht fand auch in dieser Zeit die Umorientierung des Lagers statt, das diesem eine so merkwürdig irreguläre Innenbebauung bescherte: Waren anscheinend zunächst die Porta praetoria samt den Principia und der sonstigen Innenbebauung nach Norden orientiert, wurde nun die ganze Ausrichtung nach Osten, mit der Porta praetoria zur Breitseite hin gewendet. Auch die Principia und andere Innenbauten machten diese Entwicklung mit. Die Cohors III Britannorum blieb dann bis weit in die Völkerwanderungszeit, also bis in das 5. Jahrhundert n.Chr. hinein als Besatzung in Eining. Sie ist damit eine der ganz wenigen Einheiten, die den Limesfall überlebten. Das heißt nun freilich nicht, daß das Kastell samt Vicus die wechselvollen Zeiten, vor allem die Wirren des 3. Jahrhunderts, unzerstört überdauerten.

Die erste tiefgreifende Zerstörung erlebte der Platz um 170 n.Chr. während der Markomannenkriege. Bei der Zurückdrängung der aus dem Böhmischen Kessel eingefallenen Markomannen spielte anscheinend die Eininger Gegend mit ihren wichtigen Verkehrsverbindungen am Limesende eine gewichtige Rolle. Man kann dies daran erkennen, daß ein Teil der 3. Italischen Legion, die seit den Markomannenkriegen in Rätien (ab 179 n.Chr. in Castra Regina-Regensburg) stationiert war, im Unterfeld bei Eining nördlich des heutigen Ortes ein kurzfristig belegtes Lager erbaute. Dessen Umwehrung mit drei Gräben und einem Erdwall erforschte H. Schönberger: die Innenbebauung wurde erst kürzlich – wenigstens zum Teil – durch Luftbilder bekannt. Das Lager mit etwa 11 Hektar Fläche bot wohl etwa der Hälfte der 3. Italischen Legion vor ihrer Stationierung in Regensburg Raum. Es lehnt sich mit seiner Westseite an die Donau an; der Graben an der Nordseite ist bis zu seinem Umbiegen nach Süden teilweise noch gut erhalten. Er setzt östlich der Straße Eining-Weltenburg als Ödlandstreifen ein, der, mit Bäumen bepflanzt, gut im Gelände sichtbar ist (Abb. 54).

Nach den Zerstörungen der Markomannenkriege setzte in Kastell und Vicus der Wiederaufbau ein, an dem laut Aussage der Ziegelstempel die Regensburger Legion entscheidend beteiligt war. Vor allem die großen Steinbauten im Lagerdorf, die größtenteils durch Luftbildaufnahmen der letzten Jahre entdeckt wurden, scheinen in diese Zeit zurückzugehen (Abb. 55). Vielleicht spielte bei dieser gesteigerten Bautätigkeit im Vicus die Nähe des großen staatlichen Mineralbades in Bad Gögging eine Rolle, dessen heute zum Teil unter der Andreaskirche konservierte Reste zu besichtigen sind.

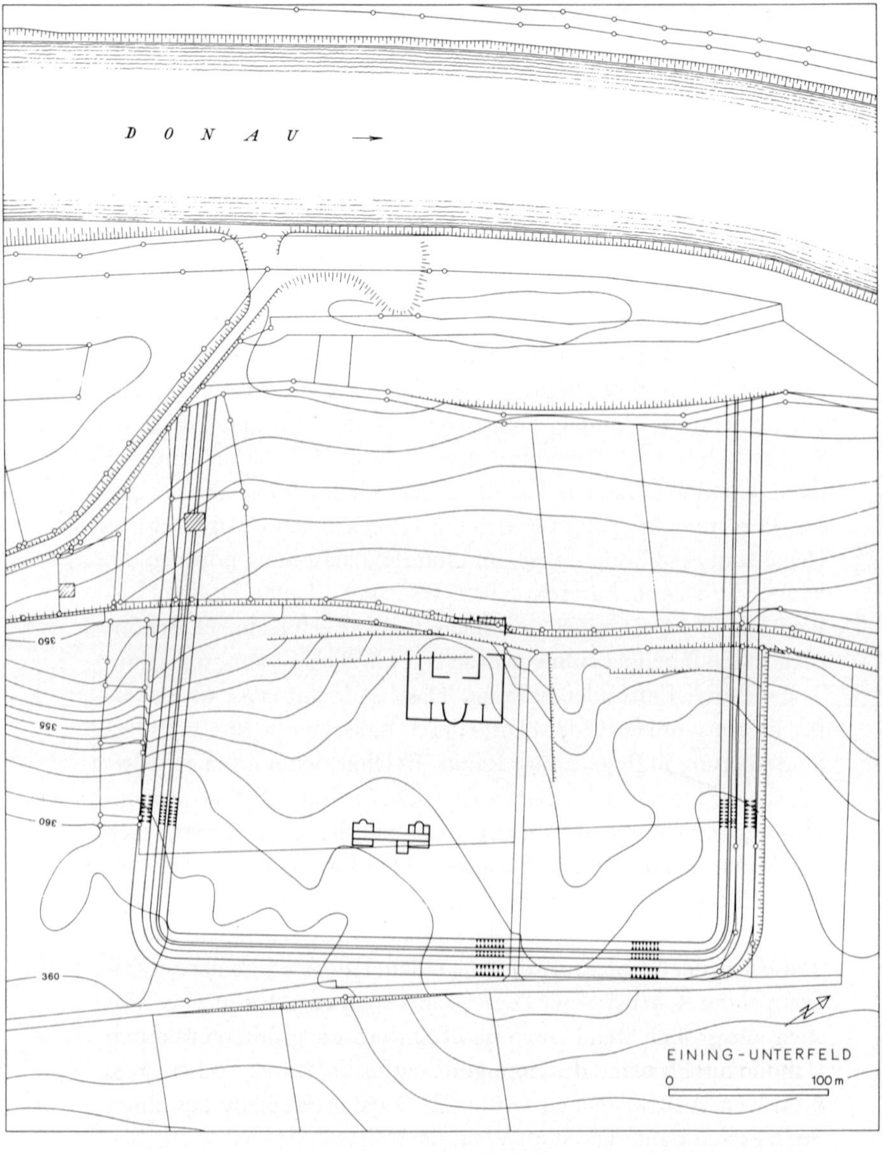

Abb. 54 Eining-Unterfeld. Lager mit Steinbauten (Principia und mögliches Praetorium nach Luftbildbefunden); nach Christlein-Fischer 1979

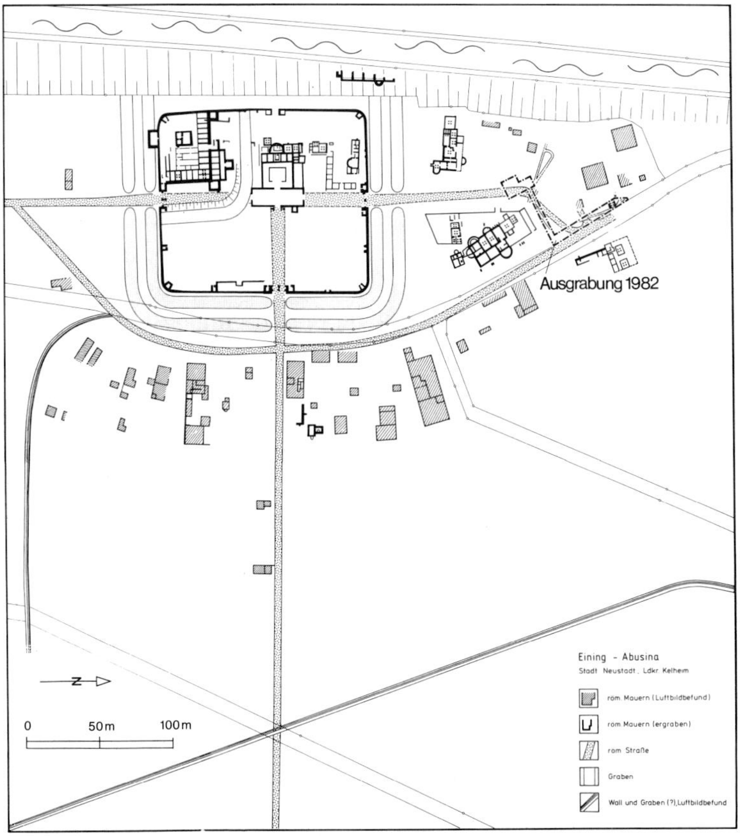

Abb. 55 Kastell und Lagerdorf von Eining/Abusina

Diese stattliche Anlage scheint das offizielle Kur- und Heilbad der 3. Italischen Legion gewesen zu sein. Auch ein Marstempel, von dem jüngst eine Marsstatue aus Kalkstein gefunden wurde, entstand in der Blütezeit des Eininger Vicus in der 2. Hälfte des 2. und im frühen 3. Jahrhundert. Ansonsten ist das große Areal des Eininger Vicus noch weitgehend unerforscht.
Zu sehen sind heute von ihm nur einige konservierte Gebäudegrundrisse nördlich des Kastells. Der Bau westlich vor der Porta

praetoria mit seinen zahlreichen heizbaren Räumen und einer Badeanlage könnte ein staatliches Unterkunftshaus für Dienstreisende, eine Mansio, gewesen sein. Östlich davon liegt das große Kastellbad, an das südlich ein kleines Bad, wohl nur für einen bevorzugten Personenkreis, angebaut ist (Abb. 55). Es wird ohne näheren Beweis mit einem Besuch des Kaisers Caracalla (198–217 n.Chr.) in Zusammenhang gebracht. Auch die Thermen entstanden erst nach der Mitte des 2. Jahrhunderts; das ältere Bad, dessen Reste unten am Steilhang ergraben wurden, ist heute nicht mehr sichtbar. Im 3. Jahrhundert wurden Kastell und Vicus mindestens zweimal durch Überfälle der Alamannen zerstört und geplündert. Bei diesen Vorgängen kamen auch mehrere Schatzfunde in den Boden; von besonderer Bedeutung ist ein Verwahrfund von Paraderüstungsteilen, der 1975 zufällig entdeckt wurde.

Wohl gegen Ende des 3. Jahrhunderts, als nach der endgültigen Räumung des Limesgebietes durch die Römer sich die Verhältnisse in Rätien wieder zu stabilisieren begannen, baute die Cohors III Britannorum in der Südwestecke des Lagers eine wesentlich kleinere, aber um so massivere Festung ein. Aber auch das übrige mittelrömische Kastellareal blieb in der Spätantike nicht ungenutzt. Entweder suchte hier die Zivilbevölkerung Schutz, oder – was wahrscheinlicher ist – nutzte Militär spätestens seit der 2. Hälfte des 4. Jahrhunderts wieder den ganzen Innenraum des alten Kastells.

Das spätrömische Gräberfeld zog sich entlang der Straße nach Norden zu bis in das heutige Dorf hinein. Vom Ende des 4. bis weit in das 5. Jahrhundert hinein sind durch charakteristische Funde Elbgermanen böhmischer Herkunft im Kastell nachgewiesen. Diese Gruppe, die mit Schwerpunkt Regensburg und seinem nördlichen Umland (s. Bd. 5, S. 240 Abb. 63) seit einiger Zeit immer klarer im archäologischen Fundgut hervortritt, könnte nach neuesten Forschungen der namengebende Teil des sich im 6. Jahrhundert aus verschiedenen ethnischen Gruppen formierenden Bayernstammes sein. Seit der Mitte des 5. Jahrhunderts, wohl bedingt durch einen alamannischen Vorstoß nach Osten, bleibt das Kastell als unbewohnte, langsam zerfallende Ruine liegen. Seine Überreste sind bis auf den heutigen Tag gut erhalten, da am Ort ein leicht

zugänglicher Plattenkalk als Baumaterial ansteht, der in Mittelalter und Neuzeit intensiveren Steinraub in den römischen Ruinen überflüssig machte.
Im Kastellareal, das schon Aventin, dem Vater der bayerischen Geschichtsschreibung, im 16. Jahrhundert bekannt war, fanden seit dem Ende des 19. Jahrhunderts Ausgrabungen statt. Das Gelände wurde vom Staat angekauft, die freigelegten Ruinen konserviert und zur Besichtigung freigegeben. Der Sichtverbindung zum Limes diente ein Wachtturm auf dem Weinberg etwa 2 km nordöstlich des Kastells, bei dem auch eine kleine Mannschaftsunterkunft und ein Tempelchen für Victoria und für Mars ergraben wurden (Abb. 53). Die Schuttwälle dieser Bauten sind heute am Waldrand noch deutlich auszumachen. Vom Weinberg aus bietet sich ein hervorragender Rundblick auf das Ende des raetischen Limes und die römischen Anlagen von Eining.

Literatur:
R. Christlein, Beiträge zur Topographie und Geschichte niederbayerischer Römerorte. Amtlicher Schul-Anzeiger für den Reg.-Bez. Niederbayern, Beilage 5/6, 1976, 3ff. – R. Christlein u. H. Th. Fischer, Neues zum Lager Eining-Unterfeld. Arch. Korrbl. 9, 1979, 423ff. – H. Th. Fischer, Neue Untersuchungen im Kastell und Vicus von Eining/Abusina, Ldkr. Kelheim, Niederbayern. BVbl 45, 1980, 125ff. – Th. Fischer u. K. Spindler, Eining. Führer zu archäologischen Denkmälern in Bayern (in Vorbereitung). – H.-J. Kellner, FMRD Abt. I Bayern, 2 Niederbayern, Nr. 2028–2041. – H.-J. Kellner, Die Römer in Bayern (1978[4]) 64f. mit Abb. 27–28. – Ders., Der römische Verwahrfund von Eining. Münchner Beitr. z. Vor- u. Frühgesch. 29 (1978). – P. Reinecke, VN 83, 1957, 7ff. – Ders., Weinberg bei Eining. In: Festschrift zur Feier des 75jährigen Bestehens des Röm.-Germ. Zentralmuseums zu Mainz (1927) 157ff.; wiederabgedruckt in: P. Reinecke, Kleine Schriften zur vor- und frühgeschichtlichen Topographie Bayerns (1962) 106ff. – H. Schönberger, Das Römerlager im Unterfeld bei Eining. Bericht über die Grabung im Jahre 1968. Germania 48, 1970, 66ff. – Ders., The Roman Fortress at Eining-Unterfeld: a Reconsideration. In: Rome and her Northern Provinces (1983) 235ff. – G. Ulbert u. Th. Fischer, Der Limes in Bayern (1983) 106ff.

Thomas Fischer

Weltenburg-»Frauenberg« und Staubing

Rund 25 km flußaufwärts von Regensburg liegt die Benediktinerabtei Weltenburg (Abb. 56). Dort hat die Donau bei ihrem Durchbruch durch die Weltenburger Riffmasse, einem Südausläufer der Fränkischen Alb, den markanten Sporn des Frauenberges herausgeschnitten. Im Strömungsschatten der Felsnase bildete sich eine schmale Schotterterrasse, die den Mönchen zur Anlage des Klosters Anfang des 7. Jahrhunderts n. Chr. geeignet erschien. Die von den Kirchenhistorikern durchaus umstrittene frühe Gründung des Konvents geschah sicher nicht zufällig oder auf wilder Wurzel. Vielmehr lassen sich gerade von archäologischer Seite gewichtige Argumente beibringen, die das nur legendär überlieferte Datum abzusichern vermögen.

Indes reicht die Besiedlung des Frauenberges wie auch die der flankierenden Flußterrasse in weit ältere Zeiten zurück. Wie auf kaum einer anderen Höhensiedlung Süddeutschlands läßt sich die Anwesenheit des Menschen seit der jüngeren Steinzeit in beinahe lückenloser Folge bis in das frühe Mittelalter belegen, als mit der Gründung des Klosters völlig neue, den vorgeschichtlichen Verhältnissen nicht mehr vergleichbare Kulturzustände eintraten.

Maßgeblich war einmal die günstige topographische wie fortifikatorische Situation des Frauenberges. Das hoch über der Donau gelegene und durch schroffe Felsabstürze geschützte Siedelareal besitzt bei dreieckiger Grundfläche eine Größe von etwa 9 Hektar. Gegen das Hinterland brauchte es nur durch einen ca. 200 m langen, von Hangkante zu Hangkante verlaufenden Mauerzug (Abb. 57) gesichert zu werden, der im Laufe der Zeit zu einem insgesamt vierfach gestaffelten Wall-Graben-System ausgebaut wurde. Die eigentliche Wehr bildete dabei der heute noch bis 13 m hoch erhaltene innere Riegelwall, dessen unterschiedliche Benennung als Keltenwall, Römerschanze oder Wolfgangswall sicher nicht zufällig entscheidende Siedelphasen des Frauenberges widerspiegelt. Die drei Außenwälle, zwischen denen keine Besiedlung stattfand, sind als Vorwerke bzw. Annäherungshindernisse vor allem gegen Reiterangriffe zu werten.

Abb. 56 Blick auf die von der Donau umströmte Landzunge des Frauenberges von Westen; im Vordergrund die Benediktinerabtei, im Hintergrund rechts das Dorf Weltenburg

Wie eine Felsenburg überhöht der Frauenberg den Südrand der Hienheimer Wanne, deren weitflächiger, lößbedeckter Grund beste Voraussetzungen für Ackerbau und Viehzucht bot. Nicht zuletzt gewährten Rohstoffvorkommen wie Feuerstein und Eisenerz in der Umgebung zusätzliche wirtschaftliche Anreize. Zugleich darf die vorteilhafte Lage im alten Wegenetz, nämlich der Kreuzungspunkt der Donauroute mit einer durch eine Furt begünstigten Nord-Süd-Verbindung nicht unberücksichtigt bleiben.
Bereits im Mittelneolithikum setzte die Begehung der Anhöhe, ausgewiesen durch Fundzeugnisse der Stichbandkeramik, ein, gefolgt von Trägern der Altheimer Kultur und der Chamer Gruppe. Erstaunlich vielfältige Ansammlungen von Silexartefakten lassen gar an einen Werk- und Handelsplatz für jenes in der jüngeren Steinzeit unentbehrliche Material denken.

Eine erste Großsiedlung entstand im Verlauf der frühen Bronzezeit, als mit dem Aufkommen der Metallurgie ein Wandel der gesellschaftlichen Ordnung einherging und nun die Besitzwahrung der kostbaren Bronze (auch des Goldes!) sowie die Sicherung der Werkstätten selbst eines wirkungsvollen Schutzes bedurften.
Ähnliches gilt auch für die Urnenfelderkultur, deren Kriegeradel sich auf den dann bereits wohlbefestigten Höhen einrichtete, während sich die gemeine Bevölkerung auf Wohnplätzen vom Typ Kelheim-Insel ansiedelte. Anschaulich belegen dies zwei prächtige

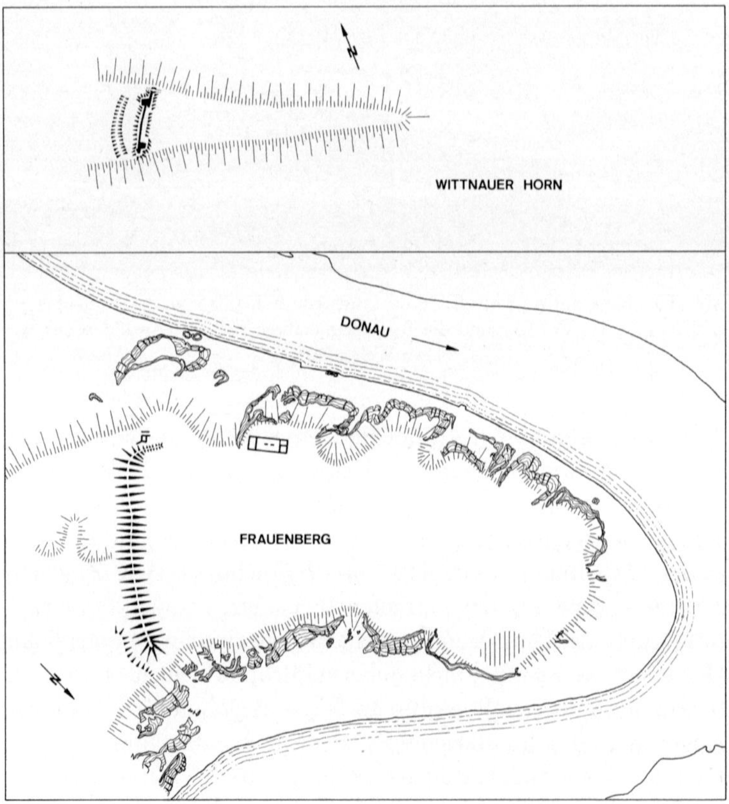

Abb. 57 Der Frauenberg in der Spätantike mit Abschnittswall, hangseitiger Toranlage, Kleinkastell und weiteren mutmaßlichen Bebauungsspuren im Bereich der Spornspitze. Zeichnung R. Bäumler, Erlangen

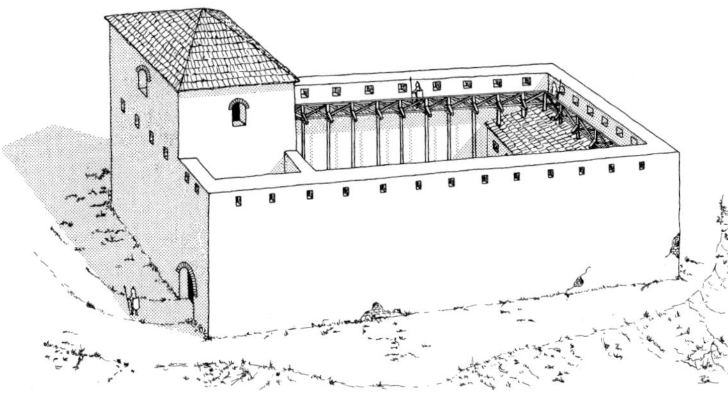

Abb. 58 Rekonstruktionsvorschlag des spätantiken Kleinkastells auf dem Frauenberg; nach einem Entwurf von R. Christlein ausgeführt von R. Bäumler, Erlangen

Bronzeschwerter und ein seltenes, goldplattiertes Gürtelblech aus der Hügelnekropole vom Wurzberg im Vorfeld des Frauenberges. Funde von Trensenteilen weisen zudem auf den Besitz von Pferden hin. Denn nur die obere Schicht konnte es sich leisten, ein Gestüt zu unterhalten und mit dem Wagen auszufahren.
Dem allenthalben auf den bayerischen Höhensiedlungen spürbaren Fundabfall in der Hallstattzeit folgte eine eindrucksvolle Aufsiedlung durch frühkeltische Bewohner, die auf dem Frauenberg und auf der tiefergelegenen Schwemmterrasse mit zahlreichen Fibeln, Graphittonkeramik, Drehscheibenware, ebenso mit mehreren Flachgräbern vertreten ist.
In der Spätlatènezeit mit ihren unruhigen inneren wie äußeren Verhältnissen unterlag die keltische Siedlung auf dem Frauenberg dem Sog des großen Oppidums Alkimoennis nördlich der Donau. Der Wohnplatz verödete, und erst nach der Besetzung des Voralpenlandes durch die Römer in der frühen Kaiserzeit setzte wieder Leben auf dem Frauenberg ein.
Ein von Oberstimm abkommandiertes Detachement legte im Schutz der verfallenen, vorgeschichtlichen Wälle einen Posten an, und nun herrschte zumindest für die Zeit der Okkupation der rauhe Ton des Militärs, symbolisiert durch den kaiserlichen Adler.

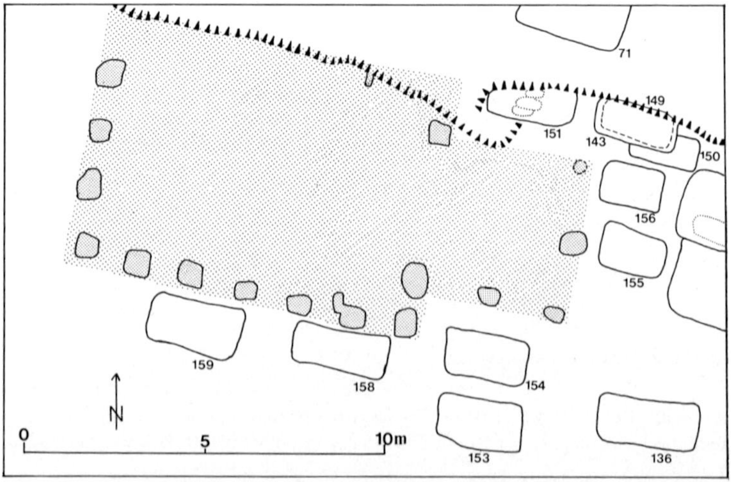

Abb. 59 Ausschnitt aus dem frühmittelalterlichen Gräberfeld mit Grundriß einer hölzernen Friedhofskirche von Staubing; nach einem Entwurf von R. Christlein ausgeführt von R. Bäumler, Erlangen

Noch einmal gewann das Felsennest strategische Bedeutung, als gegen Ende des 4. Jahrhunderts n. Chr. durch Valentinian I. die Nordgrenze des Reiches in einem verzweifelten Großeinsatz gegen die andrängenden Germanen neuerlich zum Bollwerk ausgebaut wurde. Ohne Zweifel spielte der Frauenberg am spätrömischen Limes eine wichtige Rolle. Der innere Schildwall diente weiterhin als Abschnittssicherung; der Zugang am Südschenkel erhielt eine stark gemauerte Toranlage. An Baulichkeiten im Inneren sind einstweilen ein festes Kleinkastell mit eingebautem Burgus sowie weitere Gebäudereste an der Spornspitze nachgewiesen (Abb. 57, 58).
Wie andernorts auch dienten auf dem Frauenberg nicht nur römische Soldaten. Ein germanisches Söldnerkontingent, überwiegend wohl elbgermanischer Herkunft, ist mit einschlägiger Keramik, einer Goldscheibenfibel, einem Kamm und einem »Donarkeulen-Amulett« bezeugt.
Teile dieser romanisch-germanischen Besatzung mit ihren Ange-

hörigen müssen die Stürme der Völkerwanderungszeit überlebt haben. Den Nachweis dafür liefert das frühmittelalterliche Gräberfeld von Staubing (Abb. 59) am Fuße des Frauenberges, dessen Begräbnisrituale unzweideutige Belege einer Bevölkerung wenigstens in Teilen erbrachten, die spätromanischer Abstammung war. Die Bewohner des bajuwarischen Ortes Staubing waren schon um 600 n.Chr. Christen, wie nicht nur die ergrabene Friedhofskirche (Abb. 59), mehr noch die Insignien christlichen Glaubens (Goldblattkreuze!) in den Gräbern belegen (vgl. Barbing Bd. 5 S. 167). Merkwürdiges Zeugnis synkretistischen Verhaltens bildet dabei eine weitere »Donarkeule« aus einer Bestattung von Staubing, die durch den bereits erwähnten, gleichartigen Fund oben vom Frauenberg Verbindungen und Kontinuität zwischen spätantiker und frühmittelalterlicher Bevölkerung deutlich genug erhellt.

Abb. 60 Gläserner Sturzbecher vom frühmittelalterlichen Gräberfeld bei Staubing

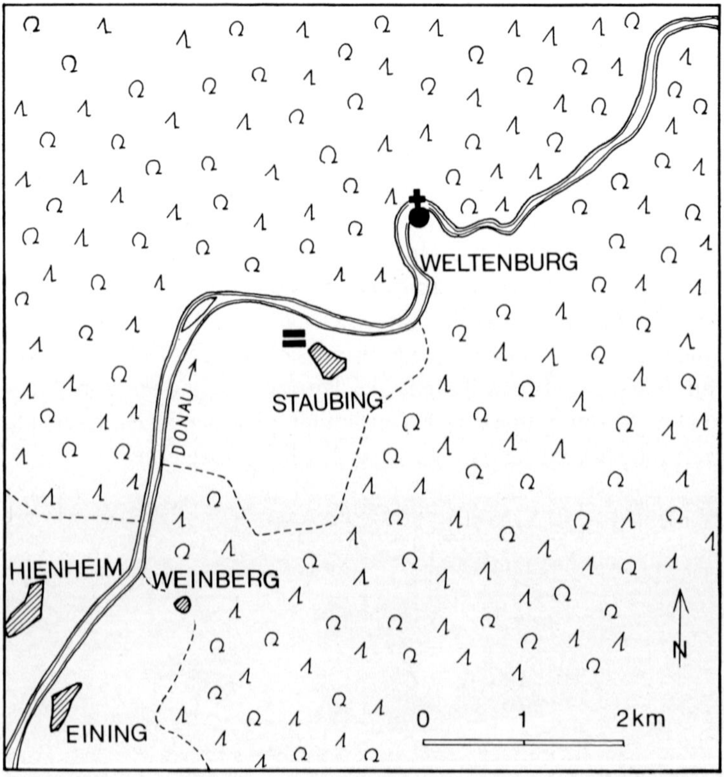

Abb. 61 Aus Flur- und Ortsnamen erschlossene Rekonstruktion von Waldbestand und Rodungsflächen im 7. Jahrhundert n.Chr. zwischen Kloster Weltenburg und Eining. Nach R. Christlein

Neben Grabbeigaben üblichen Zuschnitts fallen einige herausragende Ausstattungsmuster mit Steigbügeln, Silberfibeln, Goldschmuck, Glasgefäß (Abb. 60), Kreisgraben und Pferdeopfer auf. Damit ist in Staubing zu Beginn des 7. Jahrhunderts eine reiche Ortsadelsschicht mit christlicher Gesinnung nachgewiesen.

Die Verteilung von Wald- und Ackerfluren, rekonstruierbar anhand der Orts- und Flurnamen (Abb. 61) zeigt, daß Staubing seinerzeit die einzig mögliche Gemarkung ist, zu der das benachbarte Kloster Weltenburg gehört haben kann. Die Existenz einer dotierfähigen Gemeinschaft, eine gewisse Intensität christlichen Glaubens und die Willigkeit der Bewohnerschaft, Kult- und Frömmigkeitsbewegungen aufzunehmen, bildeten im frühen Mittelalter Voraussetzungen für das Entstehen klösterlicher Gemeinschaften. Unter diesen Aspekten dürfte der nun wohl nicht mehr nur legendären Luxovienser Mission aus dem Burgund durch die Kolumban-Schüler Eustasius und Agilus ein Erfolg beschieden gewesen sein. Freilich wird sich erst durch Ausgrabungen im Kloster Weltenburg selber das genaue Gründungsdatum des Konvents endgültig klären lassen.

Literatur:
K. Spindler, Die Archäologie des Frauenberges von den Anfängen bis zur Gründung des Klosters Weltenburg, mit Beiträgen von S. Rieckhoff-Pauli u. H. Th. Fischer (1981; mit vollständiger Literatur). – Ders., Archäologische Aspekte zur Siedlungskontinuität und Kulttradition von der Spätantike zum frühen Mittelalter im Umkreis des Klosters Weltenburg an der Donau. Zehn Jahre Bodendenkmalpflege in Niederbayern, Arbeitshefte des Bayerischen Landesamtes für Denkmalpflege 1983 (in Druck).

Konrad Spindler

Die Legende von der Weltenburger Klostergründung

Zufahrt: Anfahrt bis zum ausgeschilderten Parkplatz für Klosterbesucher auf der Straße vom Dorf Weltenburg. In der schönen Jahreszeit besteht Schiffsverbindung von Kelheim zum Kloster. Von nördlich der Donau kann man sich mit einem Fährkahn übersetzen lassen, zu erreichen über eine Straße von Kelheim-Befreiungshalle oder über einen direkten Uferweg. Von Kelheim und Weltenburg führen mehrere Wege auf den Frauenberg, die aber sämtlich für den öffentlichen Fahrverkehr gesperrt sind (Abb. 19). Zum Kloster steigt man einen Treppenweg hinab.

Der *Klosterbau* selbst liegt auf einer breiten Schwemmterrasse an der Spornspitze des Frauenberges am Eingang zur Donauenge. Anziehungspunkte für viele Besucher sind die Klosterschänke und die berühmte Barockkirche St. Georg und Martin gleichermaßen. Von den mittelalterlichen Bauten ist nichts überkommen, die gesamte Anlage ist zu Beginn des 18. Jahrhunderts erneuert worden. 1716 wurde der Grundstein für die Kirche gelegt, die meisterhaft von den Brüdern Cosmas Damian und Egid Quirin Asam gestaltet ist. Der Innenraum durchbricht in der dramatischen Illusionskunst des späten Barock alle architektonischen Grenzen und öffnet sich hinter dem Altar zu einem überirdischen Lichtraum. Die perspektivische Scheinmalerei an der Flachdecke erweckt den Eindruck einer Kuppel, sie wird durch des Cosmas Sohn Franz vollendet. Ausstattungsarbeiten ziehen sich bis 1751 hin, sie vollenden ein Spiel mit Perspektive und künstlicher Lichtführung, dem sich kaum ein Betrachter entziehen kann.

Dagegen verschwimmt die *Klostergeschichte* im Nebel alter und neuer Legendenbildung. Sicher ist nur, daß Tassilo III. das Kloster großzügig gefördert hat und daß es nach seinem Sturz 788 fränkisches Reichskloster wurde. 907 bis 913 suchen die Ungarn es heim, 932 werden die verbliebenen Güter dem Bischof von Regensburg unterstellt, und die Abtei wird bischöfliches Eigenkloster. Wolfgang von Regensburg (972–994) führt Mönche von St. Emmeram nach Weltenburg, unter ihm wird die Befestigung auf dem Frauenberg verstärkt. Es folgt eine wechselvolle und nicht immer ruhmreiche Geschichte bis zur Aufhebung während der Säkularisation im Jahre 1803. Erst 1842 eröffnen Benediktiner aus Metten erneut ein selbständiges Priorat, das der König 1913 wieder zur Abtei erhebt.

Zu den Ursprüngen gibt es nur eine sichere Nachricht in einem Klosternekrolog aus dem 12./13. Jahrhundert, nach der Herzog Tassilo Gründer des Klosters ist. Eine zweite ganz unklare Überlieferung will die Gründung mit Eustasius und Agilus aus Luxovia-Luxeuil in Burgund in Verbindung bringen, also an den Beginn des 7. Jahrhunderts verlegen. Sie stützt sich auf eine Miniatur in einem Weltenburger Martyrologium aus dem 11. Jahrhundert. Beide Überlieferungen sind nur in Übereinstimmung zu bringen, wenn man als Zeitgenossen der Missionare Tassilo I. einsetzt, wie Friedrich Prinz es vorgeschlagen hat. Allerdings ist Tassilo schon bald nach 610 gestorben, während Eustasius frühestens 614 nach Bayern gekommen sein kann. Mit seinem Gefährten Agilus (gest. 650) war er ein Schüler Columbans, der das Kloster Luxeuil gegründet und ihm von 591 bis 610 als Abt vorgestanden hat. Ihm folgt im Amt Eustasius von 614 bis 629.

Von Luxeuil aus führt er zunächst die Warasker zum rechten Glauben zurück, die einige Autoren für versprengte Naristen von den Uferfeldern des Regen halten (s. Bd. 5 S. 90f.). Danach, so wird in der Vita des heiligen Columban berichtet, begibt er sich zu den »Boiern, die jetzt Baiern genannt werden«. Diese Formulierung des gelehrten Verfassers Jonas von Bobbio hat der Baiern-Forschung einigen Kummer bereitet. Verwicklungen ergeben sich weiter aus dem Umstand, daß die Stelle fast immer unvollständig zitiert wird, denn tatsächlich werden dort die Warasker und die fraglichen Boier als *gentes quae vicinae erant* bezeichnet, also als Stämme in der Gegend von Luxeuil alle beide (Vita Columbani II 8). Ernst Schwarz hat daraus folgerichtig Baiern in Burgund abgeleitet, manche Historiker leiten daraus Boier in Bayern ab (s. Bd. 5 S. 92). In jedem Fall gilt Eustasius seitdem als erster Glaubensbote in Bayern. Nach seiner Rückkehr hat er Männer gesandt, die sein Werk fortsetzen sollten. Wieder ist freilich gar nicht sicher, ob Agilus zu ihnen gehörte, zumal dessen unbekannter Biograph entsprechende Passagen weitgehend aus dem Lebenslauf des Eustasius entlehnt hat.

Hier nun soll die Miniatur im Weltenburger Martyrologium aushelfen, denn sie zeigt, wie Eustasius den Agilus aussendet und wie ein Kloster gegründet wird. Benedikt Paringer hat sie 1934 ohne weitere Umstände auf Weltenburg bezogen, aber ein Ort wird eben gar nicht genannt. Es handelt sich einfach um fromme Geschichtsdarstellung. Allerdings will Paringer besondere Beziehungen zwischen Luxeuil und Weltenburg auch aufgrund paläographischer Indizien festgestellt haben. Kritische Einwände dagegen, die Bernhard Bischoff schon 1940 erhoben hat, werden selten oder gar nicht zur Kenntnis genommen. Im übrigen entwertet Paringer seine These selbst, indem er die besondere Auszeichnung hervorhebt, die dem heiligen Gallus im Martyrologium zuteil wird, und die Vermutung anschließt, der Heilige könnte einen Teil des notwendigen Personals aus seinem Kloster für die Neugründung in Weltenburg zur Verfügung gestellt haben. Von weiteren Ungereimtheiten und gedankenreichen Zusatzdeutungen kann man absehen.

Die politischen Voraussetzungen für eine fränkisch gesteuerte Mission in Bayern sind mit der Einsetzung Tassilos I. um 592 zum Herzog durch Childebert II. durchaus gegeben. Ohne Frage waren Christen überdies schon vor der Mission im frühen 7. Jahrhundert verbreitet. Theodolinde, Tochter des ersten Agilolfingers Garibald und Gemahlin des Langobardenkönigs Authari (584–590), ist katholisch und gut mit Columban bekannt. Die Missionswelle kurz nach 600 ist deshalb ebenso auf ihre Einflußnahme zurückgeführt worden wie auf handfeste Nebenabsichten der Franken. Vergessen darf man freilich nicht, daß die Erfolge fragwürdig bleiben. Was die frühen Missionare an rechtgläubigen oder schismatischen Relikten vorfinden, steht auf einem anderen Blatt. Sie müssen jedenfalls wieder von vorn anfangen.

Das wird auch durch archäologische Hilfskonstruktionen nicht aus der Welt geschafft. Die Kette neuer Mißdeutungen beginnt mit einer merowingerzeitlichen Holzkirche auf dem Reihengräberfriedhof von Staubing wenige Kilometer südwestlich Weltenburg. Hier sind vom Beginn des 7. bis in die erste Hälfte des 8. Jahrhunderts ungefähr 170 Gräber angelegt. Sie schließen eine sozial bevorrechtigte Sippe oder Familie mit reicherer Ausstattung ein, durch beigegebene Goldblattkreuze legt sie offen ihre christliche Gesinnung dar. Ohne Frage hat sie die Kirche gestiftet, nur bleibt der Zeitpunkt trotz der entschiedenen Bestimmung um 600 durch Christlein offen. Der Ansatz ist sichtlich von der Klosterlegende mitbestimmt, es finden sich auch Argumente dagegen. Daß die Kirchen von Staubing und Barbing bei Regensburg fast völlig übereinstimmen (s. Bd. 5 S. 172 Abb. 36) besagt in diesem Zusammenhang wenig, weil der Barbinger Bau ebenfalls nicht ganz sicher zu datieren ist (s. Bd. 5 S. 96). Außerdem liegt wahrscheinlich ein regionales Baumuster zugrunde, das anderwärts noch verborgen oder für immer zerstört ist. Unter den gegebenen Umständen liefern die beiden Kirchen einen Überraschungseffekt mit, der zur bedingungslosen Gleichung verleitet. Tatsächlich sind hölzerne Saalkirchen mit genau denselben Abmessungen auf Grundlage des römischen Fußes aus anderen Gebieten bis zum 9. Jahrhundert bekannt, obschon bei veränderter Pfostenzahl.

Unabhängig davon ist das Alter der Staubinger Kirche für das Kloster von Weltenburg ohne Belang. Seine Gründung setzt keinesfalls eine christliche Gemeinschaft in der Nähe voraus und ebensowenig eine einheimische Förderfamilie, wenn sie vom Herzog veranlaßt ist. Deshalb ist die ehemalige Waldverteilung kein Indiz von Gewicht. Christlein hat sie gewiß annähernd richtig rekonstruiert, sie wird seitdem in seinem Sinne ständig erneut vorgebracht (s. S. 142). Aber sie beweist durchaus nicht, daß der Klostergrund im damals geschlossenen Forst zur Rodungsinsel um Staubing gehört haben muß. Eher im Gegenteil: solange nicht private Besitzrechte wahrscheinlich zu machen sind, muß man wohl von herzoglicher Verfügungsgewalt ausgehen. Schlicht falsch ist die zusätzliche Behauptung, die Kirche St. Stephan in Staubing sei von alters her die Pfarrkirche von Weltenburg gewesen. Wahr und erweislich ist nur, daß in einer Restitutionsurkunde vom 1. Mai 1128 dem Kloster Weltenburg zur besseren wirtschaftlichen Absicherung Grund und Pfarreien gleichzeitig in Staubing, Gmünd, Gögging, Poikam, Sittling und Wolnzach zugewiesen werden. Für alle diese Orte betont die gängige Übertragungsformel einheitlich, daß sie *ab antiquitate* dem Kloster inkorporiert gewesen seien. Später kommen weitere Orte hinzu. Die Besitzzuweisungen sagen demnach nichts über die Verhältnisse im 7. Jahrhundert und erst recht nichts über uralte spezielle Bindungen zwischen Weltenburg und Staubing.
Sicher haben sich die geistlichen Klostergründer nicht ohne landesherrlichen Schutz eingerichtet. Selbst für das 8. Jahrhundert bleibt jedoch fraglich, ob eine adelige Sippe ein Kloster ohne Billigung des Herzogs gründen konnte. Prinz glaubt zwar, eine Reihe von Klostergründungen durch den fränkisch orientierten Adel wenigstens im westlichen Bayern ermittelt zu haben, doch kann man diese hypothetische Zweiteilung der politischen Gewalt im Lande bestreiten. Keinesfalls läßt sich aber eine Gründung Weltenburgs als Beispiel adeliger Selbständigkeit schon um 600 wahrscheinlich machen, sie wäre überdies nicht auf den gewöhnlichen Ortsadel zu beziehen, der nach Christleins Formulierung immer wieder einfach als »dotierfähige Sippe« vorgestellt wird, weil die Dotierfähigkeit

für einen so entscheidenden Rechtsakt allein eben nicht hinreicht. Außerdem beginnen die nachweisbaren Klosterstiftungen im donauländischen Altbayern erst unter Odilo kurz vor der Mitte des 8. Jahrhunderts, reichlich stiftet Tassilo III. Entscheidend bleibt demnach die Tatsache, daß die fromme Geschichte von Eustasius und Agilus im Weltenburger Martyrologium ohne lokalen Bezug erzählt wird. Daß zu ihren Lebzeiten in Bayern schon Kirchen bestanden, ist unbestreitbar. Aber die räumliche Nachbarschaft von Kirche und Kloster in Weltenburg erklärt sich wie anderwärts schwerlich als gegenseitige Bedingung. Die archäologische Entdeckung ist ein glücklicher Zufall, der sich in Barbing wiederholt hat. Es besteht also überhaupt kein Anlaß, sich an dem einen Ort in Legenden zu verstricken, die schon an sich selbst schwer genug zu tragen haben. Natürlich wird Weltenburg nicht auf den Anspruch verzichten, das älteste Kloster Bayerns zu sein. Aber eine Sache ist der Glaube aus liebevoll gehegter Tradition, und eine andere Sache ist die Annäherung an die Wahrheit.

Literatur:
Klosterkirche: L. Altmann u. R. Thürmer, Benediktinerabtei Weltenburg a.d. Donau gegründet um 600. Geschichte und Kunst (1981). – R. Hoffmann, Kloster Weltenburg und seine Asamkirche (1931). – E. v. Knorre, Die Weltenburger Klosterkirche im Werk der Brüder Asam. Weltenburger Akad. Arbeitsbl. d. Hist. Arbeitsgemeinschaft, hrsg. v. G.-H. Sitzmann, H. 2 (1972). – Reclams Kunstführer Deutschland 1. Bayern (1970[7]) 975–977.
Staubing: R. Christlein, Das Reihengräberfeld und die Kirche von Staubing bei Weltenburg. Arch. Korrbl. 1, 1971, 51–55. – Ders., Stupinga-Staubing, Lkr. Kelheim. Ausgrabungsnotizen aus Bayern 1973/2. – Danach wortgetreu K. Spindler, Die Archäologie des Frauenberges (1981) bes. 134–139.
Missions- und Kirchengeschichte allgemein: Fr. Prinz, Die Bistümer, Klöster und Stifte. Handb. d. bayer. Gesch. I (1981[2]) 440 ff. – Ders., Augsburg im Frankenreich. Die Ausgrabungen in St. Ulrich und Afra in Augsburg 1961–1968. Münchner Beitr. z. Vor- und Frühgesch. 23 (1977) 375–398 bes. 278 ff. 385 f. – K. Reindel, Christentum und Kirche. Handb. d. bayer. Gesch. I (1981[2]) 178 ff. – Vita Columbani II 8 (MGH SS rer. Germ. 1905, 243 f.). – Vita Ermenfredi c. 1 (Acta Sanctorum Sept. VIII, 1867, 107).
Geschichte des Klosters Weltenburg: Grundlegend O. Riess, Die Abtei Weltenburg zwischen Dreißigjährigem Krieg und Säkularisation (1926–1803). Beitr. z. Gesch. d. Bistums Regensburg 9, 1975, bes. 1–16. – Altmann u. Thürmer, s.o. Klosterkirche. – B. Bischoff, Die südostdeutschen Schreibschulen und Bibliotheken in der Karolingerzeit, Tl. I: Die bayerischen Diözesen (1974[3]) bes. 260. – J. Hemmerle, Die Benediktinerklöster in Bayern. Germania Benedictina II. Bayern (1970) 330–335. –

B. Paringer, Das alte Weltenburger Martyrologium und seine Miniaturen. Ein Beitrag zur Frühgeschichte des Klosters Weltenburg. Stud. u. Mitt. z. Gesch. d. Benediktinerordens 52, 1934, 146–165. – G. Schwaiger, Das Kloster Weltenburg in der Geschichte. Beitr. z. Gesch. d. Bistums Regensburg 11, 1977, 51–59. – Zur vermeintlich irischen Mission abwegig, veraltet, ohne sinnvollen Zusammenhang, methodisch und sachlich ungenau neuerdings wieder H. Koller, Die Iren und die Christianisierung der Baiern. In: Die Iren und Europa im frühen Mittelalter, hrsg. v. H. Löwe, Teilbd. 1 (1982) 342–374 bes. 343. 360.

Walter Torbrügge

Grabhügel, Viereckschanze und römischer Burgus bei Holzharlanden und Thaldorf

Zufahrt: Etwa 1 km östlich Weltenburg zweigt von der Straße nach Kelheim eine Verbindung nach Holzharlanden-Abensberg (Wegweiser) ab, an der nach abermals 1 km an einer Schneise rechts eine Schautafel auf das Grabhügelfeld im Wald hinweist. Es reicht bis unmittelbar an den Straßenrand. Gegenüber auf der östlichen Straßenseite führt ein Waldweg zu dem etwa 200 m entfernten römischen Burgus. Man kann ihn auch auf einem Weg von der Straßengabelung erreichen, an der 300 m weiter südlich die Straße nach Thaldorf abgeht. Von hier kann man über schlechte Pfade oder durch das Unterholz nach 200 m in Richtung Südsüdost die Viereckschanze aufsuchen (Abb. 19).

Das Ensemble verteilt sich im Wald auf die Ränder eines ziemlich schmalen Höhenrückens mit sanfter Wölbung. 100 meist gut erhaltene *Grabhügel* bilden die größte Nekropole des Umlandes. Sie sind von sehr unterschiedlichem Ausmaß und drängen sich zum Teil dicht auf einer sanft nach Westen geneigten Fläche von gut 430 × 320 m zusammen. Bei einigen liegen Steineinbauten frei, wenige sind angegraben. Aus einem Hügel mit Steinkranz wurden 1925 Funde der Bronzezeit gehoben. – Der *römische Burgus* steht an der Randhöhe nach Osten auf dem Ortsgrund von Thaldorf. Zwei Gräben von geringer Tiefe umschließen ein Rechteck von 13 × 25 m, auf dem noch römische Ziegelreste beobachtet werden können. Der südöstliche Außengraben lehnt sich an die Römerstraße Eining-Regensburg an, die hier allerdings nur in einem schnurgeraden Waldweg konserviert ist. – Die *Viereckschanze* liegt auf einem nach Südosten geneigten Hang über einer ehemals feuchten

Mulde des östlichen Seitentales. Sie ist außerordentlich verflacht, mit leicht rhombischem Grundriß, aber noch gut zu erkennen.
In ihrer engen Nachbarschaft zueinander werfen die drei Denkmälergruppen ein bezeichnendes Licht auf die Schutzfunktion des Waldes für oberirdische Anlagen. Hier wie anderwärts besteht deshalb kein Grund, aus der mittel- und unmittelbaren Nähe von Schanzen und Grabhügeln sofort auf eine ursächliche Beziehung zu schließen, wie sie neuerdings mit der These von hallstattzeitlichen Kultanlagen nach Art der Viereckschanzen bei Hügelnekropolen vorausgesetzt werden. Dabei kann man davon absehen, daß die meisten Hügelnekropolen nicht eindeutig datiert sind und daß andererseits alle Viereckschanzen eindeutig einen ganz bestimmten Bautypus vertreten. Ebenso abwegig erscheint ihre formale und funktionale Ableitung aus Herrensitzen der Hallstattzeit (s. Bd. 5 S. 85f.). Das Problem verwirrt sich weiter durch den sehr unwahrscheinlichen Bezug der kultischen Innenbauten auf griechische Ringhallentempel und schließlich durch neue Namensvorschläge wie Temenos und Nemeton, die beide der besonderen Ausformung spätkeltischer Heiligtümer nördlich der Alpen schon formal nicht gerecht werden. Inhaltliche Übereinstimmung besteht lediglich in der relativen Abgeschiedenheit. Sie wird auch durch die Neuentdeckung zahlreicher Anlagen aus der Luft im und am eigentlichen Siedelland nicht aufgehoben, denn im Einzelfall handelt es sich stets um ehemals unwirtliche oder doch unkultivierte Lagen. Schanzen in der Nähe von Oppida wie bei Manching und Kelheim (s. S. 72) besitzen gewiß eine Sonderfunktion.
Außerdem ist die Nachbarschaft von Viereckschanzen und Grabhügeln in Bayern nicht so häufig wie in Südwestdeutschland, wo sie 20 Prozent aller Schanzen betreffen und damit einen Beleg für hallstattzeitliche Verknüpfungen liefern soll. In der Gegenprobe bezeugen die restlichen 80 Prozent allerdings eher ein zufälliges Zusammentreffen wie bei Holzharlanden und Thaldorf, zu dem bestimmt auch der Wald beigetragen hat. Merklich folgen gerade hier die verschiedenen Denkmälergruppen jeweils einem zeitgenössischen Regelschema. Grabhügelnekropolen auf sanft geneigten Höhenflächen sind in der ganzen Umgebung gang und gäbe.

Die Position der Viereckschanzen kann sehr wechselhaft sein, doch ist die Lage über feuchten Mulden und Tälern nicht ungewöhnlich. Gut zum Vergleich eignet sich die Schanze bei Pondorf (s. S. 115). Daß der Burgus auf einem Höhenpunkt unmittelbar neben der Straße errichtet ist, versteht sich eigentlich von selbst, zumal er sich hier in eine dichte Kette von Burgi hinter der Donau einfügt, die von Bad Gögging bis Regensburg nachzuweisen sind. Allein diese Linie bestimmt den funktionalen Zusammenhang über den Höhenrücken hinweg. Gleicherweise ist die Höhennekropole im Zusammenhang mit einer Talsiedlung zu sehen und die Viereckschanze wieder genau umgekehrt aus der Absonderung von Siedelland in den Tälern. So betrachtet, scheinen topographische Erwägungen zum Kleinraum gegenüber Großthesen von periodischer Unverbindlichkeit allemal den Vorrang zu besitzen.

Literatur:
Grabhügel: A. Hochstetter, Die Hügelgräberbronzezeit in Niederbayern. Materialh. z. bayer. Vorgesch. R. A 41 (1980) 131. – Pätzold, Geländedenkmäler, 141.178f. (unklare Fundangaben).
Viereckschanzen: K. Bittel, Viereckschanzen und Grabhügel – Erwägungen und Anregungen. Zeitschr. f. Schweizer Archäol. u. Kunstgesch. 35, 1978, 1–16. – Ders., Die Kelten in Baden-Württemberg (1981) bes. 85–117. – R. Christlein u. O. Braasch, Das unterirdische Bayern (1982) 78 Abb. 68; 224–227. – S. Schiek, Zu Viereckschanzen und Grabhügeln. Fundber. Baden-Württemberg 7, 1982, 221–231. – Kl. Schwarz, Zur Geschichte eines keltischen Temenos im nördlichen Alpenvorland. Ausgrabungen in Deutschland, Tl. 1 (1975) 324–358.
Burgi: Th. Fischer, Zur Chronologie der römischen Fundstellen um Regensburg. BVbl. 46, 1981, 63–104 bes. Abb. 24 u. 25. – J. Garbsch, Die Burgi von Meckatz und Untersaal und die valentinianische Grenzbefestigung zwischen Basel und Passau. BVbl. 32, 1967, 51–82. – K. Spindler, Die Archäologie des Frauenberges von den Anfängen bis zur Gründung des Klosters Weltenburg (1981) bes. 102–110.

Walter Torbrügge

Exkursion III: Vorderer Bayerischer Wald mit Regental und Donauebene

Die Route

Die A 93 leitet in der Regentalfurche durch eine Tiefenzone zwischen Alb und Urgebirge, die dem unteren Naabtal auch die Klimavorteile der Donauebene zuteil werden läßt. Siedlung und Verkehr laufen hier seit alters nach Norden. Bei Regenstauf kreuzen wir unterhalb des abgegangenen *castrum Stufo* der Burggrafen von Regensburg auf das östliche Flußufer, auf dem wir dann einen Nordwestzipfel des Falkensteiner Vorwaldes passieren. Der Mittelgebirgsblock zwischen Donau und Regen erreicht nur Höhen zwischen 500 und 700 m, seine sanften Formationen haben ihm den liebenswerten Beinamen »Buckelige Welt« verschafft. Vorgeschichtlich ist er höchstens in gastlichen Randbuchten bewohnt. Ausgedehnte Rodungen setzen erst im Hochmittelalter ein, von ihnen zeugen auf der Route etliche Burgen und die Klöster Reichenbach und Walderbach.

Kurz nach dem Regenknie öffnet sich nach Norden die Bodenwöhrer Bucht, die sich als hügelige Beckenlandschaft mit natürlicher Kiefernvegetation um Moore und kleine Seenketten tief nach Osten zwischen Oberpfälzer und Bayerischen Wald schiebt. Hier geht sie in die Cham-Further Senke über. Die uralte Verkehrslandschaft in rund 400 m Höhe zwischen Kammhöhen von 1000 m führt bei Furth im Wald bei nur 426 m über die bayerisch-böhmische Grenze. Vergleichsweise günstige Klimabedingungen und annehmbare Bodenbeschaffenheit ziehen im Chamer Becken und seinen Randgebieten Niederlassungen seit dem späten Neolithikum an. Die Grenzregion gewinnt besondere Bedeutung durch Paßwege über das Gebirge unmittelbar in die Donauebene. So erklären sich die frühe Stiftung einer Cella bei Chammünster durch Herzog Odilo vor 748 und ebenso die Befestigungen auf dem

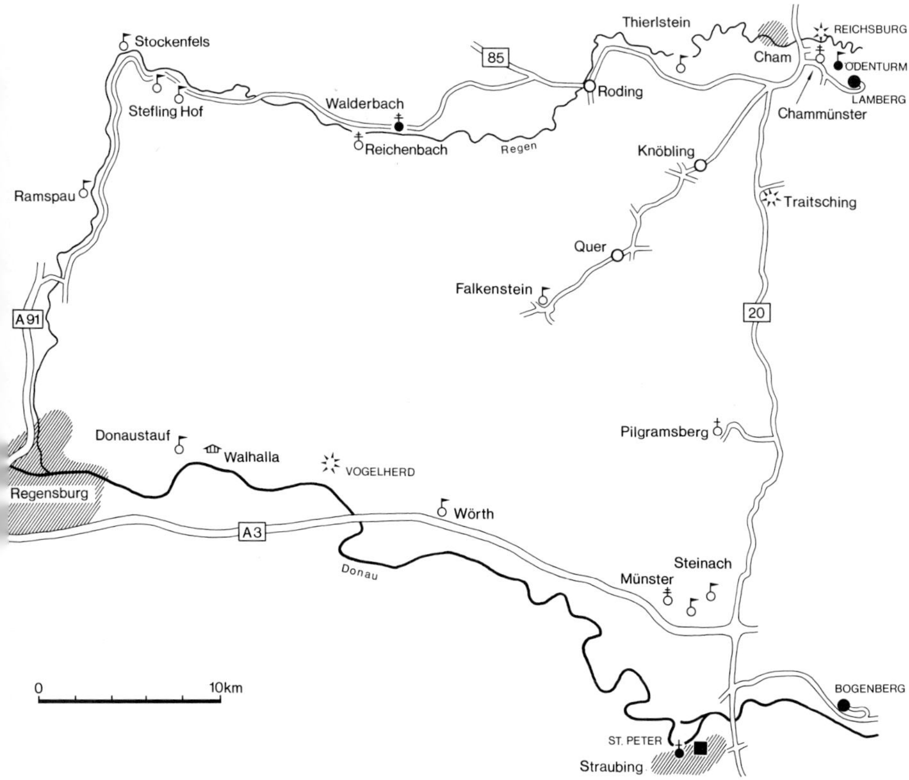

Abb. 62 Exkursion durch das Regental, den Falkensteiner Vorwald und die Donauebene

Lamberg wie vor allem die Reichsburg bei Cham und ihre Vorgänger. Der Hauptweg zur Donau läuft auf der heutigen B 20 nahe an der wohl frühgeschichtlichen Schanze von Traitsching vorbei durch die Stallwanger Senke, die als geotektonische Grenze zwischen Vorwald und Vorderem Bayerwald namentlich im Süden tief in den kristallinen Rumpf des Gebirges eingeschnitten ist.
Am Ausgang in die Ebene erhebt sich nach Osten versetzt und vom Gebirge isoliert der Bogenberg als ein topographisches Wahrzeichen von besonderem Rang, denn Befestigungen und uralte Wallfahrt zeichnen ihn nach realer wie symbolischer Bedeutung glei-

chermaßen als einen natürlichen Hauptort der Landschaft aus. Von hier aus hat man den besten Blick über die Stromebene, die sich während der Rückfahrt auf weite Strecken immer noch als unbeschädigte Agrarzone darzubieten scheint. Die gefährdeten Tieflagen sind seit langem eingepoldert, in den Auen wechseln zahlreiche Altwässer mit Bruchland und kleinen Waldungen. Noch brütet in den periodisch überschwemmten Wiesen der Brachvogel, an steilen Ufern nisten Eisvögel, in stillen Winkeln sind Graureiher und Löffelenten zu Hause. Aber der friedliche Anblick täuscht über die hemmungslose Ausbeutung einer Natur- und Kulturlandschaft von europäischem Rang. Zunehmend zergliedern Straßen, asphaltierte Flurwege und Neusiedlungen von wahrhaft trostlos genormter Häßlichkeit das ehemals ruhige Tal. Für Industrieanlagen wird breitflächig bester Ackerboden weggeschaufelt. Umgekehrt verwandeln sich die meisten Feucht-Biotope in eintönige Feldfluren, da die Donau mit dem Ausbau zur Großschiffahrtsstraße hinter Spezialdichtungen in neuen Dämmen radikal vom Polderland und seinem Wasserhaushalt abgeschnitten wird. Der Abgesang ist also angestimmt: die freundliche weite Ebene, gesäumt vom welligen Hügelland und vom sanftgrünen Vorwald, bestellt mit bescheidenen und großartigen Denkmälern einer denkwürdigen Vergangenheit, kann auf Dauer dem Fortschritt, oder was Profitgier und kurzfristig orientierte politische Dummheit darunter verstehen, nicht länger standhalten.

Burgen und Schlösser

Allgemeines und Literatur s. o. S. 47f.

Schloß Ramspau

Das Schloß wurde aus einer mittelalterlichen Burg erbaut, von der nur ein Teil des ungewöhnlichen polygonalen Bergfrieds erhalten ist. Die staatliche Barockanlage mit vier Flügeln zeichnet sich durch vier polygonale Ecktürme mit mächtigen Zwiebelhauben aus.

Ruine Stockenfels

Die Burg wurde spätestens in der zweiten Hälfte des 13. Jahrhunderts erbaut. Nach 1351 befand sie sich im Besitz der Regensburger Patrizier Auer, die von hier aus mancherlei Gewalttaten verübten, bis die Herzöge Stephan und Friedrich die Feste 1372 einnehmen konnten. In hervorragender Lage über dem Regenknie schützte eine Umfassungsmauer die Unterburg mit den Wirtschaftsgebäuden. Die Oberburg wurde aus einem dreiteiligen Bau mit Wohntrakt, Brunnenhof, Küche und einem dreigeschossigen Wohnturm gebildet. Um die Ruine ranken sich besonders viel Sagen von Raubrittern, ungetreuen Beamten und bösen Geistern, darunter Bierbrauer, die wegen ihres verwässerten Bieres spuken müssen.

Burg Stefling

Steuininga wird erstmals 991 als Besitz des Regensburger Burggrafen Papo genannt. Die Burg ist auf einem nach drei Seiten steil abfallenden Höhenrücken gegen das linke Regenufer vorgeschoben und wird durch zwei Torbauten und einen Zwinger geschützt. In der Oberburg sind ein dreigeschossiger Wohnbau und der Stumpf des mit Buckelquadern verblendeten Bergfrieds erhalten. 1428 wurden erfolgreich die Hussiten abgewehrt.

Burg Hof am Regen

Die Burg, Stammsitz der erstmals 1158 erwähnten Hofer, umfaßte ursprünglich eine größere Anlage, nämlich eine Vorburg mit Wirtschaftsgebäuden und eine innere Burg mit Bauten um einen kleinen Hof. Heute ist vor allem die dreigeschossige massive Kapelle aus romanischer Zeit sichtbar, deren beide profanen Stockwerke Wohnzwecken und der Verteidigung dienten. Angebaut sind inzwischen die »Wohnungen kleiner Leute«.

Schloß Thierlstein

Vor 1125 werden als Ministeriale der Markgrafen von Cham die Turdelinger-Türlinger-Thierlinger genannt, die den Platz bis 1622 innehaben. Die Burg ist vielfach umgebaut, mittelalterlich sind nur noch geringe Mauerteile und der ehemals spitzbehelmte Rundturm. Malerisch auf einem Quarzfelsen des Pfahls gelegen.

Ruine Ödenturm s. S. 178f.

Die Schlösser von Steinach

Als erste Besitzer werden im 13. Jahrhundert die Rainer von Rain genannt. Eine älteste Burg soll nördlich des alten Schlosses in Steinach gestanden haben, das 1549 errichtet, aber ab 1901 stark umgestaltet und 1908 vollends zu Gutshof und Brauerei umgebaut wurde. – Ein neues Schloß ließ der Großindustrielle August von Schmieder zwischen 1904 und 1908 nach den Plänen Gabriels von Seidl etwa 1,5km weiter südwestlich im freien Gelände errichten. Bemerkenswert daran erscheinen insgesamt 200 Räume und ein kleiner Turm.

Literatur:

J. Schlicht, Die Geschichte von Steinach. Vom Schloßbenefiziaten (1908).

Schloß Wörth

Zwischen 765 und 788 besteht in *Uerid* ein Eigenkloster der Regensburger Bischöfe, das aber später nicht mehr genannt wird. Die Grundherrschaft bleibt im Besitz des Bistums und entwickelt sich mit den angrenzenden Forsten aus einer Schenkung Konrads I. von 914 zur selbständigen Landesherrschaft. Nach Verpfändungen im 14. und 15. Jahrhundert fällt die Herrschaft 1803 dem gestückelten Fürstentum Regensburg unter Fürstprimas Karl Theodor von Dalberg zu, mit dem sie 1810 endgültig an Bayern kommt. – Die Burg auf einem isolierten Bergkegel über dem Ort wird erstmals in der Mitte des 13. Jahrhunderts erwähnt, doch ist vom mittelalterlichen

Bestand nur der inzwischen veränderte Bergfried erhalten. Wesentlich ausgebaut und erneuert wird die Anlage unter dem bischöflichen Administrator Johannes, Pfalzgraf bei Rhein, Herzog in Bayern (1507–1538), offenbar um in der wohlbefestigten Residenz gegen die beengten Verhältnisse im reichsstädtischen Regensburg herrschaftliche Ansprüche repräsentativ sichtbar zu machen. Der festungshafte Ausbau mit vier runden Batterietürmen an den Ecken wird 1525 fertiggestellt. Weitere Ausbauten erfolgen bis ins 17. Jahrhundert, aber das Burgschloß mit rechteckigem Innenhof und doppelgeschossiger Quergalerie bewahrt seinen Charakter als geschlossenes Renaissance-Ensemble von Rang. – Umstritten ist das Bauwerk als Motiv in der eigenartigen Landschaftsmalerei Albrecht Altdorfers, der von 1505 bis zu seinem Tode 1538 in Regensburg wirkte. Eindeutig zu identifizieren ist nur eine kleine mit Wasserfarben angelegte Federzeichnung von Markt und Schloß im Kupferstichkabinett Dresden.

Literatur:
J. Widemann, Die Traditionen des Hochstifts Regensburg und des Klosters St. Emmeram (1943) Nr. 2. – Fr. Winzinger, Albrecht Altdorfer, Zeichnungen (1952) 84 Nr. 69. – Ders., Albrecht Altdorfer. Die Gemälde (1975) 98 Nr. 46. – Handbuch der historischen Stätten Deutschlands 7. Bayern (1965[2]) 832f. – Kdm. Opf. 21 Regensburg (1910) 177–203. – Reclams Kunstführer Deutschland 1. Bayern (1970[7]) 1002f. – Wörth – Stadt zwischen Strom und Berg. Heimatbuch d. Stadt Wörth, Red. J. Fendl (1979) bes. 21–62 u. 83–87.

Ruine Donaustauf

Ein *castellum dicitur Stufo* wird erstmals unter dem Regensburger Bischof Tuto (894–930) genannt, 1133 erscheint die Burg als *castrum episcopi Tounustouphen.* Von Beginn an ist sie offenbar im Besitz des Hochstifts Regensburg gewesen, doch ist ihre spätere Geschichte gekennzeichnet durch ständigen Streit und mehrfache Verpfändung, an der vor allem die bayerischen Herzöge und die Reichsstadt Regensburg beteiligt waren. Erst 1715 konnte der Regensburger Fürstbischof die Burg endgültig einlösen. Ihre Bedeutung erklärt sich aus der beherrschenden Lage auf einem Bergsporn über der Donauebene, die von hier aus mitsamt dem Zugang nach

Regensburg leicht zu kontrollieren war. Die Situation ließ bereits dort eine späthallstatt-frühlatènezeitliche Befestigung entstehen (s. S. 220). Die starken mittelalterlichen Fortifikationen sind vom 14. bis 17. Jahrhundert mehrfach verbessert worden, liegen aber seit Zerstörung durch die Schweden 1634 in Ruinen. Fünf Torbauten mit Zwingern unterstreichen die strategische Wertschätzung des Platzes, die Grundmauern eines weiteren Torturmes wurden erst kürzlich bei Bauarbeiten in der Vorburg entdeckt. Erhalten sind außerdem Reste des Palas und eines Torturmes mit einer Kapelle im Obergeschoß, in der Würfelkapitelle, Nischensystem und Mauertechnik auf eine Bauzeit in der Mitte des 11. Jahrhunderts verweisen. Malereien scheinen aus dem 12. Jahrhundert zu stammen.

Peter F. Stary

Kloster Reichenbach

1118 wurde das Kloster von Diepold II., Markgrafen von Cham, und seiner Mutter Luitgard auf einer Bergzunge südlich des Regentales begründet und von Benediktinern aus dem cluniazensischen Reformkloster Kastl besiedelt. Bereits seit 1355 Klosterschule, entwickelte sich Reichenbach besonders im 15. Jahrhundert zu einem Zentrum wissenschaftlicher und künstlerischer Tätigkeit. Aber 1556 wurde die Abtei von Pfalzgraf Ottheinrich reformiert, 1562 aufgelöst und dann im Bildersturm von 1567 ihres prächtigen Bilderschmucks beraubt. Im 17. Jahrhundert zogen Jesuiten ein, die das Kloster 1669 wieder an Benediktiner von St. Emmeram aus Regensburg abgaben. Sie beendeten den Neubau der verfallenen Klostergebäude und gestalteten die Kirche bis 1741 barock aus. 1803 wurde das Kloster säkularisiert und 1890 der Komplex in eine Heil- und Pflegeanstalt der Barmherzigen Brüder umgestaltet. Von starken Befestigungsanlagen haben sich turmbewehrte Mauern erhalten.

Die Weihe der Kirche erfolgte 1135, ihr Bau zog sich wohl bis gegen 1200 hin. Im späten 13. Jahrhundert wurde vor die romanische Pfeilerbasilika ein Paradies gesetzt, eine Vorhalle, und um 1400 kamen die Einwölbungen der Seitenschiffe hinzu. Im Äußeren sind die querschifflosen Formen der romanischen Basilika bewahrt. Auch die Türme blieben bis auf die gotischen Bekrönungen des frühen 15. Jahrhunderts unberührt. Der dreischiffige Innenbau ist durch einen gotischen Chor und vor allem durch die Barockisierung stark verändert. Die barocke Innenausstattung ist außerordentlich vielgestaltig und durch eine Fülle von Stukkaturen und Bildern belebt.

Literatur:
F. Hiltl, Kloster Reichenbach am Regen (1973). – P. Leuschner, Romanische Kirchen in Bayern (1981) 84f. – Handbuch der Historischen Stätten Deutschlands 7. Bayern (1965²) 614f. – Kdm. Opf. 1 Roding (1905) 90–127. – Reclams Kunstführer Deutschland 1. Bayern (1974⁸) 808–810.

Peter F. Stary

Kloster Walderbach

Die Klosterchronik von 1507 überliefert wenig Verläßliches. Fest steht, daß das Kloster anfangs mit Augustiner-Chorherren besetzt ist, aber unter dem Burggrafen Otto I. von Regensburg entsendet Waldsassen schon 1143 Zisterziensermönche. Einfälle der Hussiten 1428 führen mit Brand und Verwüstung zum Niedergang, das Ende besiegeln die Einführung der Reformation 1556 und ein Bildersturm 1567. Erst 1669 ziehen erneut Zisterzienser ein. 1803 wird der Konvent aufgelöst und die Kirche der Pfarrei übergeben. – Die Klosterkirche um 1180 ist der bedeutendste Bau einer Gruppe von gewölbten Hallenkirchen, die offenbar von Regensburg ausgehen. Ihr romanisches Äußere ist barock überbaut, im Innern sind hingegen Architektur und Schmuck aus dem hohen Mittelalter bewahrt. Von der Turmvorhalle führt ein Rundbogenportal mit gestuftem Gewände in die dreischiffige Halle, deren Gewölbe von quadratischen Säulen mit eckigen und runden Vorlagen getragen werden. Die Kapitelle haben Würfel- und Kelchform oder sind

Abb. 63 In der romanischen Kirche des ehemaligen Zisterzienserklosters zu Walderbach sind die Rippen und Gurte unter dem Gewölbe des Mittelschiffs in rötlichen Farben auf hellgrauem Grund bemalt. Die Gewölbekappen sind blauschwarz. Unten ist der Kanzelprospekt aus der Mitte des 18. Jahrhunderts angeschnitten

plastisch mit Voluten, Blattwerk, Ranken, Masken und Schlangen oder Vögeln verziert. Rippengewölbe überspannen das Mittelschiff, Kreuzgewölbe die Seitenschiffe. Die Rippen und Gurte sind mit einem Dekorationssystem aus verschiedenen Ornamenten in rötlichen Farben auf hellgrauem Grund bemalt. Es wurde erst 1888 wieder freigelegt und zählt zu den seltenen Kostbarkeiten in der Ausstattung romanischer Kirchenbauten (Abb. 63).

Literatur:
A. Doeberl, Zisterzienser und Praemonstratenser im Bistum Regensburg. Festschr. 1200 Jahre Bistum Regensburg (1939) 161 f. – P. Leuschner, Romanische Kirchen in Bayern (1981) 85–87. – E. Stark, Pfarrkirche Walderbach (1978^2). – Handbuch der Historischen Stätten Deutschlands 7. Bayern (1965^2) 783 f. – Kdm. Opf. 1 Roding (1905) 174–208. – Reclams Kunstführer Deutschland 1. Bayern (1974^8) 953–955.

Die Reichsburg Cham

Zufahrt: Im Osten der Stadt nur über befahrbare Feldwege zu erreichen. Bei Anfahrt aus Richtung Regensburg und Straubing über die B 20 muß man stets zum Kreuz an der Ostmarkstraße und von dort im Westbogen über die Altenstadter Straße fahren (Abb. 64).

Die ehemalige Reichsburg liegt auf dem leicht abfallenden Südhang des Galgenberges unmittelbar über dem Steilufer zum Chamb- und Regental. Hier umschließt ein Wall eine Fläche von etwa 300 × 180 m. Im Norden ist er bis 7 m hoch erhalten, an den übrigen Seiten ist er verflacht; vor allem im Süden ist das Gelände stark verformt und durch Hohlwege gestört. Im Norden ist außerdem noch ein tiefer und breiter Graben vorgelegt. Verschiedene innere Stufungen sind noch nicht recht zu beurteilen.
Eine erste Grabung des Landesamtes für Denkmalpflege legte 1938 an der Südostseite verschiedene Mauerzüge und einen kleinen quadratischen Steinbau mit flacher Apsis frei, um den mehrere beigabenlose Gräber in Ost-West-Orientierung gruppiert waren (Abb. 65,1). Bei dem Steinbau handelte es sich offenbar um die urkundlich 1210 erwähnte Kapelle St. Georg, nach der der Berg nachmals benannt worden ist. Scherben von hier werden in das 10.

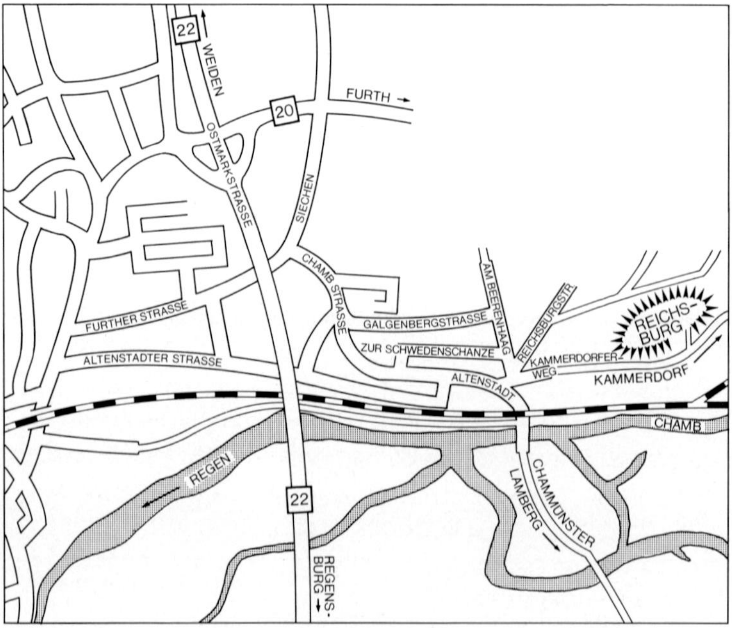

Abb. 64 Zufahrt zur Reichsburg bei Cham

bis 12. Jahrhundert gesetzt. Ein Schnitt durch den Nordwall ergab einen inneren Mauerstumpf von über 2 m Breite (Abb. 65,2). Er wurde später von einem breiten Erdwall aus sandigem Material überschüttet, der an der Außenseite mit einer Lehmpackung gefestigt war. Anhaltspunkte für eine Datierung bieten nur Funde aus einer Nachuntersuchung des Landesamtes von 1976 an derselben Stelle. Danach soll die Mauer in die Zeit um 800 gehören, der Wall in das 11. Jahrhundert, doch sind diese Angaben vorläufig ganz unverbindlich. Zwei weitere Befunde von 1976 scheinen unergiebig (Abb. 65,3 u. 4). Dagegen fanden sich im östlichen Innenraum die gut erhaltenen Reste eines gemörtelten Steinhauses mit dem Fußboden 2,5 m unter der heutigen Oberfläche (Abb. 65,5). Schließlich stieß man im Südostwall abermals auf einen Mauerkern, dem nach innen noch ein schmaler Spitzgraben vorgelegt war, vielleicht für eine Palisade (Abb. 65,6). Eine zeitliche Bestim-

mung dieser beiden Komplexe war anscheinend nicht möglich. Zahlreiche Lesescherben vom Galgenberg und ein einzeln gefundenes Zierstück von der Schanze stammen aus dem 9. bis 12. Jahrhundert.
Danach hat die Burg offensichtlich mehrere Bauphasen erfahren, die noch nicht in einen genauen Ablauf zu setzen sind. Jedenfalls führen sie über eine Art Ringmauer, die in einem späteren Zustand gemörtelt wurde, zu einem mächtigen Erdwall. Genannt wird der Platz als *civitas Camma* zuerst bei Thietmar von Merseburg für das Jahr 976, als Kaiser Otto II. sich nach einer Niederlage bei Pilsen hierher zurückzieht. 1040 sammelt Heinrich III. ein Aufgebot gegen die Böhmen beim *castrum Kamb*. Seine Kontrollfunktion an der Heer- und Handelsstraße nach Böhmen liegt offen zutage, aber im frühen Münzrecht tritt zusätzliche Bedeutung hervor. Schon um 1000 werden Silbermünzen mit der Umschrift CPAMPA CIVITAS und HCINRTCUS REX geprägt. Ohne Zweifel bildet die

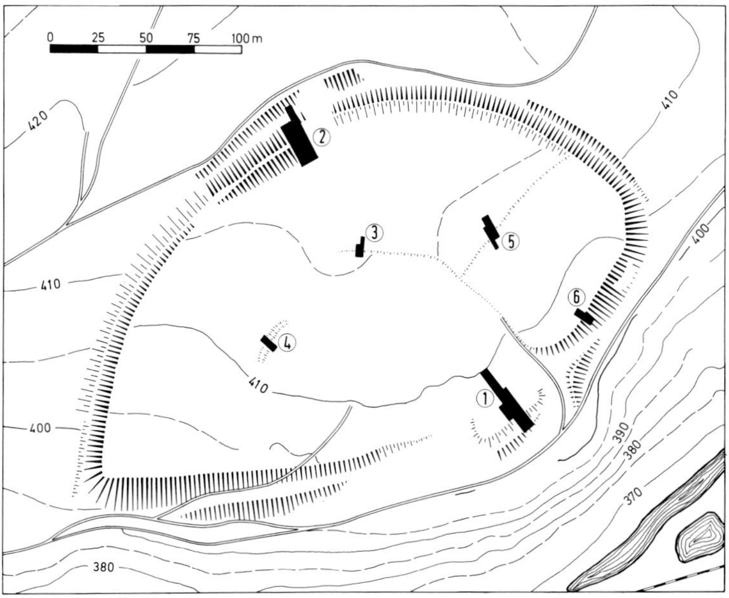

Abb. 65 Vereinfachter topographischer Plan der Reichsburg bei Cham mit Grabungsflächen 1938 (1 und 2) und 1976 (2 bis 6)

Festung den Mittelpunkt einer Grenzmark, die in einer Schenkungsurkunde Heinrichs III. von 1056 als *marcha Champie* erscheint. Bereits 1050 ist von einem *pagus Campriche* die Rede. Den Kern der Mark bildet offenbar ein ziemlich geschlossener Bezirk von Königsgut, Dienstmannen der Markgrafen sind zugleich oft Reichsministeriale. Die weite Streuung ihrer Sitze deutet indessen sicher kein neues System der Grenzverteidigung schon ab der Mitte des 11. Jahrhunderts an, in dem nach Max Piendl ein »äußerer Befestigungsring von Wohntürmen um die Hauptburg« eine entscheidende Rolle gespielt haben soll. Tatsächlich sind Turmburgen für diese Zeit noch gar nicht nachzuweisen, außerdem wären sie schwerlich von militärischem Nutzen gewesen. Zugrunde liegt vielmehr die Ansetzung von Ministerialen und ihre Verpflichtung zum Burgdienst, die erst sehr viel später in Steinburgen zum Ausdruck kommt. Zudem deutet das gerade in Urbaren der Chamer Umgebung mehrfach bezeugte Marchfutter auf eine ursprüngliche Reiterverfassung. An der Landesverteidigung beteiligt waren vermutlich auch freie Bauern, jedenfalls weist die große Zahl freien Eigens noch während des 18. Jahrhunderts in diese Richtung. Die Mark selbst geht auf dem Wege der Erbfolge als Reichslehen an die Rapotonen-Diepoldinger über und fällt nach dem Tode des kinderlosen Markgrafen Bertold 1204 über Herzog Ludwig den Kelheimer an die allezeit erbbereiten Wittelsbacher.

Damals muß die Reichsburg ihren Rang als Hauptort der Mark schon eingebüßt haben, allerdings ist ihr Ende weder historisch noch archäologisch genauer zu bestimmen. Das gilt ebenso für eine Außensiedlung, die durch zahlreiche frühmittelalterliche Scherben knapp 500 m westlich der Festung unmittelbar am Flußufer im heutigen Altenstadt belegt wird. Überhaupt besitzt die kleine Region auch eine reich gegliederte zivile Geschichte, wie zuletzt Herbert Wolf gezeigt hat. Vor allem in Altenstadt ist der Marktcharakter durch die später wieder abgegangene Kirche St. Nikolaus deutlich, die dem Patron der Schiffer und Handelsleute geweiht ist. Zwar wird die Stelle erst 1311 *in veteri civitate* genannt, doch muß sie mindestens zeitweise neben der Reichsburg bestanden haben. Eine nachträgliche und irrtümliche Übertragung des Namens von der Landesfestung her ist ausgeschlossen. Burg und Außensiedlung sind aber wohl kaum erst zu Anfang des 13. Jahrhunderts aufgelassen worden, wie allgemein angenommen wird, weil in der Region bereits 1135 ein dritter alter Marktort besteht. Jedenfalls schenkt Markgraf Diepold II. in diesem Jahr *Altinmarchit* wenig südwestlich Cham an das Kloster Reichenbach. Das setzt folgerichtig die Existenz eines neuen Marktes voraus, der allein im *novo forum Chambe*, dem heutigen Cham, gesucht werden kann. Hier überträgt der Herzog 1210 eine Kirche an den Deutschorden in Regensburg. Die späte Nennung erklärt sich einfach genug aus Lücken im historischen Quellenbestand, die oft genug aktuelle Ereignisse vortäuschen, wo in Wahrheit längst abgeschlossene Umbildungen zugrunde liegen. So könnte ein alljährlicher Georgimarkt, der bis heute in Cham stattfindet, noch lange bei der Georgskapelle auf der Reichsburg veranstaltet worden sein. Art und Zeitpunkt der Funktionswechsel zwischen den beteiligten Orten bleiben daher noch aufzuklären. Die Anfänge der frühmittelalterlichen Siedelgeschichte im und um das Chamer Becken liegen überdies sicher auf dem südlichen Regenufer in der Klosterzelle von Chammünster (s. S. 180) und in einer bäuerlichen Kolonisation, die durch späte Reihengräber von Altenmarkt und Satzdorf bezeichnet wird. Wie sich dazu die Befestigungen auf dem Lamberg einpassen (s. S. 168), ist vorerst kaum zu erschließen.

Literatur:
H. Dannheimer, Keramik des Mittelalters aus Bayern. Kat. Prähist. Staatsslg. 15 (1973) 44–51. – K. Dinklage, Cham im frühen Mittelalter. VO 87, 1937, 162–184. – M. Piendl, Das Landgericht Cham. Hist. Atlas v. Bayern, Tl. Altbayern 8 (1955). – Fr. Schwind, Verfassung und Bedeutung der Reichsburgen, vornehmlich im 12. und 13. Jahrhundert. In: Die Burgen im deutschen Sprachraum. Ihre rechts- und verfassungsgeschichtliche Bedeutung. Vorträge u. Forsch. 29 (1976) 85–122 bes. 99. – Stroh, Geländedenkmäler, 146. – H. Wolf, Der Galgenberg bei Cham in vor- und frühgeschichtlicher Zeit. Der Bayerwald 63, 1971, 52–63. – Handb. d. hist. Stätten Deutschlands 7. Bayern (1965^{2}) 124–126. – Nachrichtenbl. f. deutsche Vorzeit 16, 1940, 11–13.

Zufahrt: In Chammünster nimmt man auf Höhe der Kirche die Straße nach Hof, die eine etwas verdeckte Einfahrt besitzt. 150 m vor Hof biegt man links in die Lamberger Straße ein, die im Bogen auf den Gipfel des Berges führt. Kurz davor befindet sich linkerhand ein ausgeschilderter Parkplatz (Abb. 66).

Der Lamberg ist ein Gneiskegel am Nordrand des Vorderen Bayerwaldes, im Knie des Regen unmittelbar über der Cham-Further Senke gelegen. Mit seinen niedrigen Ausläufern erstreckt er sich fast 5000 m von Osten nach Westen und 1800 m von Norden nach Süden. Bei einer Gipfelhöhe von 602 m steigt er bis 232 m über die Talaue empor. Wo der Blick frei ist, geht er weit über das Umland, nach Südwesten besteht Sichtverbindung bis zur Schanze bei Traitsching. Alle höheren Lagen sind bewaldet. Der Berg trägt ein System von Befestigungsanlagen, die zum Teil erst 1965 entdeckt

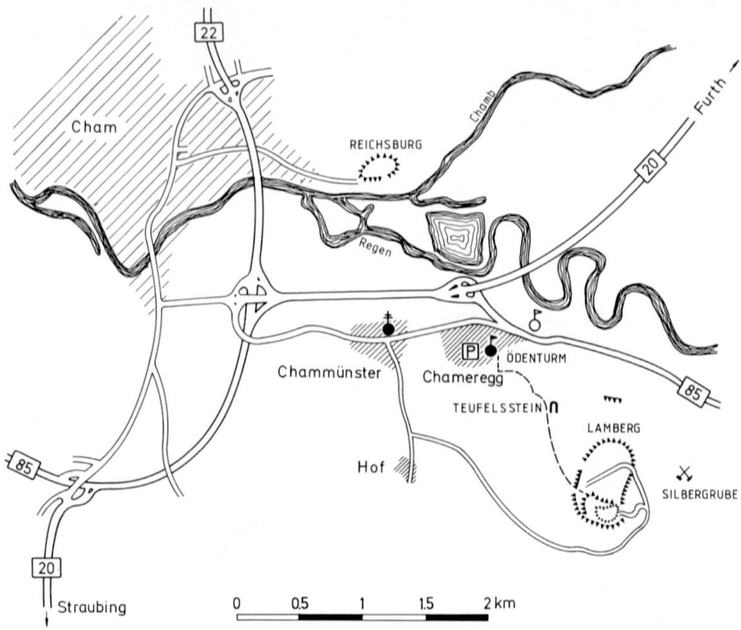

Abb. 66 Zufahrten zur Reichsburg bei Cham, nach Chammünster, Chameregg mit Ödenturm und auf den Lamberg

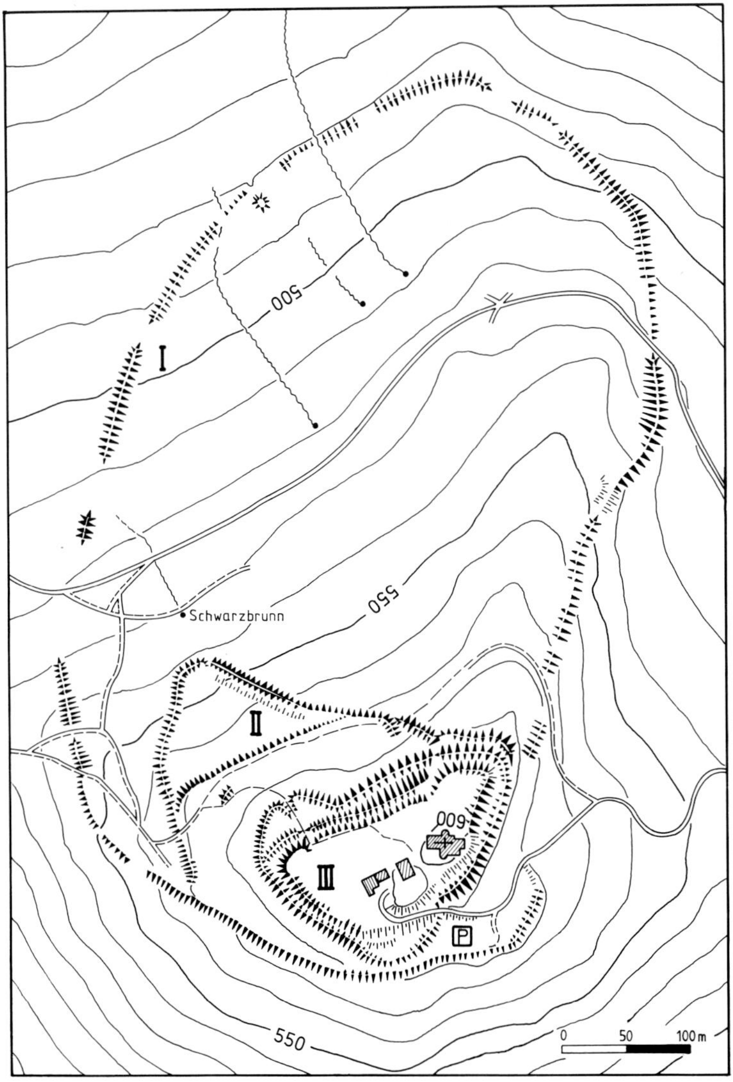

Abb. 67 Die Befestigungen auf dem Lamberg, Wallfahrtskirche und Schwarzbrunn. Nach H. Wolf

wurden. Eine Wallfahrt von großer Anziehungskraft geht bis ins Mittelalter zurück. Am Nordosthang zeugt die sogenannte Silbergrube von früher Suche nach Bodenschätzen. In der Waldeinsamkeit haben Schwarzbrunn und Teufelsstein Bruchstücke urtümlichen Volksglaubens bewahrt. Tiefer am Nordfuß steht der Ödenturm als Ruinenrest einer hochmittelalterlichen Burg.

Die Befestigungen

Eine vorzügliche Beschreibung der Befestigungen stammt von Herbert Wolf, der auch die Anlagen I, II und IV im Gelände ermittelt hat. Die folgende äußerst knappe Kurzfassung beruht wesentlich auf seinen Angaben. Zu trennen sind drei zusammenhängende Ringwälle um den Gipfel (I–III) und ein isolierter Abschnittswall auf einem nördlichen Hangausläufer (IV). Er trennt eine stark geböschte Zunge ab, merkwürdigerweise ist ihm ein breiter Sohlgraben gegen den ansteigenden Hang im Süden vorgelegt. Eine Stufe weiter nördlich könnte mit einer Schutzanlage in Gegenrichtung zusammenhängen.

Anlage I, die sogenannte Große Schanz, umschließt eine länglich-ovale Fläche von rund 22 Hektar (Abb. 67,I). Nach Norden zieht sich der Ringwall tief bis in Vorgelände herunter, mit dem er mehrere Quellen einschließt. Im allgemeinen paßt er sich der Bodenformation an, ist aber an der Ostseite streckenweise gar nicht ausgeführt und nur in Einzelsträngen vorhanden, die noch nicht miteinander verbunden sind. Ein Graben ist nirgends auszumachen. Zahlreiche Bruchsteine am äußeren Wallfuß deuten auf eine verstürzte Innenmauer. Ein Tor hat sich vielleicht im Nordwesten befunden. Manche Wallabschnitte sind auffällig gradlinig geführt (Abb. 68).

Anlage II, die Kleine Schanz, ist weit gegen den Gipfel zurückgezogen und schließt im Süden an Anlage I an (Abb. 67,II). Im Nordwesten wird durch eine deutliche Stufung eine Art Vorburg abgetrennt. Tore könnten im Südwesten bei der Abzweigung von Wall I und im Nordosten bei einer Wallversetzung gelegen haben. An mehreren Stellen läßt Versturz auf eine innere Trockenmauer

Abb. 68 Westlicher Wall der Großen Schanz (I) auf dem Lamberg

schließen. – Anlage III wird als Burgstall oder Wallgraben bezeichnet (Abb. 67,III). Sie liegt auf dem Gipfelplateau von 165 m Länge und gut 75 m Breite, dessen Hänge fast nach allen Seiten steil abfallen. Eine verstürzte Wehrmauer wird vor allem an der Innenwand des nördlich vorgelegten Grabens kenntlich (Abb. 69). Im Nordwesten ist eine Toranlage mit Zangentor vorgesetzt. An der Westecke des inneren Berings machen Schutthaufen zwei Tortürme wahrscheinlich.

Für Anlage I hat Armin Stroh die vorgeschichtliche Datierung und sogar die Bestimmung als Oppidum erwogen, doch kann man wohl nur davon ausgehen, daß sie älter als Anlage II ist, weil diese ihren Südwall einbezieht. Nicht ausgeschlossen wird damit eine gewisse Gleichzeitigkeit. Ebenso muß Anlage II wieder älter sein

Abb. 69 Mauerversturz im sogenannten Wallgraben an der Nordseite des oberen Burgstalls (III) auf dem Lamberg

als Anlage III, deren Außenwall sich im Nordosten über Anlage II schiebt. Weder die Große noch die Kleine Schanz können bisher durch Funde datiert werden. Dagegen stammen vom Lamberggipfel aus dem Bereich von Anlage III reichlich frühmittelalterliche Scherben. Typologisch könnte Anlage III gut in spätkarolingische Zeiten gehören, Klaus Schwarz stuft sie als »kleine karolingisch-ottonische Mittelpunktsburg« ein. Offen bleibt allerdings ihr Verhältnis zu Vorläufern der Reichsburg bei Cham auf dem jenseitigen Regenufer (s. S. 161). Auch zum Kloster Chammünster ist keine zeitgenössische Beziehung zu erweisen. Obwohl der Lamberg in knapp 2 km Entfernung auf Klostergrund liegt, wird er jedenfalls in einer Grenzbeschreibung von 819 nicht erwähnt (s. S. 180). Dieser Umstand will jedoch für die Existenz der Befestigungen wenig besagen. Zwischen 1118 und 1135 schenkt Markgraf Diepold den Berg an das Kloster Reichenbach. Eine Verkaufsurkunde von 1359 bezieht sich auf die Wallfahrt »Sand Walpurgen«, erst um 1470 ist in einem Salbuch des Rentamts Cham ausdrücklich von einer Kapelle »auf dem purkstall« die Rede. Allem Anschein nach lag die Burg demnach zu Anfang des 12. Jahrhunderts schon wüst, ihre Geschichte bleibt noch aufzuklären. Ihre Kontroll- und Schutzfunktion ergibt sich aus der Lage am bedeutenden Völkerweg nach Böhmen und über dem frühen Kolonistenland eigentlich von selbst.

Literatur:
Kl. Schwarz, Regensburg während des ersten Jahrtausends im Spiegel der Ausgrabungen im Niedermünster. JbBB 13/14, 1972/73 (1977) SA 20–98 bes. 37 Abb. 13. – Stroh, Geländedenkmäler, 49. 146f. 148–152. – H. Wolf, Die Ringwallanlagen am Lamberg bei Cham in der Oberpfalz. VO 107, 1967, 139–160. – Monumenta Boica XXVII 169 nr. 233.

Die Wallfahrt

Spätestens 1135 kommt der Lamberg durch Schenkung in Besitz des Benediktinerklosters Reichenbach (s. S. 158), aber erst 1359 wird eine Kapelle der hl. Walpurgis erwähnt. Chunrad der Chamerawer von Chamerekk verkauft in diesem Jahr »dem gaistlichen mann pruder Hainrich dem Oder (= Öder) und allen seinen Nachkommen und Sand Walpurgen auf dem Lamperg« Acker und Wiese im Regental. Derselbe Hainrich erwirbt zusammen mit einem »pruder Albreth« Grund schon 1352 und allein nochmals wieder 1362. Ohne Frage betreut der »beschaiden mann« die Kapelle im Burgstall, die nach einem Salbuch des Rentamts Cham um 1470 dem Kloster Reichenbach untersteht (s. o. Befestigungen). Der Kirchenbau selbst soll nach 1556, als in der Kuroberpfalz unter Ottheinrich alle katholischen Kulte verboten werden, abgebrochen worden sein, wird aber im Zuge der Gegenreformation 1628 von Jesuiten wiederhergestellt. Erneuter Abbruch erfolgt nach der Säkularisation im Jahre 1806, abermaliger Aufbau durch die Chamer Bürgerschaft 1832. Ein Kunstwerk ist dabei nicht zustande gekom-

men. Die Bedeutung der Kapelle liegt in der Wallfahrt, aus der ein schöner Bestand an Votivbildern erhalten ist.
Geweiht ist die Kapelle der hl. Walburga oder Walpurgis, Schwester der Eichstätter Bistumspatrone Willibald und Wynnebald. Um 710 in England geboren, wird sie 761 Äbtissin von Kloster Heidenheim, das Wynnebald 751 oder 752 gegründet hat. Sie ist nach 777 gestorben. Zwischen 870 und 879 werden ihre Gebeine nach Eichstätt überführt, 893 ein Teil von ihnen nach Monheim gegeben. Grundlage ihres Kultes ist heilkräftiges Öl, das bei jeder Graböffnung aus ihren Knochen floß und die Verehrung steigerte. Ihre gewöhnlichen Attribute sind ein Ölfläschchen und drei Ähren. Als Nothelferin wird sie für viele Begehren in Anspruch genommen, vorweg ist sie jedoch die Patronin der Bauern und der Landwirtschaft, die für das Gedeihen der Feldfrüchte angerufen wird. Die einzelnen Wallfahrtsorte haben freilich bestimmte Schwerpunkte ausgebildet. In agrarischer Funktion kann man sie um günstige Witterung bitten, um Sonnenschein, Regen, Abwendung von Feuersbrünsten, Gewitter und Hagel. Speziell gilt sie als Schutzheilige der Schweine und Schafe. Außerdem wird sie aber gegen tollwütige Hunde angerufen, zur Heilung von Steinleiden, von hitzigen Fiebern und zum Beistand in Kindsnöten.
Die Ausbreitung des Kultes über weite Teile Mittel- bis Nord- und Westeuropas in komplexer zeitlicher wie räumlicher Schichtung hat Hermann Holzbauer eingehend untersucht. Dabei zeigt sich ein Mittelpunkt im Bistum Eichstätt mit Ballungszentren in den benachbarten Diözesen. Bedeutsam erscheint, daß sich die Verehrung im späten Mittelalter an einzelnen Orten mit archaischen Motiven der Volksreligion deckt, namentlich an naturheilig aufgefaßten Orten wie Quellen und Berge. In diesen Rahmen mag der Lamberg gehören, wenn die Stiftung nicht unter dem Einfluß Reichenbacher Benediktiner erfolgte, deren Orden den Kult vielerorts gefördert hat. Daß Walpurgis schon in einer vermuteten Burgkapelle aus der Zeit vor der Schenkung an Reichenbach spätestens 1135 verehrt wurde, ist ganz unwahrscheinlich und fast unmöglich, da der Kult sich überhaupt erst an der Wende vom 9. zum 10. Jahrhundert zu verbreiten beginnt. In jedem Fall ergibt sich

über den Volksglauben eine Berührung mit abergläubischen Vorstellungen aus heidnischer Überlieferung zur Walpurgisnacht, die dem Tag der Heiligsprechung am 1. Mai vorangeht. In denselben Zusammenhang gehört die zauberische Verwendung von Walpurgiskraut oder Mondraute.

Unter den Votivgaben aus früherer Zeit sind auf dem Lamberg neben Kerzen vor allem Beine, Arme, Augen, hölzerne Krücken und Kinderfiguren aus rotem und weißem Wachs bezeugt. Außerdem wurden Eisenfiguren von Pferden, Rindern, Ziegen und Schafen dargebracht, die eigentlich dem hl. Leonhard zustehen. Von den erhaltenen Votivtafeln sind einige der schönsten ins Nationalmuseum nach München verschleppt. Die restlichen an der Südwand der Kapelle stammen alle aus der Zeit nach 1832, ihr ziemlich einheitliches Erscheinungsbild verdanken sie vor allem einer nicht allzu liebevollen Restaurierung in jüngster Zeit. Allerdings wohnt ihnen auch eine motivische und formale Ähnlichkeit inne, die auf einen wohlfeilen Taferlmaler am Ort zurückgehen muß. Die Ausführung hält sich an ein verbindliches Schema, in dem jeweils nach Angaben des Bestellers der besondere Anlaß variiert wird. Dargestellt ist immer die hl. Walpurgis im schwarzen Gewand und mit der Haube einer Klosterfrau. In der einen Hand hält sie zum Zeichen ihrer Würde den gekrümmten Abtsstab, in der anderen trägt sie das Fläschchen mit heilkräftigem Öl. Unter ihr, sozusagen im Bereich irdischer Not, kniet der Bittsteller, oft mit seiner ganzen Familie. Daneben ist die Ursache seiner Bitte dargestellt, wobei kaum ein Unbill in diesem Jammertal ausgenommen ist. Die Lamberger Votive erscheinen besonders ungekünstelt und als ein echter Spiegel schlichter Seelen. In der Regel begnügen sich die Inschriften mit dem Ex Voto und der Jahreszahl, nur selten wird der Name des erhörten Bittstellers angegeben. Darin wird Mißtrauen gegenüber dem geschriebenen Wort gesehen, mit dem der Leibhaftige noch am heiligen Ort Unfug treiben könnte. Vielleicht standen die wortkargen und sparsamen Pilger aber auf so vertrautem Fuß mit der Heiligen, daß sie bei ihr einfach die Kenntnis ihres Namens vorausgesetzt haben, zumal seine Niederschrift den Auftrag doch wohl verteuert hätte. Die sonderbare Mehrdeutigkeit mancher

Volksbräuche nimmt dem Dankopfer nichts von seiner anrührenden Frömmigkeit.

Literatur:
J. Brunner, Heimatbuch des bayerischen Bezirksamtes Cham. Heimatstudien 2, Sonderbeigabe z. d. Bayer. Heften f. Volkskd. (1922) bes. 211. – H. Holzbauer, Mittelalterliche Heiligenverehrung. Heilige Walpurgis (1972) bes. 252. 508. – R. Kriss, Volkskundliches aus altbayerischen Gnadenstätten (1930) 278. – W. Straßer, Der Lamberg – ein Chamer Wallfahrtsort. Waldheimat (Beil. z. Bayerwald-Echo) 2, 1961 Nr. 5, – H. Wolf, Lamberg (s. o. Befestigungen) bes. 157. – Kdm. Opf. 6 Cham (1906) 106f. – Monumenta Boica XXVII 144 nr. 204; 169 nr. 233; 267 nr. 320.

Schwarzbrunn und Teufelsstein

Im Oberpfälzischen und Bayerischen Wald gehen viele Sagen und Geschichten um, die noch längst nicht alle planmäßig gesammelt sind. In neueren Publikationen werden sie meist wörtlich oder verderbt aus älteren Vorlagen aus dem vorigen Jahrhundert nacherzählt, angereichert um allerlei Pseudo-Sagen ohne jeden Überlieferungswert. Ansonsten scheinen die Waldbewohner bestimmte Figuren aus dem allgemeinen Sagen- und Märchenschatz zu bevorzugen, vor allem unheimliche Spukgestalten aus der Natur, denen man ohne Schaden nur begegnen kann, wenn man sich angemessen verhält. Bei den Hoimännern zum Beispiel, feurigen Wegegeistern, muß man sich stets bedanken, wenn sie den richtigen Weg gewiesen haben. Vorsicht ist immer geboten. Es treten auf Moosweiblein, Wassermänner, der böse Bilmesschnitter, der Nachtgoich aus der wilden Jagd und ein eigensinniger Kobold namens Stilzel. Die Schrate oder Schrazln sind meist recht hilfreich. In acht nehmen muß man sich wieder vor schwarzen Vögeln, feurigen Hunden, Irrlichtern und der Irrwurz, die einen, sobald man über sie stolpert, sofort in die falsche Richtung führt.
Merkwürdig bleibt indessen, daß gerade von den besonderen Orten offenbar kaum eigentümliche Geschichten bekannt scheinen oder doch noch nicht aufgezeichnet sind. Vom Lamberg erzählt man sich, daß hier und auf dem östlich gelegenen Haidstein zwei Riesenbrüder die Burgen erbaut und nachmals durch Hammer-

wurf wieder zerstört hätten. Aber dabei handelt es sich um einen ganz konventionellen weitverbreiteten Topos mit verschiedenen phantasielosen Varianten, die auch Kirchenbauten betreffen können. Ebenso deutet eine Sage vom Schimmel ohne Kopf nur auf allgemeine Übertragung und nicht auf eine Lamberger Besonderheit. In einen sehr weitläufigen Sagenkreis gehört schließlich das Abbild der Kralle, die der Teufel in den Teufelsstein geschlagen hat. Er liegt ziemlich unscheinbar etwa auf halbem Wege vom Lamberggipfel zum Ödenturm und ist eigentlich nur durch seine Position am Wegrand bemerkenswert, denn ringsum finden sich durchaus größere und sehr eigentümlich geformte Felsblöcke. Die teuflische Krallenspur ist zudem nichts weiter als eine natürliche Auswitterung von sogenanntem Pseudoquarz im harten Gestein, aber sie mag die Phantasie wohl anregen. Dabei ist uraltes Steinbrauchtum gerade im Wald vielfach erhalten, an manchen Teufelssteinen konnte man in bestimmten Angelegenheiten Wünsche äußern. Zauberische Heilpraktiken mit Hilfe von Steinen werden bis heute geübt. Mindestens in der nördlichen Oberpfalz sind zudem Schalen- und Näpfchensteine bekannt, aus denen man heilsames Steinpulver gewonnen hat. Mehrfach sind dabei als geweihte Orte auch Kirchenportale benutzt worden. Die einschlägige Literatur ist jedoch außerordentlich verzettelt und ihrerseits durchweg mit abergläubischen Spekulationen behaftet.

Überaus vielgestaltig ist noch das Wasserbrauchtum, in dem wundertätige Quellen nur einen kleinen Teilbereich ausmachen. In solchem Zusammenhang steht der Schwarzbrunn unterhalb der Ringwallanlage II auf dem Lamberg (Abb. 67). Die Quelle ist früher vielleicht innerhalb des Walles ausgetreten. Heute ist sie grob durch Bruchsteine gefaßt, ihr Wasser steht wirklich dunkel in der verwunschenen Stille. An ihr hängt die eigentlich noch mythische Vorstellung vom Kinderbrunnen, denn wenn eine Frau in Chammünster einen schönen Buben bekommen will, kann sie hier darum bitten.

Am Fuß des Lamberges hat sich beim Ödenturm die märchenhafte Erzählung festgesetzt. Ein Bericht von unterirdischen Gewölben im verschütteten Burgkeller mag durch kanalartige Anlagen begünstigt worden sein (s.u.), daß in ihnen jedoch uralter Rheinwein vom Burgfräulein bewacht wird, ist entschieden künstliche Erfindung. Eigentümlicher sind Berichte über Gold, das meist an ungewöhnlichen Plätzen verborgen ist. Am Ödenturm wird ein goldenes Schüsselchen von einem Hund bewacht und verschwindet, wenn man nach ihm greift. Frische Eierschalen am Boden wären Gold gewesen, wenn man sie aufgehoben hätte. Laub tanzt bei Windstille, und als eine Frau mit dem Rechen hineinschlägt, springen drei Goldstücke heraus. Zwar sind alle diese Begebnisse ähnlich auch von anderen Burgen überliefert, aber in ihrer geheimnisvollen Art passen sie wenigstens genau zur magischen Qualität, die gerade den Ruinen sehr oft zugewachsen ist.

Literatur:
J. Brunner, Heimatbuch (s. o. Wallfahrt). – H. Eichhof, Bayerwaldsagen (1974^3). – B. Grueber u. A. Müller, Der Bayerische Wald (Böhmerwald) (1851^2). – A. Jehl, Vom Ödenturm zum Schwarzwihr. Heimatsagen aus den Landkreisen Cham, Neunburg vorm Wald und Waldmünchen (1968). – H. Wolf, Lamberg (s. o. Befestigungen) bes. 158. – Ders., Das Brauchtumsarchiv Bayerischer und Oberpfälzer Wald in Cham. Der Bayerwald 4, 1975, 9–16.

Silbergrube

Am Ostnordosthang des Lamberges ist rund 400 m östlich der Großen Schanz ein großer offener Schacht waagerecht in den Berg getrieben. Davor liegt eine Abraumhalde. Von den Einheimischen wird die ziemlich leicht zugängliche, aber versteckt gelegene Stelle »Silbergrub« genannt. Anhaltspunkte für eine nähere Bestimmung liegen jedoch nicht vor. Immerhin ist im Alpen- und Alpenvorland wie im ostbayerischen Grenzgebirge seit dem Mittelalter immer wieder nach Metallen gesucht worden. Landesherren und private Unternehmer haben Eisen und Buntmetalle seit dem 14. Jahrhundert abbauen lassen und die zugehörigen Schmelzen und Hämmer betrieben. In den Revieren um den Großen Arber östlich unseres Kartenausschnitts (Abb. 62) wurden Lam und Bodenmais schon 1522 zu gefreiten Bergstädten erhoben. Auf Dauer lohnte sich freilich nur der Abbau von bestimmten Vorkommen, so vor allem von Schwefelkies, der schon während des 16. Jahrhunderts in einem Vitriolwerk bei Bodenmais zu roter Farbe verarbeitet werden konnte. Im 17. und 18. Jahrhundert lieferte er vor allem das sogenannte Polierrot, ein pulverförmiges Schleifmittel für die aufblühende Glas- und Spiegelschleiferei Ostbayerns.

Mehr als diese Gebrauchsproduktion faszinierten die Vorkommen von Silber und Gold. Tatsächlich sind im Gneis des Gebirges zahlreiche Mineralien vom Eisen bis zum Gold enthalten, aber, angelagert am Quarz, meist nicht abbauwürdig. Gleichwohl ist inzwischen nach Archivalien wie nach Geländespuren belegt, daß am Ende des 16. Jahrhunderts auch im Oberpfälzer Wald der Goldbergbau an einigen Stellen umging. Die Ausbeute scheint jedoch nicht sehr groß gewesen zu sein. Reichere Lagerstätten liegen im Fichtelgebirge, wo der planmäßige Abbau seit dem 14. Jahrhundert bezeugt und inzwischen gut beschrieben ist. Erste Silberfunde im Bayerischen Wald werden in einer Urkunde von 1364 bei Bodenmais erwähnt. Dort bildet Philipp Apian auf seinen Landtafeln von 1568 den »Silberberg« mitsamt einem Knappen ab, der im Begriff steht, mit seinem »Hunt« in einen Stollen einzufahren. Vom 15. Jahrhundert bis gegen 1600 wird auch in der Umgebung von Lam nach Silber geschürft. Einschlägige Literatur fließt nicht sehr reichlich. Ohne weitere archivalische Studien und Nachweise durch Grabungen oder Geländebeobachtungen muß deshalb offen bleiben, ob die Silbergrube auf dem Lamberg die Erinnerung an realen Gewinn bezeichnet oder nur einen schönen Wunschtraum, übertragen auf einen alten Industrieort ohne genaue Überlieferung.

Literatur:
Philipp Apian, XXIII Bairische Landtaflen (1568) Taf. 8. – D. Manske u. H.-G. Sternberg, Über einige Grubenfelder im Oberpfälzer Wald. Mitt. Fränk. Geogr. Ges. 11/12, 1964/65, 400–414. – H. Wolf, Lamberg (s. o. Befestigungen) bes. 154. – Handb. d. bayer. Gesch. II (1969) bes. 678f. 702. – Handb. d. hist. Stätten Deutschlands 7. Bayern (1965^2) 100f. 383f.

Walter Torbrügge

Ruine Ödenturm

Am Nordfuß des Lamberges hat sich auf einer mäßigen Anhöhe die Ruine eines Bergfrieds erhalten, die man leicht nach Beschilderung in Chameregg oder auf dem Fußweg vom Lamberggipfel erreicht. Genannt wird er auch Ellen- oder Eulenturm. Er steht innerhalb eines Ringwalles mit vorgelegtem Graben, der eine Fläche von etwa 40 × 35 m Umfang einschließt. Ein weiteres Grabenstück ist auf der Talseite vorgelegt. Die Wallreste sind sehr unregelmäßig erhalten. Der Turm zeigt noch vier erkennbare Stockwerke mit Tonnengewölbe, die jeweils über Kreuz gesetzt sind (Abb. 70). Die Mauerstärke beträgt unten gut 3 m und nimmt nach oben zu regelmäßig ab. Sie bestehen aus einer Füllung von Bruchsteinen zwischen glatten Quadern innen und Buckelquadern außen. Im Mauerkern sind Kanäle für Ankerbalken sichtbar. Der rundbogige und mit Quadern verkleidete Eingang befindet sich über der ersten Wölbung.

Nach seiner Bauweise könnte der Turm aus dem 12. Jahrhundert stammen. Eine Burg wird jedoch erst 1352 erwähnt. Nach ihr nennen sich die Chamerauer, ehemals Dienstmannen der Markgrafen von Cham, ab dem 14. Jahrhundert um. Ein neues Schloß ist wenig nordöstlich am Rand der Regenniederung sichtbar, angelegt als Wasserburg, mit Treppengiebel am Haupthaus. In der Niederung selbst sind weitere Wasserburgen inzwischen abgegangen.

Literatur:
M. Piendl, Das Landgericht Cham. Hist. Atlas v. Bayern, Tl. Altbayern 8 (1955) bes. 36f. (»Wohnturm«). – U. Pfistermeister, Burgen der Oberpfalz (1974) 84f. – Stroh, Geländedenkmäler, 146. – H. Wolf, Lamberg (s. o. Befestigungen) 139 u. Karte Abb. 1. – Kdm. Opf. 6 Cham (1906) 44–46.

Alfred Reichenberger

Abb. 70 Der Ödenturm am Nordfuß des Lambergs

Um 740 oder doch jedenfalls vor seinem Tode 748 übereignet Herzog Odilo dem ersten Regensburger Bischof Gaubald (739–761), der noch gleichzeitig Abt von St. Emmeram ist, Land für eine Cella an der Chamb. Die Schenkung wird von Tassilo III. (748–788) erneuert. Beide Urkunden sind verloren, werden aber in einer Gerichtsurkunde vom 14. 12. 819 erwähnt, die wieder nur in einer Kopie des 9. Jahrhunderts erhalten ist, und zwar in einem Regensburger Traditionsbuch, das zwischen 882 und 885 vom Diakon Anamot zusammengestellt und unter Bischof Aspert (891–894) abgeschrieben wurde.

Das Kloster scheint in den Ungarnstürmen zugrundegegangen; gestanden hat es jedenfalls in Chammünster, das noch 1260 den Namen *Chambe* trägt und 1262 als Münster *sive Chamb* erscheint. Die Urkunde selbst sagt zum Platz nur *Chambe, ubi cella ipsa constructa est super flumen, quod Regan dicitur.* Die Grenzen der bischöflichen *Marca ad Champa* werden allerdings so genau beschrieben, daß der Regen als ihre Nordgrenze aufzufassen ist (Abb. 71). Gleichwohl ist *Chambe* auch auf dem Galgenberg und in der Reichsburg gesucht worden. Vergeblich ist im gleichen Zusammenhang die Suche nach einem Herzogshof verlaufen, dessen Existenz einfach gefordert wird, weil die Schenkung herzoglichen Grundbesitz in der Umgebung voraussetzt. Lokalisierungen auf dem Galgenberg, in Chammünster, Hof, Altenmarkt und sogar in Cham selbst sind allesamt unbegründet.

Anlaß für die Grenzbeschreibung waren Übergriffe von sieben Bauern aus dem benachbarten Janach, die auf Klostergrund gerodet hatten. Der Ortsname ist im heutigen Janahof überliefert. Die Bauern werden namentlich genannt, beteiligten sich jedoch nicht am Umritt zur Feststellung der Grenzverhältnisse, den Bischof Baturich von Regensburg mit einigem Aufwand veranstaltete. Wichtigste ortskundige Zeugen waren der Jägermeister Rodolt, der Vikar Betto als Unterbeamter des Gaugrafen und der gräfliche Beauftragte Hiltiroch. Die Amtshandlung ist ausführlich von Karl Dinklage dargestellt und kommentiert worden. Danach ermittelte

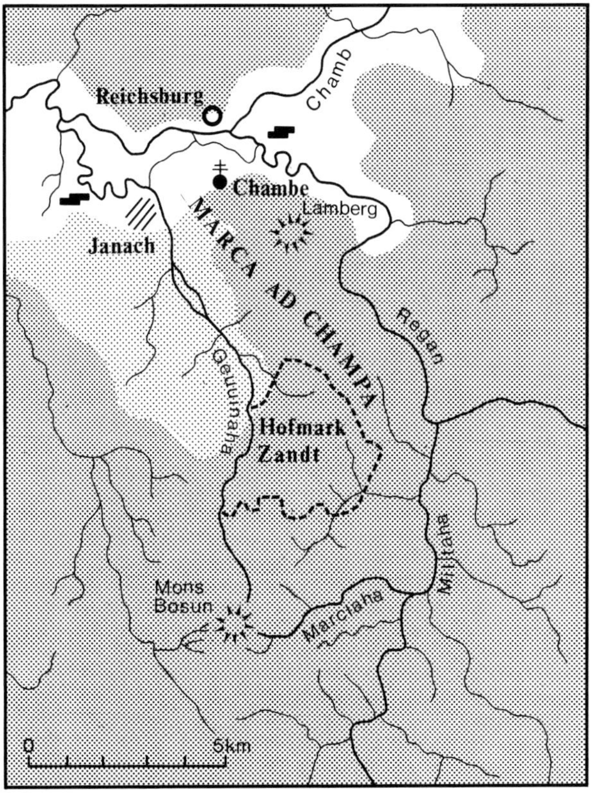

Abb. 71 Die Marca ad Champa des Bischofs Baturich in den Grenzen von 819 zwischen dem Fluß Regan und den Bächen Geuuinaha, Marclaha, Miltaha. Die Hofmark Zandt bleibt bischöflich bis zur Säkularisation. Schräg gerieft das vermutbare Janach, aus dem sieben Bauern auf Klostergrund gerodet haben. Karolingisch-ottonische Reihengräber in Altenmarkt und Satzdorf. – Weiß: Regenniederung; heller Raster: Vilzinger Bucht; dunkler Raster: Oberpfälzer und Bayerischer Wald

man als Grenze im Westen die *Geuuinaha* bis zur Quelle, den heutigen Janachbach, im Süden von der Quelle an die *Marclaha*, die offenbar noch keinen eigenen Namen besaß und deshalb einfach Grenzbach genannt wurde. Heute heißt der Wasserlauf Retten-, Point- oder Schafbach. Irrig ließ man ihn unmittelbar in den Regen fließen, während er tatsächlich zum Perlbach geht, der im Mittelalter *Miltaha* hieß. Überhaupt scheinen Zeugen und Schreiber keine sehr genauen Kenntnisse des Landes gehabt zu haben. Es bleibt deshalb offen, ob der Lamberg (s. S. 166) seinerzeit ohne Bedeutung war oder absichtlich nicht genannt wurde. Einen schwer deutbaren *Mons Bosun* hat Dinklage glaubwürdig mit der Höhe 683 nördlich Birnbrunn im Quellgebiet der beiden erstgenannten Bäche identifiziert.

Das fragliche Gebiet umfaßt etwa 50 qkm im sogenannten Altrandsberger Hügelland in der Regensenke, die sich hier zum Chamer Becken absenkt. Es ist großenteils noch heute bewaldet, wird von vielen Bächen zerteilt und ist alles in allem wenig ertragreich. Im Süden gibt es enge und schmale Wiesentäler, im Norden breite und feuchte Quellmulden. Die sandig-grusigen Böden sind meist nährstoffarm. Beackert werden vorzugsweise flache Riedelrücken und trockene Zwischentalscheiden. Vielerorts herrscht eine dürftige Birken- und Kiefernvegetation vor. Nur im Nordwesten erfaßt das bischöfliche Territorium Teile der Vilzinger Bucht, eine fast ebene bis flachwellige Randsenke des Chamer Beckens. Hier tragen die stellenweise lößbedeckten Terrassen mittel- bis tiefgründige Braunerden mit bestem Ackerland. Allem Anschein nach haben die Janacher Bauern in diesem fruchtbaren Zipfel gerodet und so den recht ärmlichen Besitz der Klosterleute noch weiter eingeschränkt. Die Regenniederung selbst hat vorwiegend Grünland zu bieten.

Diese Umstände werfen vielleicht ein gewisses Licht auf die Bedeutung des Klosters, die sehr unterschiedlich eingeschätzt wird. Mit der eigenen Rodung war es offenbar nicht weit her, sie wäre im Waldland auch wenig ertragreich gewesen. Die Funktion als frühe Versorgungsstation wird deshalb wohl überschätzt. Dinklage meint geradezu, daß der unter Regensburger Herrschaft stehende Bezirk besonders zurückgeblieben sei, während die freien Bauern sich schon nach neuen Kulturgründen umsehen konnten. Bezeichnend für die geringe Siedelintensität des gesamten Umlandes erscheint auch, daß mit Rodolt und Betto nur zwei Zeugen von vornehmer Herkunft beizubringen waren, die zugleich einige Ortskenntnis besaßen, während in entsprechenden Verfahren sonst

mindestens sieben Inquisitionszeugen gebraucht werden. In welchem Maße man sich der Seelsorge im Umland angenommen hat, bleibt ebenfalls unklar. Karolingisch-ottonische Reihengräber in Satzdorf und Altenmarkt besagen dazu zwar wenig, deuten aber auf ebenso schlechte kirchliche Versorgung wie im übrigen Ausbaugebiet nördlich der Donau (Abb. 71). Auch für eine führende Rolle Chammünsters in der Slawenmission lassen sich eigentlich keine Hinweise beibringen. Ein regelrechter Missionsstützpunkt wird zwar immer wieder behauptet, im Grunde aber doch einfach von der Kartenoberfläche her aus der Mittellage zwischen Regensburg und Böhmen abgeleitet, obwohl nicht einmal die Regensburger Wirksamkeit selbst abzuschätzen ist. Als sich 845 vierzehn böhmische Fürsten in der Bischofsstadt taufen lassen, geschieht dies sicher nicht ohne politische Hintergedanken und kaum aus frommem Geist allein, der immerhin über Chammünster nach Böhmen gelangt sein könnte. Sichere Nachrichten sind sonst dürftig. Für die Zeit Bischof Tutos (894–930) soll Böhmen unter der geistlichen Leitung der Regensburger Bischöfe gestanden haben, aber die Angaben stammen aus einer Regensburger Quelle mit dem Hauptzweck, eben diesen Tuto zu verherrlichen.
Mit Einrichtung des Bistums Prag 973 endet geistlicher Einfluß aus Bayern ohnehin, aber bis zu dieser Zeit hat Chammünster wohl gar nicht mehr existiert. Wahrscheinlich geht es in der ersten Hälfte des 10. Jahrhunderts zugrunde. Sein Grundbesitz zersplittert sich, dem Hochstift Regensburg verbleibt bis zur Säkularisation nur die Hofmark Zandt in Lehensabhängigkeit (Abb. 71). Wie diese merkwürdige Teilkontinuität zustande gekommen ist und ob etwa Herzog Arnulf um 907 bis 914 neben anderem bayerischen Kirchengut auch in Chammünster Liegenschaften an sich gezogen hat, ist nicht zu erschließen. Der Lamberg befindet sich zu Anfang des 12. Jahrhunderts jedenfalls im Besitz des Markgrafen, der ihn vor 1135 an das Kloster Reichenbach weitergibt (s. S. 158). Unbestreitbar ist die geographische Vorzugsposition des Klosters.
Sein Rang erhält sich aber auf merkwürdige Weise in der jetzigen Pfarrkirche zu Chammünster, die zur Mutterkirche des gesamten Umlandes geworden ist und ehemals zu den angesehensten Pfarrei-

en des Bistums zählte. 1260 geht die Kirche an das Regensburger Domkapitel über, das sie von nun an stets mit einem Domkanoniker (Dekan) besetzt. Aus dieser Zeit stammt der Chor mit dem östlichen Turmpaar, doch ist der südliche der beiden Türme 1874–1877 neu errichtet worden. Das dreischiffige Langhaus konnte erst 1476 vollendet werden, führt aber mit seinen ungewöhnlichen Ausmaßen noch immer die ehemalige Bedeutung des Platzes vor Augen. Die Innenausstattung fügt mit zwei romanischen Taufbekken sonst gotische bis barocke Bauteile und Malereien zusammen. Um 1400 wurde die Friedhofskapelle errichtet. In ihrer Nähe ruhen im unterirdischen Tonnengewölbe eines ehemaligen Karners aus dem 13. Jahrhundert noch heute Tausende von Gebeinen, die hier bis 1974 zweitbestattet wurden. Der Brauch, einst weithin üblich, ist in den Alpen und Voralpen wie im Oberpfälzer und Bayerischen Wald besonders hartnäckig bewahrt. Unabhängig von seiner Entstehung und eigentlichen Bedeutung legt er Beharrlichkeit als einen Wesenszug der Landesbewohner offen, ohne die sie die harten Lebensumstände in den Frühzeiten nicht hätten meistern können.

Literatur:
K. Dinklage, Cham im frühen Mittelalter. VO 87, 1937, 162–184. – M. Piendl, Das Landgericht Cham. Hist. Atlas v. Bayern, Tl. Altbayern 8 (1955). – Ders., Das Landgericht Kötzting, Ebd. 5 (1953) bes. 8f. 43f. – K. Reindel, Christentum und Kirche. Handb. d. bayer. Gesch. I (1981^2) 178ff. bes. 225. – J. Widemann, Die Traditionen des Hochstifts Regensburg und des Klosters St. Emmeram. Quellen u. Erörterungen z. bayer. Gesch. NF 8 (1943) nr. 16. – H. Wolf, Der Galgenberg bei Cham in vor- und frühgeschichtlicher Zeit. Der Bayerwald 63, 1971, 52–63 mit Verweis auf ältere Lit. – Ders., Bemalte Totenschädel und unbemalte Skelettreste in Beinhäusern und Seelenkapellen des Bayerischen und Oberpfälzer Waldes. Festschr. Anthropol. Staatssammlg. München (1975) 175–202. – Handb. der hist. Stätten Deutschlands 7. Bayern (1965^2) 126. – Kdm. Opf. 6 Cham (1906) 46–87. – Reclams Kunstführer Deutschland 1. Bayern (1970^7) 203f. – Kl. Müller-Hohenheim, Die naturräumlichen Einheiten auf Blatt 165/166 Cham. Geogr. Landesaufnahme 1:200000 (1973).

Walter Torbrügge

Die Schanze bei Traitsching

Zufahrt: Von der B 20 Cham-Regensburg biegt man am nördlichen Ortsende von Traitsching nach Osten in Richtung Siedling ab, folgt nach 200 m der Straße »An der Schwedenschanze« nach rechts und gelangt 80 m weiter zu einem kleinen Parkplatz vor dem Waldrand. Von hier geht man auf der sanft ansteigenden Straße nach rechts und schlägt nach etwa 80 m wiederum rechts einen ausgeschilderten Waldweg auf die Höhe ein, der nach 150 m auf das nördliche Zangentor der Anlage stößt (Abb. 72).

Die Schanze liegt auf der leicht gewölbten Nordzunge des Schanzenberges, der nach Westen, Norden und Osten ziemlich steil in Bachtäler abfällt. Die Befestigung besteht aus einem Randwall,

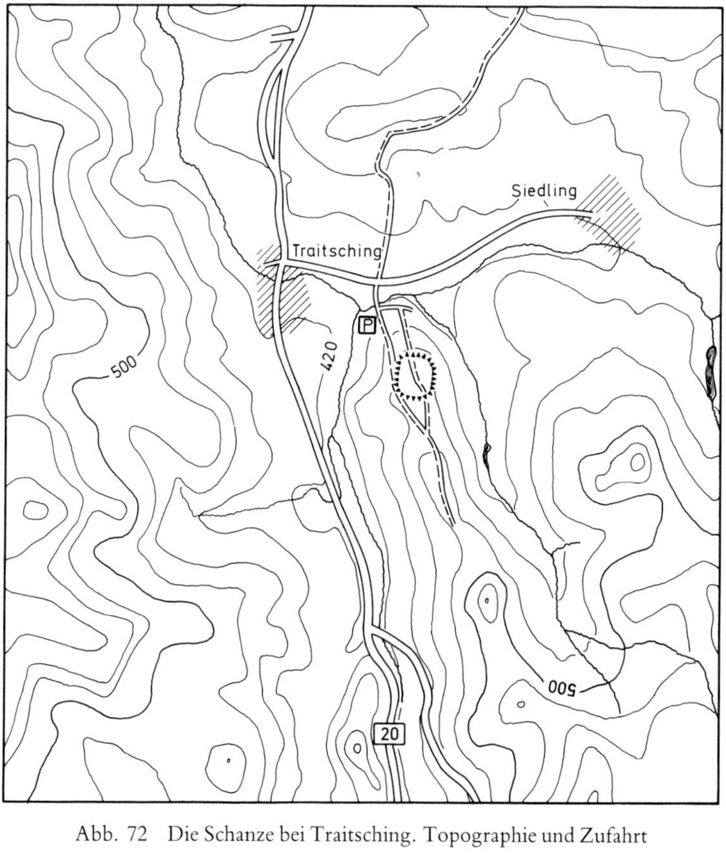

Abb. 72 Die Schanze bei Traitsching. Topographie und Zufahrt

dem an den Hängen kräftige Außenwälle vorgelegt sind, im Süden aber nur ein Graben mit schmaler Berme. Sie bildet ungefähr ein verschobenes Rechteck mit abgerundeten Ecken bei einer Innenfläche von etwa 150 × 125 m. Der Randwall ist innen nur noch knapp einen Meter hoch, die Tiefe der Gräben zwischen Randwall und Hangwällen ist dagegen beträchtlich. Im Nordwesten und Südosten hat sich je ein Zangentor gut erhalten (Abb. 73). Beide werden durch einen alten Höhenweg miteinander verbunden, doch ziehen Altwege auch östlich der Schanze vorbei.
Schriftliche Nachrichten scheinen vollständig zu fehlen. Alter und Funktion sind nur nach der typologischen Beschaffenheit und der topographischen Situation zu erschließen, sie sprechen für eine frühgeschichtliche »Burg an hoher Straße«. Dem entspricht die Lage in der Nähe eines Paßweges aus dem Chamer Becken ins Donautal, die Position am Aufstieg ins Gebirge und der Altweg durch die beiden Tore. Die auch übliche Benennung »Schwedenschanze« geht auf J. R. Schuegraf zurück, der in seiner verdienstvollen Studie von 1845 über Schanzen ohne historischen Nachweis die Errichtung während des Dreißigjährigen Krieges vermutete. In jüngster Zeit sind ein Eisenbeil der Latènezeit und eine eiserne Pfeilspitze aus dem Mittelalter oder der frühen Neuzeit entdeckt worden, doch können sie als unbeobachtete Einzelfunde vorerst nicht mit der Wallanlage in Verbindung gebracht werden.
So wenig man an einer Kontrollstelle im Verkehrsnetz zweifeln kann, so undeutlich bleiben allerdings die Beziehungspunkte in zeitlicher wie räumlicher Hinsicht. Traitsching liegt knapp 8 km von den Befestigungen auf dem Lamberg (s. S. 166) entfernt und wenig mehr von der Reichsburg bei Cham (s. S. 161), die ganz sicher eine Fernstraße überwacht hat. Nach Süden sind es bis zum Ausgang der Stallwanger Senke gut 25 km, die man je nach Art der Reise ziemlich beliebig in jedes hypothetische Verkehrsnetz einpassen kann. Eingrenzungen für das Alter ergeben sich aus dieser uralten Paßverbindung nicht. Klaus Schwarz möchte von Traitsching außerdem eine Straße nach Westen über das Gebirge bis zur Burg Donaustauf am Rand des Donautales abzweigen lassen. Von ihm erkundete Wegezüge sind jedoch kaum vor dem Ende des

Abb. 73 Das Zangentor an der Nordwestecke der Schanze bei Traitsching von der östlichen Innenseite

10. Jahrhunderts anzusetzen, in dem die Rodung des Waldes frühestens beginnt. Zwar steht das *castrum Stufo* schon vor 930, seine eigentliche Aufgabe besteht aber in der Überwachung der Donauebene. Das geschlossene Forstgebiet auf dem Gebirgsrücken scheint für den Durchgangsverkehr noch nicht geöffnet.

Literatur:
J. R. Schuegraf, Die bayerischen Schanzen, welche während des spanischen Erbfolgekrieges von 1702 bis 1714 an den Gränzen des bayerischen Waldes gegen Böhmen angelegt wurden. VO 9, 1845 bes. 26. – Kl. Schwarz, Der frühmittelalterliche Landesausbau in Nordostbayern archäologisch gesehen. Ausgrabungen in Deutschland Tl. 2 (1975) 338–409 bes. 384. – Ders., Regensburg während des ersten Jahrtausends im Spiegel der Ausgrabungen im Niedermünster. JbBB 13/14, 1972/73 (1977) SA 20–98 bes. 35–37 m. Karte Abb. 13. – Stroh, Geländedenkmäler, 155. – VO 122, 1982, 216 Abb. 20,11; 224 Abb. 29,4.

Von der B 20 Cham-Straubing lohnt ein Abstecher nach Pilgramsberg, das man am besten auf einer Abfahrt wenig nördlich Rattiszell über Haunkenzell erreicht. Die häufigen -zell-Namen der Umgebung bezeichnen keine ehemaligen Einöden, sondern hochmittelalterliche Hof- und Ortsgründungen durch Ministeriale der Grafen von Bogen, also Rodungsareale. Tatsächlich ist das Land heute weithin gelichtet und bietet freie Aussichten. Ein besonders schöner Blick bietet sich von der Wallfahrtskirche St. Ursula hoch über dem Dorf Pilgramsberg *in monte sublimi*, wie die erste Erwähnung bei Apian es doppelsinnig umschreibt.
Der Namen des Dorfes ist unklar, bezieht sich aber nicht auf Pilger, sondern in mundartlicher Aussprache auf »Pilmas« oder »Bilmes«, was mancherlei Deutungen vom »Geister-« bis zum »Großkopf-Berg« zuläßt. Über die Ursprünge der Wallfahrt ist Sicheres nicht bekannt. Die jetzt bestehende Kirche ist ein kleiner schlichter Barockbau des späten 17. Jahrhunderts mit neueren Erweiterungen. Einige Altarfiguren sind noch spätgotisch. Geweiht ist die Wallfahrt der hl. Ursula, die mit ihren Gefährtinnen im spätrömischen Rheinland das Martyrium erlitten haben soll. Erste Zeugnisse ihrer Verehrung stammen aus dem 8. oder 9. Jahrhundert, doch ist ihr Kult inzwischen über ganz Europa verbreitet. Sie gilt unter anderem als Patronin der Stadt Köln und des Ursulinen-Ordens. Wohl darauf geht die Sage von einem Ursulinen-Klösterlein mit einem Mutterhaus in Straubing zurück. Erbeten wurde von der Heiligen vor allem Hilfe für eine gute Heirat und einen guten Tod. Noch vor gut einem Jahrhundert fanden sich Votivtafeln zu ihren Ehren, obwohl die Wallfahrt während der Säkularisation eingegangen war. Im Laufe des 19. Jahrhunderts blühte sie erneut auf, jetzt aber mit der Gottesmutter im Zentrum der Anrufung. Das Vertrauen zu »Unserer Lieben Frau vom Pilgramsberg« hat lange Zeit Pilger weit aus der Donauebene und den Bergwäldern angezogen. In weltlicher Ergänzung kamen zwei Märkte am Sonntag vor Pfingsten und am Sonntag vor oder nach dem Patrozinium am 21. Oktober zu einiger Bedeutung.

Literatur:
R. Kriss, Volkskundliches aus altbayerischen Gnadenstätten (1930) 279f. – F. X. Rankl, Der Wallfahrtsort Pilgramsberg. Bayerwald 11, 1913, 78ff. 111ff. – Kdm. Ndb. 20 Bogen (1922) 324–326.

Der Bogenberg bei Bogen

Zufahrt: An der Hauptstraße ausgeschildert.

Der Bogenberg gehört geologisch zum Bayerischen Wald, ist jedoch um 4 bis 5 km als Inselberg in die Donauebene vorgelagert. Während im Süden und Westen bis zu 110 m hohe Hänge abfallen, schließt sich nach Norden und Nordosten das flachwellige Vorland des Gneisgebirges an. Der Berg besteht aus einem nahezu 1000 m langen und 100 bis 175 m breiten Rücken mit einem Gipfelplateau

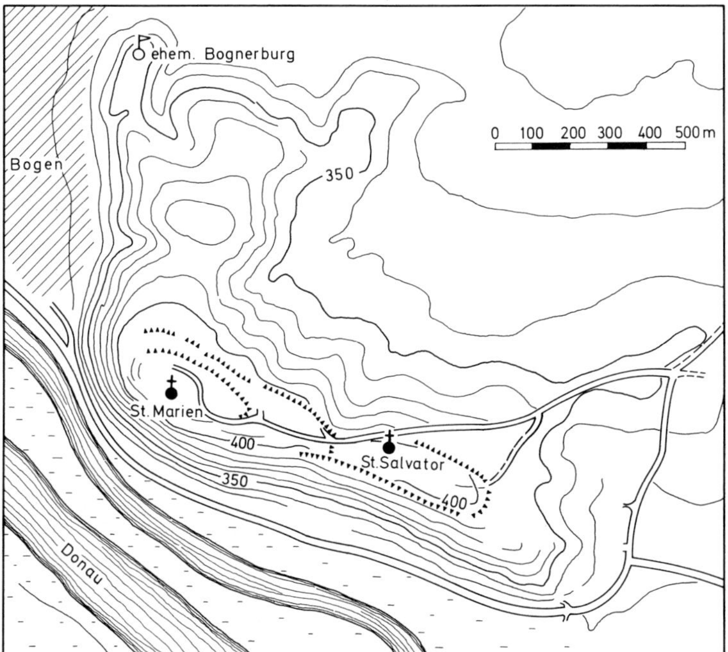

Abb. 74 Topographie des Bogenberges und Straßenzufahrt

im Westen und einer leichten Einsattelung und Verengung auf 30 m etwa in der Mitte (Abb. 74).

Die topographisch hervorgehobene Lage im Zentrum einer fruchtbaren Landschaft an der Donau führte bereits seit der Bronzezeit zu einer Besiedelung. Siedlungsspuren der frühen und mittleren Bronzezeit stammen vom westlichen Gipfel, urnenfelderzeitliche Funde vom gesamten Plateau. Die Latènezeit ist hingegen bisher nicht vertreten. Bereits in der Bronzezeit lassen sich Spuren einer Befestigung in Form eines etwa 100 m östlich der Kirche quer über das obere Plateau laufenden Grabens nachweisen, der in der Urnenfelderzeit wieder verschüttet war. Das mehrgliedrige System von Ringwällen dürfte vor allem urnenfelderzeitlich sein. Es besteht zum einen aus dem Gipfelplateau mit langgezogener, ovaler Form und einer Fläche von 120 × 300 m (2,5 ha), das durch eine Steilstufe von 6,3 bis 7,9 m Höhe gebildet wird. Am Nord- und Ostrand lassen sich zum Teil noch Reste des Walles erkennen. Im Süden und Westen geht die Steilstufe in den Steilhang über, während im Nordosten eine Terrasse mit anschließenden weiteren Wallanlagen vorgelagert ist. Das zweite, tiefer gelegene Wallsystem verläuft wie eine Schale am Rand des Plateaus. Starke Befestigungen befinden sich wiederum vor allem an den flacher abfallenden Rändern des Bogenberges im Osten und Norden. Sie reichen vom Westhang bis zum Osten des Bergplateaus, verflachen im Süden und Westen allmählich und umschließen eine Fläche von 980 m Länge und 160 m Breite (10,5 ha). Die Mächtigkeit des Walles variiert mit der Steigung des Hanges und ist somit dort stärker, wo der Abfall schwächer ist. Flacheren Geländeabschnitten im Norden und Nordosten wurden zusätzlich Gräben vorgelagert.

Ein weiterer Wall befindet sich in der Mitte an der Sattelverengung des Plateaus, bestehend aus einem Querwall mit östlich vorgelagertem Graben. Der Riegel ist 34 m breit, der Wall innen noch 4,5 m und von der Grabensohle 7,5 m hoch. Im Süden biegt er nach Westen parallel zum Hang ein und verflacht allmählich. Der gewaltige Abschnittswall erscheint wie ein Bauwerk des 10. Jahrhunderts.

Die Burg der mächtigen Grafen von Bogen wird auf dem nord-

Abb. 75 Der Bogenberg bei Bogen liegt unmittelbar über der Donau isoliert vor dem Vorderen Bayerischen Wald. Auf der Kuppe im Vordergrund die Wallfahrtskirche St. Marien. Ansicht von Westen

westlichen Bergzipfel vermutet. Schon mit Graf Aschwin (Ende 11. Jahrhundert) verbindet sich die Entstehung einer Wallfahrt, denn nach der Legende ließ er ein steinernes Marienbild in seiner Burgkapelle aufstellen, das von der Donau stromaufwärts getragen und auf einem Felsblock bei Bogen abgesetzt worden war. Schon um 1100 schenkt Graf Albert I. eine Kirche auf dem Bergrücken an die Benediktiner von Oberalteich, sie dürfte um diese Zeit bereits Pfarrsitz gewesen sein. Die heutige gotische Kirche wurde 1463 vollendet, von den Schweden 1632 zur Ruine gemacht und in den folgenden zwei Jahrzehnten wieder instand gesetzt. Das Äußere zeigt eine spätgotische dreischiffige Hallenkirche mit einem sechseckigen Westturm, der eine Haube aus dem 17. Jahrhundert trägt. Spätgotische Netzgewölbe prägen das Innere. Von der Ausstattung sind besonders eine Adlerskulptur am Langhaus und ein Steinkruzifix aus spätromanischer Zeit zu nennen. – Die Wallfahrt hat sich spätestens im 13. Jahrhundert entwickelt und ist bis jetzt besonders durch die Kerzenwallfahrt am Pfingstsonntag bekannt. Ursprüngliches Gnadenbild ist wohl die Steinplastik einer thronenden Muttergottes an der Südwand des Chores aus der Zeit um 1240 bis 1250. Heute ist das Wallfahrtsbild eine steinerne Muttergottes in der Hoffnung im vorgerückten Gnadenaltar, geschaffen um 1400. Volkskundlich bedeutsam sind meterlange und zentnerschwere Votivkerzen mit Holzkern, die seit dem 15. Jahrhundert in Fußwallfahrt von weither herangetragen werden. Als Zeugnis anrührender Volksfrömmigkeit finden sich an großen und kleinen Kerzen Danksagungen bis in die unmittelbare Gegenwart.
Die kleine spätgotische Salvatorkapelle östlich der Wallfahrtskirche ist in fröhlichem Rokoko ausgemalt. Sie soll an der Stelle einer zu Boden geglittenen Hostie errichtet sein. – Von der Terrasse des Restaurants auf dem Bogenberg hat man freien Blick über die weite Donauebene. Das Luftbild zeigt eindrucksvoll die isolierte Lage des Berges vor dem Gebirge (Abb. 75).

Literatur:
Pätzold, Geländedenkmäler, 304–306 mit Beil. 2 u. Taf. 5 und weiterer Lit. zu den Wallanlagen. – Handbuch der hist. Stätten Deutschlands 7. Bayern (1965²) 102–104.

– Kdm. Ndb. 20 Bogen (1929) 40–86. – Reclams Kunstführer 1. Bayern (1974^8) 188–189. – Pfarr- und Wallfahrtskirche Bogenberg. Schnell Kunstführer 817 (1983^3).

Peter F. Stary

Das römische Straubing

Das Gebiet des römischen Kastellortes Sorviodurum liegt 2km östlich des heutigen Stadtzentrums von Straubing. Während der mittleren Kaiserzeit hatte das Siedlungsareal im Westen durch den Allachbach und im Norden durch den Abfall der Donauniederterrasse seine natürliche Begrenzung. Die Ost- und Südausdehnung variierte und kann zur Zeit der größten Ausdehnung des Lagerdorfes in der zweiten Hälfte des 2. Jahrhunderts n.Chr. mit dem heutigen Verlauf der Ostpreußischen und der Ittlinger Straße umrissen werden.

Das älteste Straubinger Kastell (Kastell I) stammt aus vespasianischer Zeit. Es lag nordwestlich des bekannten großen Steinkastells und reichte wohl mit seiner Nordfront hart an die damalige Terrassenkante der Donau heran – heute verläuft das Flußbett rund 500m weiter nördlich (Abb. 76,1). Bei den Grabungen der Jahre 1976–1978 konnte ein Abschnitt der südlichen Umwehrung mit dem Südtor und ein Teil der Innenbebauung freigelegt werden. Das Südtor hatte die Form einer einfachen Torgasse. Je zwei Pfosten, durch eine Bohlenwand verstärkt, fingen den Druck des Erdwalls zu beiden Seiten auf. Als Umwehrung darf eine Rasensodenmauer angenommen werden, der ein nicht allzu breiter und tiefer Graben vorgelagert war. Die vom Tor ins Kastellinnere führende Straße war im Osten von einem langgestreckten Holzbau flankiert, dessen Funktion noch unklar ist.

In domitianischer Zeit wurde Kastell I planmäßig aufgegeben und von einem etwas weiter südöstlich errichteten Kastell (Kastell II) abgelöst. Von ihm wurden bei den erwähnten Grabungen ein Stück des nördlichen Wehrgrabens mit dem Bereich der Durchfahrt für das Nordtor aufgedeckt (Abb. 76,2). Im Bereich dieser

Durchfahrt war der Graben nicht unterbrochen, sondern durchlief als schmales seichtes Gräbchen die Fläche. In spättrajanisch-frühhadrianischer Zeit wurde Kastell II durch Kastell IIIa ersetzt. Dieses Lager lag mit seiner Nordfront etwas näher an der Terrassenkante, behielt aber die von Kastell II vorgegebene Nord-Südachse bei (Abb. 76,3). Der von der Durchfahrt des Nordtores unterbrochene Wehrgraben war vermutlich von einer Rasensodenmauer begleitet. Das Nordtor bestand aus zwei langrechteckigen hölzernen Tortürmen von 4,3 × 3,5 m Grundfläche. Ein Mittelpfeiler teilte die 8 m breite Durchfahrt in zwei Fahrbahnen. Von der Innenbebauung fanden sich bisher nur einzelne unzusammenhängende Reste. Wie die Grabungen des Historischen Vereins von Straubing zu Beginn dieses Jahrhunderts gezeigt haben, hatte das Holzkastell IIIa

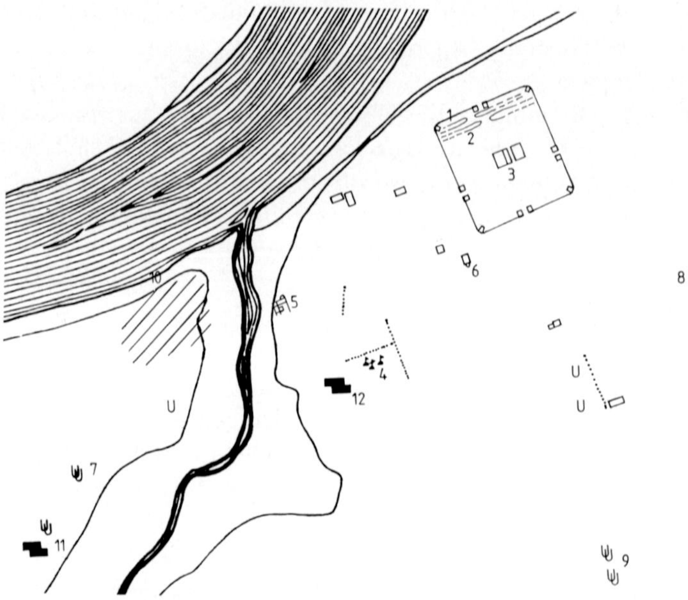

Abb. 76 Plan des Vicus und der Kastelle von Straubing. 1) Kastell I 2) Kastell II 3) Kastell III a/b 4) Handwerksviertel 5) Thermen 6) Apsidenbau 7) westliches Gräberfeld 8) Beginn des östlichen Gräberfeldes 9) südliches Gräberfeld 10) vermutete Lage des spätrömischen Kastells 11) spätrömisches Altstadt-Gräberfeld 12) spätrömisches Gräberfeld Azlburg. Maßstab 1 : 10000

Abb. 77 Straubing, Luftbild vom Steinkastell. Im Vordergrund liegt die Grabungsfläche mit den freigelegten Turmfundamenten des Nordtores. In der Bildmitte sind die Principia und das östlich anschließende Steingebäude zu erkennen. Deutlich heben sich die Kiesschüttungen der Lagerstraßen im Getreide ab. Freigegeben durch die Reg. v. Obb. Nr. GS 300/7561

annähernd dieselbe Größe wie das in der zweiten Hälfte des 2. Jahrhunderts n. Chr. an seiner Stelle errichtete Steinkastell IIIb.
Dieses Lager umschloß mit 165 × 188 m eine Fläche von 3,1 Hektar. Durch die Grabungen des Historischen Vereins ist auch seine Umwehrung in groben Zügen bekannt. Aufgedeckt wurden dabei an mehreren Stellen die im Durchschnitt 1,5 m breite Kastellmauer

sowie die beiden trapezförmigen Ecktürme an der Nordfront. Von den Kastelltoren wurde damals nur das Westtor untersucht. Seine beiden quadratischen Tortürme von 5 × 5 m Grundfläche flankierten eine einfache 3,5 m breite Durchfahrt. 1976–1978 wurde das Nordtor des Kastells ausgegraben (Abb. 77). Die beiden Tortürme hatten mit 5 × 5,4 m Grundfläche eine annähernd quadratische Form und sprangen leicht vor die an dieser Stelle 1,2 m breite Kastellmauer vor. Ein Mittelpfeiler unterteilte die Durchfahrt in zwei Fahrbahnen von je 3 m Breite. Trotz der beträchtlichen Abstände zwischen den Ecktürmen und den Toren fanden sich bisher noch keine Zwischentürme. Dem Steinkastell waren insgesamt vier Gräben vorgelagert, offenbar alle zur gleichen Zeit angelegt.

Über die Innenbebauung des Lagers brachte in den letzten Jahren die Luftbildarchäologie wichtige Erkenntnisse. In der Mitte des Kastells sind die Principia (Lagerhauptquartier) deutlich zu erkennen. Nach Osten schließen zwei weitere Steinbauten an, die wohl als Valetudinarium (Lazarett) und als Praetorium (Sitz des Lagerkommandeurs) interpretiert werden dürfen. Nach Westen zu deuten zahlreiche Pfostenspuren auf ein neben den Principia errichtetes Horreum (Speicherbau) hin. In der Praetentura (vorderer Lagerbereich) sind noch Spuren der hölzernen Mannschaftsbaracken zu erkennen. Wenig ist hingegen über die Bebauung der Retentura (rückwärtiger Bereich) bekannt. Zwei die via decumana kreuzende Straßen deuten möglicherweise auf mehrere Bauphasen des Steinkastells hin.

Über die Besatzungen der Kastelle wissen wir vorerst noch wenig. Wohl schon für Kastell IIIa, sicher aber für Kastell IIIb ist die Cohors I Flavia Canathenorum milliaria sagittariorum als Truppe belegt. Wie die durch Ziegelstempel nachgewiesene Cohors II Raetorum und die Cohors III Batavorum equitata milliaria auf die bekannten Kastelle aufzuteilen sind, läßt sich noch nicht eindeutig beantworten.

Der Vicus (Lagerdorf) von Sorviodurum teilt das Schicksal von vielen mittelkaiserzeitlichen Lagerdörfern. Er ist zum größten Teil überbaut und somit der Forschung entzogen. Die vor allem bei Kiesgrubenabbau geborgenen Funde sowie die in den letzten Jah-

Abb. 78 Straubing. Fehlbrände aus einem Töpferofen im Westvicus; Höhe des Topfes 19,6 cm

ren durchgeführten Grabungen erlauben es dennoch, gewisse Aussagen über Größe und Ausdehnung des Lagerdorfes während der einzelnen Kastellperioden zu machen. Eine Kartierung der frühflavischen Reliefsigillata zeigt, daß sich das zu Kastell I gehörende Lagerdorf vor allem entlang der Terrassenkante westlich des Lagers erstreckte. Die Ausdehnung nach Osten war offenbar nur gering. Im Süden fehlen mangels entsprechender Untersuchungen die Funde, doch scheint das erste Lagerdorf den heutigen Verlauf der Schlesischen Straße nicht überschritten zu haben. In domitianischer Zeit breitete sich der Vicus dann nach Osten und Süden aus; im Westen scheint, wie schon in vespasianischer Zeit, der Allachbach die Grenze der Bebauung gebildet zu haben. Hier wurden aufgrund umfangreicher Grabungen vor der Erweiterung des Krankenhauses größere Teile eines Handwerksviertels aus flavisch-trajanischer Zeit aufgedeckt (Abb. 76,4). Nördlich eines Ost-West verlaufenden Straßenkörpers lagen zahlreiche Gruben, die Schlacken und Reste von Gußtiegeln enthielten und so auf metallverarbeitende Betriebe in diesem Bereich hinwiesen. Südlich dieses Straßenkörpers wurden die Reste von drei Töpferöfen untersucht. Die aus den Abraumgruben der Öfen geborgene Keramik ist vielfältig (Abb. 78). Zahlenmäßig überwiegt das einfache Gebrauchsgeschirr, unter dem die Reibschalen offenbar einen bevorzugten Platz einnahmen. Durch mehrere Stempel ist der Töpfer Cappo als Hersteller solcher Ware namentlich überliefert. Außerdem ließ sich die Produktion von Terra Nigra nachweisen. Allerdings fehlt bei den bisher geborgenen Fragmenten der übliche schwarzglänzende Überzug: die in Straubing gebrannte Terra Nigra besaß offenbar ausschließlich einen grauen glänzenden Überzug. Als dritte Keramikgattung wurden einfache Tiegellampen hergestellt; rund 30 Stück fanden sich als Fehlbrände ausgeschieden in den Abfallgruben eines Ofens.

In der ersten Hälfte des 2. Jahrhunderts weitete sich das Lagerdorf vor allem nach Osten aus. Im Westvicus wurde das Handwerksviertel aufgelassen und nordwestlich davon eine ausgedehnte Badeanlage errichtet (Abb. 76,5). Ihr vollständiger Grundriß ließ sich aber nicht mehr ermitteln, da es im Lauf der Jahrhunderte zu tiefgreifenden Zerstörungen der Bausubstanz gekommen war. So fehlt heute die Westhälfte des Nord-Süd orientierten Baus völlig, und auch im Bereich des Kalt- und Warmbades sind größere, eine genaue Interpretation erschwerende Eingriffe festzustellen (Abb. 79). Der Eingang des Bades lag im Norden. Pfostenspuren nördlich von Raum C deuten möglicherweise auf ein vorgelagertes hölzernes Apodyterium (Umkleideraum) hin. Raum C wäre somit als Tepidarium (lauwarmes Bad) zu interpretieren, von dem man nach Osten zu in das Frigidarium (Kaltbad, Raum D) mit der aspisförmigen Kaltwasserwanne B gelangte. Auch der südlich an Raum C anschließende Raum E mit dem Becken A gehörte zum Tepidarium. Die daran anschließenden Räume des Warmbades (Raum F und Becken G) sind erst in Ansätzen freigelegt.

Während der Benutzungsdauer des Bades wurden die Böden der Becken A und B mehrfach erneuert. Bei Becken G sind aufgrund der seichten Lage keine Ausbesserungsspuren mehr gefunden worden. In der letzten Bauphase wurde das Bad verkleinert. Die Bekken A, B und G wurden aufgelassen und im Bereich des Warmbades zwischen Raum F und Becken G die Wanne H eingefügt, deren

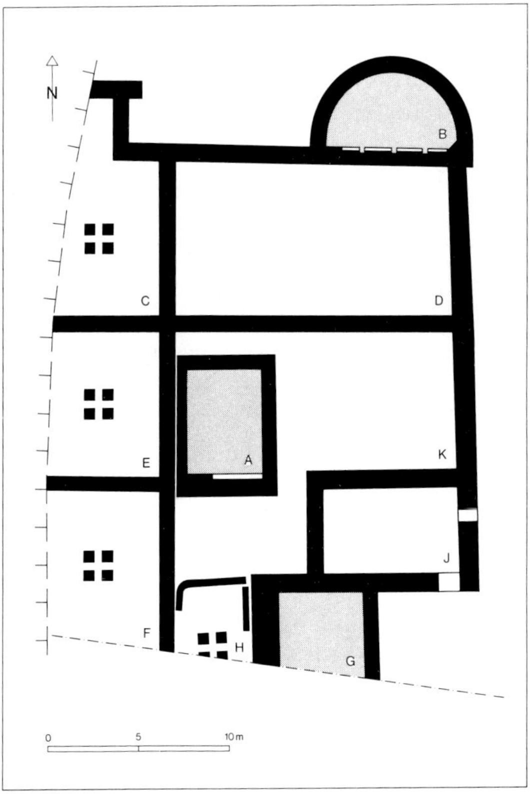

Abb. 79 Straubing. Grundriß des Kastellbades. Maßstab 1:400

hypokaustierter Unterbau in Teilen ergraben werden konnte. Durch die ehemaligen Becken G und A führte nun ein Südost-Nordwest verlaufender Abwasserkanal.
Eine genaue Datierung der einzelnen Bauphasen steht noch aus. Die Anlage wurde zu Beginn des 2. Jahrhunderts n.Chr. errichtet und blieb bis gegen die Mitte des 2. Jahrhunderts in Betrieb.
Die übrigen bislang im Vicus aufgedeckten Steinbauten stammen alle aus der zweiten Hälfte des 2. Jahrhunderts n.Chr. und sind von teilweise stattlicher Größe. Besonders die beim Kiesgrubenabbau

im Nordvicus erschlossenen Gebäude überragen mit ihren Abmessungen von 37×22 m und 23×16 m alle bisher im Lagerdorf aufgedeckten Steinbauten.
Im Vorfeld der Südwestecke des Steinkastells wurde 1899 ein kleiner Apsidenbau ausgegraben (Abb. 76,6). In seiner Nähe fand sich bereits 1811 der Weihestein eines Veteranen der 1. Canathenerkohorte, ein Jupiter Dolichenus, womit der Apsidenbau möglicherweise als kleiner Tempel interpretiert werden darf. Ein erst vor wenigen Jahren nicht weit davon entfernt geborgenes Fragment einer Marsstatue sowie ein Steinkapitell und mehrere Keramikfunde kultischen Charakters lassen möglicherweise auf weitere Heiligtümer in diesem Bereich schließen.
Der Schwerpunkt der Bautätigkeit im Straubinger Vicus scheint in die Jahre nach den Markomanneneinfällen zu fallen. Die bisherigen partiellen Einblicke in die Struktur des Lagerdorfes erlauben es aber vorerst nicht, eine umfangreiche Zerstörung Straubings während der Markomanneneinfälle zu postulieren (vgl. Bd. 5 Zeittafel II). Erst bei den Alamanneneinfällen in der ersten Hälfte des 3. Jahrhunderts n.Chr. wurde Straubing zerstört, Kastell und Vicus gingen in Flammen auf.
Die nach römischer Gepflogenheit an den Ausfallstraßen liegenden Friedhöfe sind in Straubing in mehr oder weniger großen Ausschnitten bekannt. Das westliche Gräberfeld (Abb. 81,7) lag im Bereich der heutigen Altstadt. Seine Erforschung begann bereits 1877, so daß, der frühen Bergung entsprechend, keine genauen Aussagen über die Bestattungsformen möglich sind. Die Belegung des Gräberfeldes setzt an der Wende vom 1. zum 2. Jahrhundert n.Chr. ein und reicht bis an den Beginn des 3. Jahrhunderts. Soweit die Gräber heute noch lokalisierbar sind, läßt sich eine Belegungsabfolge von Ost nach West erkennen.
Entlang der ehemaligen Straße nach Passau erstreckte sich über 750 m Länge das östliche Gräberfeld (Abb. 76,8), der größte bisher bekannte römische Friedhof in Straubing. In den letzten Jahren sind 114 Bestattungen an der Ostgrenze untersucht worden. Soweit die Grabinventare ausgewertet sind, datieren sie von der Mitte bis zum Ende des 2. Jahrhunderts n.Chr. Das südliche Gräberfeld von

Abb. 80 Straubing. Südliches Gräberfeld. Beigaben aus Grab 5 (rechts) und Grab 57. Höhe der Kanne 11,5 cm

Straubing (Abb. 76,9) erstreckte sich entlang einer lokalen, wohl ins Aitrachtal führenden Straße. Die 1973 bei der Baltischen Straße aufgedeckten Gräber markieren wohl den Beginn des Friedhofs. Seine Südgrenze wurde 1978 erfaßt, womit die Nord-Süd-Ausdehnung des Gräberfeldes 350 m betragen haben dürfte. Die Bestattungen können in die zweite Hälfte des 2. Jahrhunderts n.Chr. datiert werden (Abb. 80).

Am Ende des 3. Jahrhunderts n.Chr. erhielt Straubing erneut eine militärische Besatzung. Zahlreiche spätrömische Kleinfunde im Bereich des Kirchhügels von St. Peter deuten darauf hin, daß im Umfeld der romanischen Basilika das spätantike Kastell vermutet werden darf (Abb. 76,10). Eindeutige Bebauungsspuren, die dieser Zeit angehören, sind bisher allerdings weder bei Grabungen im Inneren der Peterskirche noch bei Sondagen im Friedhof zutage gekommen.

Von den spätrömischen Gräberfeldern ist seit Ende des letzten Jahrhunderts nur ein (unvollständig untersuchter) Friedhof in der Straubinger Altstadt westlich von St. Peter bekannt (Abb. 76,11). Die Beigaben aus sechs Körpergräbern datieren die Bestattungen ans Ende des 3. und in die 1. Hälfte des 4. Jahrhunderts n.Chr. Ohne Grabzusammenhang fand sich neben einer Zwiebelknopffi-

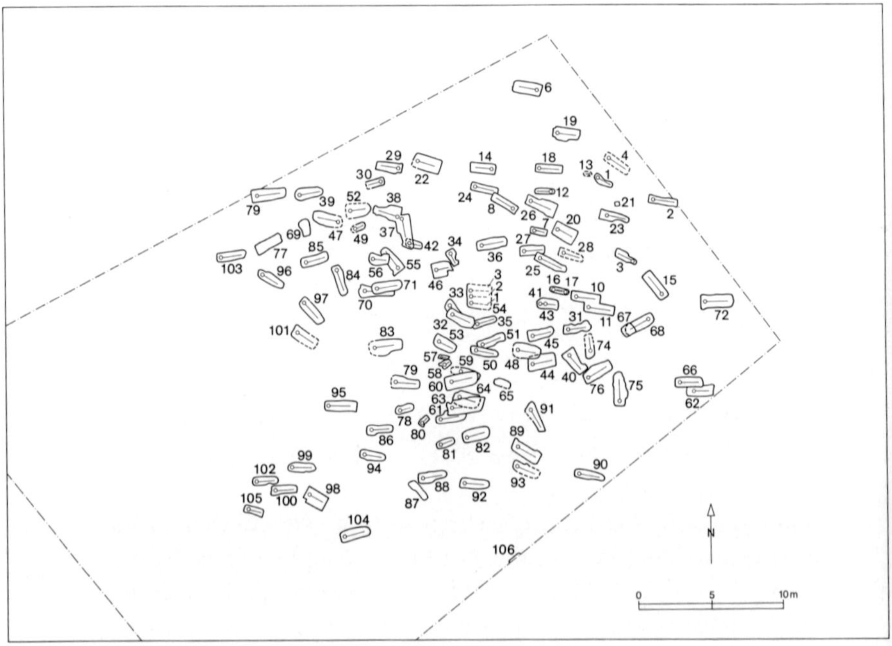

Abb. 81 Straubing-Azlburg. Plan des spätrömischen Gräberfeldes Maßstab 1:400

bel auch eine kleine germanische Schale, ein erster Hinweis auf die Anwesenheit von Germanen im spätrömischen Straubing. Diese germanische Komponente im Fundmaterial begegnet verstärkt bei dem erst seit wenigen Jahren bekannten spätrömischen Gräberfeld von Straubing-Azlburg (Abb. 76,12). Es wurde am Westrand des mittelkaiserzeitlichen Lagerdorfes gefunden; seine Grenzen im Norden und Westen sind bekannt (Abb. 81). Insgesamt liegen bisher 109 Bestattungen aus 106 Gräbern vor. Die Verstorbenen waren durchweg in gestreckter Rückenlage in Holzsärgen beigesetzt worden – lediglich im Südosten des Friedhofs machte eine Brandbestattung eine Ausnahme. Die Orientierung der unterschiedlich tief ausgehobenen Gräber schwankt, doch läßt sich ein deutliches Übergewicht der West-Ost-Bestattung feststellen. Auffallend ist die Beigabenarmut: Nur rund 25 Prozent der Toten

hatten Tracht- oder Schmuckgegenstände, Bronze-, Ton- oder Glasgefäße bei sich. Vom Fundstoff her lassen sich zwölf Frauen- und fünf Männergräber aussondern; die anthropologische Bearbeitung der Skelette steht noch aus. Die Belegung des Friedhofes setzt an der Wende vom 3. zum 4. Jahrhundert n.Chr. ein. Die älteste Bestattung enthält eine um die Jahre 290 bis 320 gebräuchliche Zwiebelknopffibel sowie einen eisernen Feuerstahl mit Ringösen elbgermanischer Herkunft, wodurch bereits am Beginn des 4. Jahrhunderts n.Chr. die Anwesenheit von germanischen Söldnern faßbar wird (vgl. S. 67). An der Wende vom 4. zum 5. Jahrhundert überwiegen dann die germanischen Elemente. Die Bronzebeschläge eines Militärgürtels aus Grab 78 belegen dies ebenso wie die Tonschale aus Grab 60. Sie gehört zum Typ Friedenhain-Přeštovice (vgl. Bd. 5 S. 237) und verweist auf die Herkunft dieser Germanen aus dem böhmischen Raum.
Mit dem Ende des spätrömischen Gräberfeldes erlischt die Besiedlung an der Mündung des Allachbaches, um nach den bisherigen Befunden erst im 9. Jahrhundert n.Chr. mit der ältesten Kirche von St. Peter und einer ausgedehnten Befestigungsanlage östlich davon wieder einzusetzen (s. S. 207f.).

Literatur:
N. Walke, Das römische Donaukastell Straubing-Sorviodurum. Limesforschungen 3 (1965). – J. Garbsch, Neue römische Grabfunde aus Straubing. BHV Straubing 76, 1973, 31ff. – J. Prammer, Das Steinkastell von Sorviodurum. BHV Straubing 79, 1976, 77ff. – R. Christlein und J. Prammer, Sorviodurum–Straubing. Zur Topographie in römischer und frühmittelalterlicher Zeit. In: Beiträge zur Topographie und Geschichte niederbayerischer Römerorte. Beilage zum Amtl. Schulanzeiger für den Regierungsbezirk Niederbayern 5/6, 1976, 16ff. – J. Prammer, Das Bad des Kastells Sorviodurum in Straubing, Niederbayern. Das Archäologische Jahr in Bayern 1980 (1981), 124f. – Ders., Das spätrömische Gräberfeld Straubing-Azlburg, Niederbayern. Ebd. 1981 (1982). 154f.

Johannes Prammer

Die römisch-frühmittelalterliche Kontinuität in Regensburg ist durch die besondere Beschaffenheit der Stadt bedingt, im ländlichen Umland sind andersartige Abläufe festzustellen. Sicher bedeutet der Zusammenbruch der römischen Ordnung im 5. Jahrhundert keine vollständige Entvölkerung, dagegen spricht schon die Überlieferung vordeutscher Flußnamen wie Abens, Pfatter oder Laaber. Aber sie bezeichnen gewissermaßen landschaftliche Merkmale und nicht römische Traditionen, wie sie im Donautal östlich der Isarmündung sogar in den Namen der Kastellorte Quintanis-Künzing und Batavis-Passau fortgeführt werden. Rainer Christlein hat anschaulich die unterschiedlichen Voraussetzungen geschildert: Romanen halten sich länger nur im engen Stromtal etwa ab Künzing, das als Siedelland nicht so begehrt ist, in der fruchtbaren Ebene löschen germanische Zuwanderer die römisch-romanischen Erinnerungen weitgehend aus.
Das zeigt sich deutlich in der Umgebung von Straubing, die auf Grund ihrer Mittelposition in der Ebene wirtschaftlich wie verkehrsgeographisch sichtlich bevorzugt ist (Abb. 82). Gewisse Konzentrationen werden hier gleichwohl nicht vor dem Hochmittelalter endgültig fixiert. Der Bruch mit den römischen Verhältnissen ist schroff, auch wenn die germanische Aufsiedlung zeitlich ziemlich schnell folgt. Das Kastell Sorviodurum an der Kante der Hochterrasse über der Donauaue geht schon im 3. Jahrhundert zugrunde (s. S. 193). Die spätrömische Siedlung verlagert sich auf das Westufer des Allachbaches in das Areal von St. Peter, doch deutet ein größerer Friedhof auf dem Ostufer den Fortbestand des Gemeinwesens bis in die erste Hälfte des 5. Jahrhunderts wohl für den ganzen Umkreis an.
Bereits in der zweiten Hälfte des 5. Jahrhunderts setzt ein Friedhof am Allachbach etwa ein Kilometer nordöstlich Alburg ein. An die 600 Gräber drücken eine ungewöhnliche Massierung aus, die jedenfalls abseits des römischen Kastells zustande gekommen ist. Das Ende soll im frühen 7. Jahrhundert liegen. Die übrigen Reihengräberfelder reichen bis in die Zeit um 700, entsprechend ger-

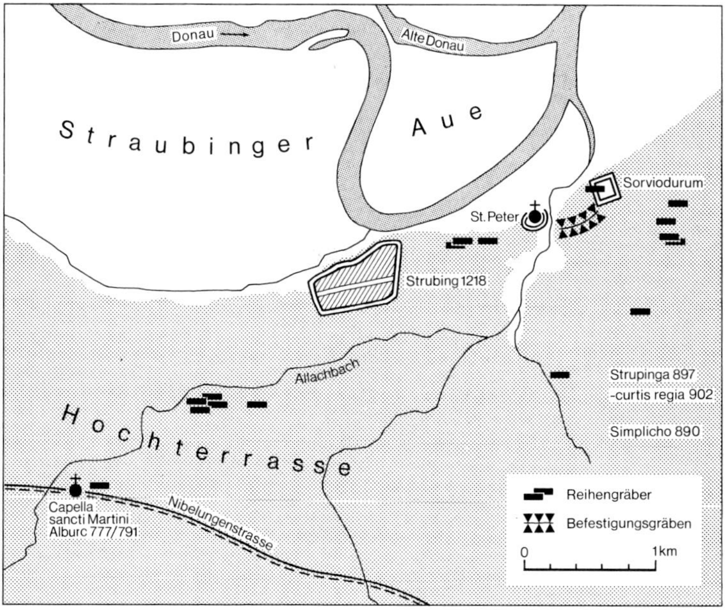

Abb. 82 Zur römischen bis mittelalterlichen Siedlungsgeschichte im Gebiet um Straubing

manischen Siedelgewohnheiten bezeichnen sie weitgestreute Gehöfte oder Gehöftgruppen, die nicht alle gleichzeitig bestanden haben müssen. Eine andere Sache ist die mehrfache Beisetzung zwischen römischen Ruinen im Kastellgelände und auf der Wittelsbacher Höhe. Sie ist in der Donauebene sonst selten, ändert aber nichts an den rustikalen Siedelformen selbst.

Für die Anfänge steht Zuzug von Siedlern aus Gebieten nördlich der Donau zu vermuten, so wahrscheinlich von den ziemlich mageren Böden um Friedenhain (s. Bd. 5 S. 41). Bestimmt haben sich aber weitere Gruppen beteiligt, ohne daß man alle namentlich benennen könnte. Überzeugend bringt Christlein gotische Fibeln aus der Zeit um 500 von Alburg mit Besitzansprüchen auf die alte römische Provinz in Verbindung, die namentlich der Ostgotenkönig Theoderich (471–526) in nomineller Rechtsnachfolge des Römischen Imperiums gestellt haben muß. Die politischen Umstände sind historisch seit langem klar, sie begründen auch zahlreiche gotische Lehnwörter im bayerischen Dialekt. Archäologisch werden reale Fremdbeziehungen also nur bestätigt. Bei Alburg bezeugen sie zusätzlich wohl eine gewisse Zentralstellung der zum Gräberfeld gehörigen Ansiedlung.

Sie ist freilich nicht unmittelbar auf den Ort Alburg zu übertragen, der im letzten Drittel des 8. Jahrhunderts eine Schlüsselposition einzunehmen scheint. Topographisch begründet sie sich aus der Lage im Schnittpunkt von Nibelungenstraße und einer Nord-Süd-Verbindung, die über den Vorderen Bayerischen Wald bis zum agilolfingischen Kloster Chammünster (s. S. 180) im Chamer Bekken führt (s. Bd. 5 S. 41 Abb. 6). In diesem Zusammenhang verdient der ehemals herzogliche oder königliche Grundbesitz Beachtung, den für die Umgebung von Straubing ausführlich Wilhelm Störmer behandelt hat. Danach reihen sich gerade an der fraglichen Nord-Süd-Verbindung mehrere Kapellen und Kirchen auf, die allesamt zum Kloster Münster (s. S. 206) am Eingang der Stallwanger Senke gehört haben, also ebenfalls aus herzoglichen Schenkungen stammen werden. Namentlich frühe Martinskirchen in Alburg wie Münster deuten eine gemeinsame Grundlage an. Sie machen über den fränkischen Kirchenpatron zudem einen entscheidenden Einfluß der karolingischen Hausmeier oder der fränkischen Könige schon vor dem Sturz Tassilos III. im Jahre 788 wahrscheinlich, denn wenigstens die Kirche in Alburg scheint dem hl. Martin bereits 777 geweiht. Tassilos Stiftungsurkunde nennt keine Namen, aber die Bestätigungsurkunde Karls des Großen von 791 läßt mit der Formulierung *capellam in honore sancti Martini constructam* kaum Zweifel an der Weihung von Beginn an.

Darüber hinaus ist aus der zeitgenössischen Bedeutung von *capella* auf einen pfalzartigen Rang von Alburg zu schließen. Für eine Funktion als Herzogs- und Königshof sprechen relikthaft noch die hochmittelalterlichen Verhältnisse und schließlich der ungewöhnliche -burg-Name selbst. Da eine Schrumpfform aus Al(ah)burg vorliegt, wird eine Burg an der Allach bezeichnet, die im Gelände nicht nachzuweisen ist. Es wurde deshalb schon die mißverständliche Benennung nach römischen Ruinen erwogen, aber so anekdotisch verfährt die germanische Namengebung weder bei wichtigen noch unwichtigen Orten. Eher könnte man mit Störmer nach der tatsächlichen Funktion als herrschaftlichem Zentrum eine Namensbedeutung im übertragenen Sinne gelten lassen, die nicht unbedingt wirkliche Befestigungen erforderte. Wann und wie -burg in diesem Sinne gegen die allgemeine Übung gebraucht werden kann, ist ein eigenes Thema. Die Entdeckung vieler geschleifter Anlagen aus der Luft läßt es indessen geraten erscheinen, auch in diesem Falle noch mit verborgenen unterirdischen Resten zu rechnen. So markieren der große Friedhof am Allachbach wie das Herzogsgut in Alburg den natürlichen Vorrang der Region insgesamt, der sich gleichsam zwangsläufig über die Jahrhunderte erhalten hat.

Eine Frage für sich bleibt, wie das Herzogsgut zustande gekommen ist. Für unmittelbare Fiskalsukzession aus dem Römischen ergeben sich keine glaubwürdigen Ansätze, wie denn die ganze Sukzession überhaupt etwas verschleiert bleibt. Außerdem vollziehen sich in der fraglichen Zeit vom 5. bis zum 8. Jahrhundert ohnehin strukturelle Umwandlungen vom Einzelgehöft zum größeren Dorf, die vielleicht auch besitzrechtliche Änderungen zur Folge gehabt haben. Unabhängig davon verliert Alburg seine zentrale Stellung aber spätestens im 10. Jahrhundert an den Königshof Straubing, der anläßlich einer Gerichtsverhandlung 902 erwähnt wird. Die Verlagerung der Schwerpunkte aus Ermessen oder Anpassung bleibt offenbar für die prae-urbane Situation bezeichnend; je nach den Besitzverhältnissen läßt er sich auch relativ leicht bewerkstelligen, weil keine zwingende Ortsverbindung wie in Regensburg vorliegt. Fiskalgut ist in *Strupinga* allerdings schon ein wenig früher bezeugt, als König Arnulf seinem Baumeister Eopreht dort 897 eine Hufe schenkt. 890 erhält derselbe Eopreht ein beneficium in *Simplicho*. Aus beiden wohl benachbarten Orten, die nicht sicher zu lokalisieren sind, muß eine neue Siedlung mit einem geistlichen Mittelpunkt in St. Peter entstanden sein. Jedenfalls hat Walter Sage 1968 und 1974 unter der romanischen Basilika eine Saalkirche mit eingezogenem Rechteckchor aufgedeckt, die noch im 9. Jahrhundert begründet sein könnte.

Unter Umständen ist der neue Ort aus Verkehrsgründen näher an die Donau gerückt worden. Unabhängig davon entsteht im Winkel östlich des Allachbaches eine Befestigung, das sogenannte Purzelgrabensystem, das im Hauptstück aus drei bogenförmigen Gräben bestanden zu haben scheint. Ab wann sich St. Peter genau gegenüber auf dem Westufer des Baches zu einer regelrechten Kirchenburg auswächst, ist noch nicht zu sagen. Die Rückkehr an die römischen Plätze geschieht jedenfalls nach langer Pause ohne jeden inneren Zusammenhang mit den Vorläufern, bestenfalls aus denselben topographischen und verteidigungstaktischen Gründen. Aber auch der neue Anfang bleibt ein Zwischenspiel, wenn auch von einiger Dauer. Was das Straubinger Königsgut angeht, so kommt es später in die Hände der bayerischen Luitpoldinger und von ihnen an das Augsburger Domkapitel, nämlich 1029 als Geschenk Brunos, Bruder des Herzogs und späteren Kaisers Heinrich II. Ungefähr zur selben Zeit wird die Kirche nach Westen um einen Turm erweitert. Als nächster Bau folgt ihr die jetzige spätromanische Kirche, aber bereits 1218 wird sie mit dem alten Straubing wieder an den Rand der Entwicklung geschoben.
In diesem Jahr nämlich lenkt Herzog Ludwig I., der Kelheimer, die Geschicke der kleinen Region in eine neue und diesmal endgültige Richtung, indem er am Rand der Hochterrasse etwa einen Kilometer westlich St. Peter die neue Stadt Strubing gründet. Sie steht freilich ebenfalls auf Grund und Boden des Augsburger Domkapitels, dessen Rechte erst 1535 abgelöst werden können. Das wohlerhaltene Stadtbild um den breiten, durch den Stadtturm zweigeteilten Straßenmarkt bedürfte einer eigenen Würdigung. Hier steht es nur als Schlußpunkt einer Ortsgeschichte, die sich vom Ende der Völkerwanderungszeit an bis zu den planmäßigen wittelsbachischen Gründungen des Hochmittelalters als recht bewegt darstellt, an keinem Ort auf Dauer festzumachen und damit ein getreuer Spiegel der Zustände im offenen Siedelland. Die kirchlichen und herrschaftlichen Mittelpunkte verlagern sich je nach den zeitgenössischen Ansprüchen.
Auf diese Weise hat sich St. Peter als ein glanzvolles Beispiel spätromanischer Baukunst in der trostlosen Umgebung einer heu-

tigen Vorstadt erhalten. Wenigstens einige Bemerkungen sind angebracht, denn hinter der düsteren Friedhofsmauer vergißt man die graue Außenwelt schnell auf einer Kircheninsel, die zwischen Trauer und wehmütiger Heiterkeit eingesponnen ist, randvoll mit Kunstgestalten und Grabmälern von kurioser bis hoher Bedeutung. Viel ruhige Würde hat St. Peter selbst bewahrt, eine dreischiffige Basilika aus dem Ende des 12. Jahrhunderts mit schön geschmückten Portalen. Das Turmpaar im Westen ist allerdings neuromanisch ausgebaut. Der Innenraum besitzt eine eigene Kunstdramaturgie. Bis gegen Ende des 17. Jahrhunderts barockisiert und 1866/67 romanisierend ausgemalt, wurde er 1974 bis 1978 seinen Ursprüngen wieder angenähert. Dabei hatte das Landesamt für Denkmalpflege aus »denkmalpflegerischer Verpflichtung« gegenüber einem »geschichtlich geschaffenem Faktum« auf der musealen Erhaltung der Ausmalung bestanden, obwohl sie künstlerisch als »nicht besonders stark empfunden« wurde. Demgegenüber verlangten die Kirchengemeinde und alle übrigen mit der Sache befaßten Straubinger Kreise einen Gottesdienstraum im romanischen Stil, der religiöses Empfinden ansprechen und von echten Kunstwerken bestimmt werden sollte. Das Amt versuchte eine Re-romanisierung mit allen nur denkbaren Finten zu verhindern, doch bevor der Landesdenkmalrat bei einem Ortstermin 1977 eine Entscheidung fällen konnte, war die »Bemalung von aufdringlicher Buntheit und . . . stupider Geistlosigkeit« schon ebenso unauffällig wie tatkräftig entfernt worden. Einer sinnvollen Neugestaltung in einfühlsamer Erinnerung an das Alte stand nichts mehr im Wege. Die erreichte Raumwirkung ist ein vornehmer Gegenbeweis zur historisierenden Konservierung um jeden Preis, die einfallslose Denkmalpfleger der zeitgenössischen Umprägung vorziehen.

Neben St. Peter sind noch drei Kapellen auf dem Friedhof errichtet, die alle auch eine kunstreiche Innenausstattung besitzen. Die Liebfrauenkapelle ist spätgotisch und hat als alter Karner oder Beinhaus gedient. Ein neuer Karner ist 1486 entstanden, ein zweischiffiger Bau mit einer Gruft- und einer Kapellenebene. 1763 wurde er von Felix Hölzl mit einem Totentanz ausgemalt, der im Widerspruch

Abb. 83 Die Gedächtniskapelle für Agnes Bernauer (rechts) und der alte Karner im Friedhof von St. Peter. Stahlstich von Carl Mayer

zwischen künstlerischer Absicht und naiver Ausführung so recht an die Eitelkeiten dieser Welt gemahnen kann. Die dritte Kapelle hat Herzog Ernst nach 1435 zur Sühne für den bösen Tod der schönen Bernauerin errichten lassen (Abb. 83). Am tiefsten berührt denn hier auch ihr Grabstein aus Rotmarmorstein mit dem seltsam strengen Gesicht der Toten. Ihr Schicksal ist bekannt und

oft beklagt worden. Albrecht III. von Bayern-München (1401/1438–1460), dem 1433 die Verwaltung des Straubinger Landes übertragen worden war, hatte heimlich die Baderstochter Agnes Bernauer aus Augsburg geheiratet. Sein Vater, Herzog Ernst (1373/97–1438) lockte den Sohn unter einem Vorwand aus Straubing weg und ließ Agnes am 12. 10. 1435 in der Donau ertränken. Es gibt dümmliche historische Spekulationen über verwickelte dynastische Erbgänge und das fernere Geschick Bayerns, wenn Agnes am Leben geblieben wäre. Man kann sie allesamt vergessen, genau wie die Anrufung der Staatsräson, die in diesem Falle bestenfalls auf kluge Hauspolitik hinausläuft. Bedeutungsvoll und erzählenswert ist allein die Geschichte einer Liebe gegen die Welt, die mit mörderischem Verderben endete und deshalb bis heute nicht vergessen ist.

Literatur:
Region und Einzelorte: R. Christlein, Sorviodurum–Straubing. Zur Topographie in römischer und frühmittelalterlicher Zeit. Beil. z. Amtl. Schul-Anzeiger f. d. Regierungsbezirk Niederbayern 1976 Nr. 5/6, 16–21. – Ders., Die rätischen Städte Severins. In: Severin. Zwischen Römerzeit und Völkerwanderung. Kat. Enns (1982) 217–253 bes. 244–249. – W. Freundorfer, Straubing. Landgericht, Rentkastenamt und Stadt. Hist. Atlas v. Bayern, Tl. Altbayern 32 (1974) bes. 2–23. – W. Störmer, Frühmittelalterliches Herzogs- und Königsgut im Raume Straubing. In: Straubing, das neue und das alte Gesicht einer Stadt im altbayerischen Kernland. Festschr. aus Anlaß d. 750. Gründungsjubiläums hrsg. v. K. Bosl (1968) 39–58. – Das archäol. Jahr in Bayern 1980 (1981) 154f.; 1981 (1982) 32 Abb. 25 u. 168f.
St. Peter: J. Freilinger, W. Hierl u. W. Schäfer, Zu den Bildern des Felix Hölzl in der Toten- oder Seelenkapelle im Friedhof St. Peter in Straubing (1973). – A. Lankes, Die Kirche St. Peter in Straubing. Beschreibung und Bewertung der großen Restaurierungen in den Jahren 1866/67 (1886) und 1974–1978. Diplomarbeit Univ. Regensburg, Fachber. Kath. Theologie (1979). – W. Sage, Die Ausgrabungen in der ehemaligen Pfarrkirche Sankt Peter zu Straubing. Beil. z. Amtl. Schul-Anzeiger f. d. Regierungsbezirk Niederbayern 1975 Nr. 5, 42–49. – Ders., Die Ausgrabungen in St. Peter zu Straubing. JbHV Straubing 79, 1976, 113–128. Kunstführer Nr. 1005 (1979[2]). – K. Tyroller, Die Biographie des altehrwürdigen Pfarrgotteshauses St. Peter in der Altstadt von Straubing. Straubinger Hefte 29 (1979). – W. Schäfer, Bemerkungen zum Friedhof St. Peter in Straubing. Schönere Heimat 72, 1983, 127–136. 203–210.

Walter Torbrügge

Nach einer Randnotiz des 13. Jahrhunderts in einer Handschrift von Ekkehards Auctarium Altahense hat Tassilo III. ein Kloster zu Münster gegründet: Tassilo dux . . . fundavit et Phaffi-Munster prope Strubing. Es gehörte mit dem abgegangenen Lintach und dem Nassenforst zum ausgedehnten Herzogsgut nördlich der Donau und stand im Zusammenhang mit Fiskalbesitz um Alburg (s. S. 206), wo wie in Münster eine frühe Martinskirche nachzuweisen ist. Bezeichnend erscheint die Lage am Eingang zur Stallwanger Senke auf dem Weg über das Gebirge in das Chamer Becken. Rodung des Nordwaldes mag ebenso zur Aufgabe der ersten Benediktinermönche gehört haben wie die Versorgung herzoglicher und später königlicher Reisezüge.
Reliquien des Klosterheiligen St. Tiburtius stammen vielleicht aus Translationen des 8. Jahrhunderts. Das Kloster geht wohl in den Ungarnstürmen zugrunde. Erst 1157 verlegt Herzog Heinrich Jasomirgott Augustinerchorherren von Metten wieder hierher, die neue Gebäude errichten, sie jedoch 1581 bei ihrem Wegzug nach Straubing der Pfarrei überlassen. Erhalten haben sich aus dieser Zeit unter anderem zwei spätgotische Steinhäuser sowie ein ummauerter Bezirk mit der ehemaligen Stiftskirche und der Pfarrkirche St. Martin in enger Nachbarschaft zueinander. Die Stiftskirche St. Tiburtius ist eine dreischiffige Basilika aus dem späten 12. Jahrhundert mit einem neuzeitlich erhöhten Turm an der Westseite. Bemerkenswert sind Reste romanischer Wandmalereien aus dem Regensburger Kunstkreis in der Apsis und spätgotische Apostelbilder in Rankenwerk. Der Bau ist sonst oberflächlich barockisiert. Die Pfarrkirche St. Martin ist offenbar zur gleichen Zeit errichtet und diente, wie bei älteren Ordensgemeinschaften üblich, wahrscheinlich von Beginn an als Gemeindebau für die Laienmessen. Sie wurde bis zum 18. Jahrhundert stark durch Umbauten verändert. An der Südseite steht ein Turm mit Satteldach und ungewöhnlichem Treppengiebel.

Literatur:
W. Fink, Pfaffmünster. JbHV Straubing 58, 1955, 9–18. – J. Hemmerle, Die Benediktinerklöster in Bayern. Germania Benedictina II (1970) 222f. – W. Störmer, Frühmittelalterliches Herzogs- und Königsgut im Raume Straubing. In: Straubing, das alte und das neue Gesicht einer Stadt im altbayerischen Kernland. Festschr. aus Anlaß d. 750. Gründungsjubiläums, hrsg. v. K. Bosl (1968) 39–58 bes. 49. 51. 53. – Kdm. Ndb. 12 Straubing (1925) 88–104. – Reclams Kunstführer Deutschland 1. Bayern (1970[7]) 626.

Der Buchberg bei Münster

Rund 500 m südöstlich der Stiftskirche in Münster erhebt sich der Buchberg gut 35 m über das Umland. Wie der östlich benachbarte Helmberg hat er sich in der Störungslinie des Donaurandbruchs als kleine Weißjurascholle erhalten. Eine kleine Höhle in ihm war paläolithisch bewohnt. Sie ist inzwischen einem Steinbruch zum Opfer gefallen, dessen helle Wände von der A 3 leicht zu erkennen sind. Grabungen Friedrich Birkners 1920 haben Knochen von Mammut und Höhlenbär sowie blattähnliche Geräte des Mittelpaläolithikums zutage gefördert.

Literatur:
H. Fehn, Topographischer Atlas Bayern (1968) Karte 85. – G. Freund, Die ältere und die mittlere Steinzeit in Bayern. JbBB 4, 1963, bes. 63. – Pätzold, Geländedenkmäler 320.

Ringwall am Vogelherd bei Kruckenberg

Zufahrt: Von der Kreisstraße Regensburg-Wörth führt wenig östlich Frengkofen etwa 1 km westlich Kruckenberg und genau 150 m östlich km 19 ein Waldweg zuerst nach Norden und dann im Bogen nach Westen unmittelbar zur Südostecke der Anlage. Der Weg ist für den Fahrverkehr gesperrt, er steigt auf 350 m Länge gut 70 m an.

Der bewaldete Vogelherd zeigt sich als selbständiges Massiv mit eingesatteltem Rücken zwischen einer Kuppe im Norden und einer im Süden. Umgrenzt wird er von der Donauebene im Süden und von Bachtälern an den übrigen Seiten. Seine Hänge sind recht steil.

Merkmal ist offenbar die relative Isolierung am Südrand des Falkensteiner Vorwaldes, die Nachbarberge sind zum Teil beträchtlich höher. Die Kante der Hochfläche umzieht auf einer Fläche von etwa 350 × 175 m Ausmaß ein Ringwall, der nur streckenweise noch bis 1 m Höhe erhalten ist. Im Süden fehlt er ganz, hier verwischen tiefe Hohlwege und alte Steinbrüche das Bild. Stufungen an der Südkuppe könnten von weiteren Befestigungen stammen. Nach Scherben aus dem Innenraum war die Höhe mindestens während der Urnenfelderzeit besetzt.

Literatur:
Stroh, Geländedenkmäler, 261.

Die Walhalla bei Regensburg

Die Walhalla (1830–42) darf als bedeutendste Ausprägung der Bauaufgabe Nationaldenkmal gelten. Sie ist das einzige gesamtdeutsche Nationaldenkmal, das in der ersten Hälfte des 19. Jahrhunderts realisiert wurde. Zugleich ist sie die international wohl bekannteste Kunstschöpfung König Ludwigs I. von Bayern. Jährlich werden über 200000 Besucher aus aller Welt gezählt. Leo von Klenze (1784–1864), der Architekt, hat den Bau selber für sein Hauptwerk gehalten. Kronzeuge für die ästhetische und geistige Bedeutung des Bauwerks ist ein zeitgenössischer Künstler von Weltrang, William Turner. Turner schuf 1843 sein Gemälde »The Opening of the Walhalla« und huldigte dem Ereignis mit einem Gedicht, in dem er das Motto vorausschickte: »L'honneur au Roi de Bavière«.
Im Preisausschreiben von 1814 wurde die »altdorische Ordnung« für den Tempel verlangt. Bei seiner Ausführung hielt sich Klenze dann für das Äußere weitgehend an das Vorbild des Parthenon in Athen. Dennoch fallen einige architektonische Unterschiede ins Auge, durch die sich die Walhalla als Werk des Klassizismus zu erkennen gibt. Beide Bauten sind Ringhallentempel mit acht Säulen an den Fronten und 17 Säulen an den Längsseiten, also in dem seit dem Zeustempel von Olympia kanonischen Verhältnis. »Die

Abb. 84 Die Walhalla (erbaut 1830–42), etwa 10 km östlich von Regensburg am nördlichen Steilufer der Donau

sehr schlanken Säulen – an der Walhalla sind sie noch dünner als am Parthenon (1,65 gegenüber 1,905 cm unterer Durchmesser) – sind unverhältnismäßig dicht gestellt (Intercolumnium 3,895 gegenüber 4,296 m am Parthenon)« (W. Gauer).

Obwohl Klenze die Säulen mit einer leichten Schwellung versah, wirkt sein Bau, verglichen mit dem Parthenon, wie eine moderne Reißbrettarchitektur. Ein architektonischer Unterschied liegt zudem nicht nur in der andersartigen Gestaltung der Cella, sondern vor allem auch in dem gewaltigen Unterbau (Abb. 84). Er kommt bei griechischen Tempeln nicht vor. Er setzt sich aus mehreren baugeschichtlichen Elementen zusammen, die zum Teil in den Alten Orient verweisen. Die Tür auf halber Höhe führt in ein ursprünglich als »Halle der Erwartung« vorgesehenes, aber nie in Funktion getretenes Hypogaion, einen gewölbten Raum, in welchem die Büsten noch lebender beziehungsweise endgültiger Walhalla-Ehren noch nicht teilhaftiger Persönlichkeiten aufgestellt werden sollten. Die Trapezform der Eingangstür zur Halle der Erwartung muß nicht unbedingt als ägyptisierend zu verstehen sein. Sie kann ebensogut etruskische Abstammung demonstrieren. Ein ägyptisches Element kann man im Pyramidenumriß der Halle der Erwartung erblicken. In eine andere Richtung weist der unterste Terrassensockel, zu dem die Freitreppe aus der Tiefe führt. Er ist in polygonaler Mauerung aufgeführt, das heißt »in pelasgischer Konstruktion«. Diese Technik begegnet an den Substruktionen des Apollontempels in Delphi und an der ältesten Umfassungsmauer der Akropolis in Athen, die 1885 bis 1891 freigelegt und als das bei antiken Autoren erwähnte Pelargikon oder Pelasgikon erkannt wurde. Sie geht nach Klenzes Verständnis auf die mediterrane Urbevölkerung der Pelasger zurück. Die unteren Treppenläufe und die stufenpyramidale Bekrönung des Riesensockels wurden von Zikkuratanlagen des Zweistromlandes beziehungsweise von Rekonstruktionen des Turms von Babel angeregt. Der Sinn der ganzen Kompilation liegt in einer romantischen Völkerwanderungstheorie, welche nach Klenzes Auffassung die Rechtfertigung lieferte, die Baukunst der Griechen mit germanischen Inhalten zu füllen.

Der plastische Schmuck in den Giebelfeldern des Außenbaus wurde von Ludwig Schwanthaler, dem bevorzugten bayerischen Bildhauer Ludwigs I., geschaffen. Sein bekanntestes Werk ist die Kolossalstatue der Bavaria an der Münchner Theresienwiese. Nach griechischer Art (Aegineten; Zeustempel von Olympia; Giebelfelder des Parthenon) stehen die Figuren vollplastisch vor der Folie der Giebelwand. Im Südgiebel ist in der Mitte die thronende Germania dargestellt. Von beiden Seiten nähern sich ihr huldigend die deutschen Bundesstaaten nach dem Sieg über Napoleon. Der Nordgiebel zeigt die Schlacht im Teutoburger Wald, eine Thematik, die in der deutschen Romantik häufig auf die Befreiungskriege bezogen wurde.
Der plastische Schmuck im Inneren des Tempels zeigt in den drei Senkgiebeln, welche zusammen mit den Kassetten die eiserne Dachkonstruktion verkleiden, die Schöpfung, den Fortbestand und den Untergang der Welt nach der »Edda« (Abb. 85). Auf der Höhe des Laufgangs unter dem Gebälk stehen die polychrom gehaltenen Walküren von Schwanthaler. Als Karyatiden nach Art derjenigen am Erechtheion auf der Akropolis in Athen gearbeitet, sind auch sie thematisch der altnordischen Mythologie entlehnt. Ihr zufolge nehmen die Walküren die gefallenen Helden in Empfang und geleiten sie in die seligen Gefilde Walhallas. Der darunter den ganzen Hauptraum umlaufende, weißmarmorne Relieffries stammt vom Würzburger Bildhauer Martin von Wagner, der vor allem auch als Kunstagent für Ludwig I. in Italien tätig war. Dargestellt ist die Frühgeschichte der Germanen nach damaligem Wissenschaftsverständnis, beginnend über dem Eingang mit ihrem Aufbruch von den Höhen des Kaukasus und endend über dem Opisthodom mit der Taufpredigt des hl. Bonifatius, des sogenannten Apostels der Deutschen. Das lebensgroße Denkmal Ludwigs I. von Ferdinand von Miller wurde posthum erst 1890 aufgestellt. Daß Ludwig I. selbst ein solches, etwa im Inneren des Opisthodoms (Raum hinter der Cella), vorgesehen hätte, ist nicht nachweisbar.
An den Wänden reihen sich die Bildnisbüsten deutscher Berühmtheiten beiderlei Geschlechts, die Frauen in der Minderheit. Die

Abb. 85 Leo von Klenze, Der Innenraum der Walhalla (Lithographie von 1842)

erste Büste, die Ludwig bereits als Kronprinz von Schadow in Berlin meißeln ließ, war diejenige Friedrichs des Großen. Die Büsten stammen im übrigen von einer Vielzahl von Bildhauern. Sie sind von sehr unterschiedlicher Qualität. Grundgedanke war der eines Pantheon der großen Deutschen, wobei die von Ludwig I. getroffene Auswahl schon bei den Zeitgenossen zum Teil auf heftige Kritik stieß. Die germanische Bezeichnung »Walhalla« für diese Versammlung von Marmorhäuptern hatte der Schweizer Historiker Johannes von Müller vorgeschlagen. Seine Büste ist ebenfalls vertreten. Auswahlkriterium war neben historischen Verdiensten aller Art die »teutsche Zunge«, womit Ludwig I. die germanische Sprachfamilie meinte. Deshalb kommen auch Schweizer, Schweden, Niederländer oder Briten vor. Persönlichkeiten aus grauer Vorzeit, von denen kein Porträt, das als Vorlage für die Büste hätte dienen können, überliefert war, wurden lediglich mit ihrem Namen in der Zone unter Wagners Relieffries vereinigt. Seit dem Tode Ludwigs I. liegt die Verantwortung für die Büstenaufstellung bis zum heutigen Tag bei der bayerischen Staatsregierung; zuletzt wurde 1980 Carl Maria von Weber und 1983 Gregor Mendel diese Ehre zuteil. Den künstlerisch wohl bedeutendsten Skulpturenschmuck der Walhalla stellen indes die sechs leicht unterlebensgroßen, ebenfalls vollplastischen Viktorien dar, welche auf beiden Langseiten des Raumes die drei Jochabteilungen gliedern und ganzfigurige Akzente in der bewußt gleichförmigen Büstenreihung setzen. Sie stammen von Christian Daniel Rauch aus Berlin, dem größten deutschen Bildhauer der Epoche. Ihm ist unter anderem auch das Münchner Denkmal von König Max I. Joseph, dem Vater Ludwigs I., zu verdanken. Die Viktorien halten Kränze aus Eichenlaub in Händen, ein patriotisches Symbol, das den verdienstvollen Häuptern zugedacht ist.

Der egalitäre Grundgedanke läßt sich über das napoleonische ins revolutionäre Frankreich zurückverfolgen. Das Elysium der Unsterblichkeit war im Grunde eine Republik des Todes. Der schon von den Zeitgenossen empfundene Friedhofscharakter des Walhalla-Inneren hat Vorläufer in Napoleons Pariser Ruhmestempel für die Soldaten der Großen Armee und in einem Friedhofsprojekt des

Revolutionsarchitekten Giraud, in welchem alle Verstorbenen ohne Rücksicht auf Rang oder Konfession gleichartig behandelt werden sollten. Die Sakralisierung der Gleichheitsidee wird in der Walhalla durch einen Rückgriff auf die architektonischen Strukturen des traditionellen Kirchenbaus ausgedrückt. Dabei ist die überkonfessionelle Zielsetzung durch das Ideal einer vorreformatorischen vaterländischen Einheit bestimmt. Daraus erklärt sich das Fehlen der Büste Luthers bei der Einweihung 1842, weil Ludwig I. in Luther vor allem den Spalter der Nation sah.
Der König selbst sah sich in der Walhalla in der Rolle eines Mittlers zwischen den Heroen der Vergangenheit und der Gegenwart seiner Landeskinder beziehungsweise einer internationalen Öffentlichkeit. Die egalitäre Büstenversammlung sollte sich in der Besuchergemeinschaft fortsetzen, und zwar durch Eintragung in das Besucherbuch, die ebenfalls ohne Rücksicht auf Standesunterschiede erfolgte. Der Walhalla-Pilger verewigte auf diese Weise seinen Namen in dem Nationaldenkmal. Im Sinne einer idealistischen Kunstauffassung sollte er es geläutert und veredelt verlassen, was zugleich einer säkularisierten Taufidee gleichkam. Indem die aktuelle politische Kategorie der Gleichheit durch eine kulturgeschichtliche Überzeitlichkeit sakralisiert wurde, verlor sie ihren Ort in der politischen Realität.

Literatur:
V. Loers, Walhalla. Von der Idee zur Gestalt. Ausstellungsführer Regensburg (1980). – J. Traeger (Hrsg.), Die Walhalla. Idee, Architektur, Landschaft (1979).

Jörg Traeger

Der Burgberg von Donaustauf – ein frühkeltischer Herrensitz

Etwa 15 km östlich von Regensburg schiebt sich ein Bergsporn von den Ausläufern des Bayerischen Waldes bis dicht an die Donau heran. Dieses Bergplateau fällt zur Talaue bis zu 100 m steil ab. Auch gegen das Hinterland bildet ein Steilhang von 50 m Höhe einen natürlichen Schutz. Von diesem Bergkegel aus konnten der

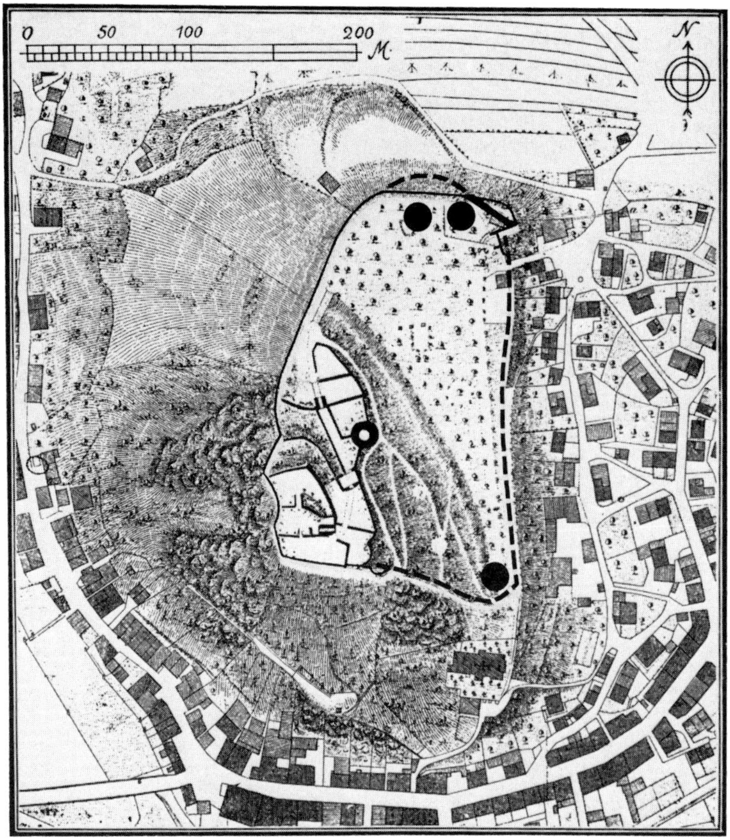

Abb. 86 Burgberg bei Donaustauf. Nachgewiesener (–) und vermuteter Verlauf der frühkeltischen Befestigungsmauer. Gefüllte Kreise: Fundstellen aus der Zeit um 500 v.Chr.

gesamte Fernverkehr auf der uralten Donausüdstraße und der Schiffsverkehr auf der Donau selbst überwacht werden (Abb. 86). Zur Zeit Bischofs Tuto von Regensburg (894–930) wird das castellum Stufo genannt. Meist wird seine Gründung mit Tuto und den Ungarneinfällen in Verbindung gebracht und nach 914 angenommen, in welchem Jahr Konrad I. den umliegenden Forst mitsamt Wildbann an das Bistum verschenkte. Dabei handelt es sich jedoch um ganz unbegründete Vermutungen, die älteste Geschichte der

Burg bleibt im Dunkeln. Der ständige Kampf um ihren Besitz in den nachfolgenden Jahrhunderten unterstreicht aber ihre strategische Bedeutung.
So wechselte sie im 12. Jahrhundert allein viermal den Besitzer. Bischof, Herzog und Stadt waren die jeweiligen Kontrahenten. Die Bedeutung Donaustaufs geht erst mit der Zerstörung im Dreißigjährigen Krieg endgültig verloren.
Dieselben strategischen Gegebenheiten hatten auch 1500 Jahre zuvor schon Burgenbauer angezogen. Einzelne Scherbenfunde ließen bereits vor längerer Zeit die Vermutung aufkommen, daß sich unter der Ringmauer der Vorburg eine vorgeschichtliche Befestigung befindet. Bei der Erweiterung des Friedhofes in den Jahren 1981/82 wurde die Chance genutzt, das beanspruchte Gelände im nordöstlichen Teil der Vorburg vorsorglich zu untersuchen (Abb. 87).
Die keltischen Erbauer hatten das ursprüngliche Gelände durch gewaltige Erdbewegungen umgestaltet. Der hier eher flach abfal-

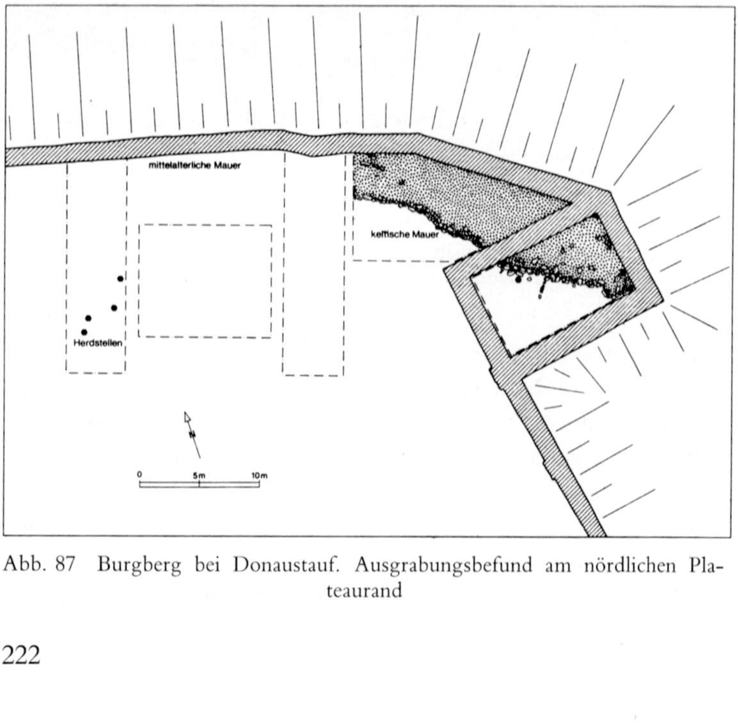

Abb. 87 Burgberg bei Donaustauf. Ausgrabungsbefund am nördlichen Plateaurand

Abb. 88 Burgberg bei Donaustauf. Innenansicht des frühkeltischen Mauerfundamentes

lende Geländesattel wurde durch eine mächtige, wenigstens 3 m hohe Lehmaufschüttung künstlich versteilt. Erst auf diesem Plateau errichtete man die eigentliche Befestigungsmauer. Von ihr haben wir bisher allerdings nur die Innenkante und den größten Teil des Mauerkerns erfaßt. Die Innenfront war durch eine Trokkenmauer aus zum Teil mächtigen, polygonal anmutenden Blökken abgestützt (Abb. 88). Mit einiger Sicherheit läuft diese Mauerecke in der äußersten Bastionsecke der mittelalterlichen Befestigung in einem Mauerkopf aus. Im Gegensatz zur sorgfältigen Schichtung der Mauerschale ist der Kern aus meist kleinteiligem Schottermaterial aufgeschüttet. Versteifende Elemente wie waagerecht verlaufende Balkenzüge oder senkrechte Stützpfosten waren mit Sicherheit nicht vorhanden. Die schräg aufgeschichtete Trokkenmauer war aber nie als aufrechte Innenwand gedacht, sondern bildete zusammen mit einer etwa einen Meter hohen Lehmhinterschüttung lediglich das Fundament. Die aufgehende Befestigungsmauer dürfte aus einem hölzernen Kastenwerk bestanden haben, von dem sich aber keine Spuren mehr fanden. Obwohl wir die Außenfront des Fundaments nicht mit Sicherheit erfaßt haben, können wir die Breite mit mindestens 5,8 m angeben. Der festgestellte Mauerzug darf aufgrund der topographischen Situation als nördliche Torwange eines Zuganges interpretiert werden. So befand sich das vorgeschichtliche Tor an derselben Stelle wie das der mittelalterlichen Burg.

Die bisher allerdings wenigen Funde lassen eine zeitliche Einordnung um 500 v.Chr. zu. Meist handelt es sich um Schälchen mit schmallippigem Rand, die innen zum Teil mit Graphitmustern verziert sind.

Rot und schwarz bemalte Keramik kommt ebenfalls vor. Der jüngste Fund scheint ein Schälchen mit Omphalosboden zu sein. Auch die bisher einzige Fibel mit Koralleneinlagen gibt als Zeithorizont die letzte Phase der Hallstattzeit beziehungsweise die beginnende Frühlatènezeit an.

Mit der Ausgrabung auf dem Donaustaufer Burgberg ist erstmals ein Herrensitz aus frühkeltischer Zeit in der Oberpfalz nachgewiesen. Er muß als Zentrum eines Herrschaftsbereiches gelten, der die zahlreichen Siedlungen und Gräberfelder südlich der Donau in den weiten Lößgebieten des westlichen Gäubodens einschloß.

Udo Osterhaus

Nebenstrecke Falkenstein-Quer-Knöbling

Unter vielen Nebenstrecken, die im Falkensteiner Vorwald oder in der sogenannten Buckeligen Welt mit Gewinn zu befahren sind, haben wir die Straße von Falkenstein bis Knöbling ausgesucht, weil sich an ihr auf kurze Entfernung drei Orte von eigenartigem Reiz aufreihen. Der Abschnitt ist von Cham oder von Regensburg und Wörth auf gut ausgebauten Provinz- oder Kreisstraßen leicht zu erreichen.

Die Burg mit ihrem Umland gehört ursprünglich zum großen königlichen Forstgebiet, das Konrad I. 914 mitsamt Wildbann dem Hochstift Regensburg übereignet. Sicher hat der Domvogt Graf Friedrich II. von Bogen ab 1101 den Falkenstein als hochstiftisches Lehen inne. 1182 wird die Burg in einem Papstprivileg als Regensburger Besitztum aufgezählt. Die Besitzer wechseln vom 14. Jahrhundert an, bis Schloß und ausgedehnte Herrschaft 1664 an die Törrings und schließlich 1829 an die Fürsten von Thurn und Taxis kommen. Die Anfänge der Burg liegen im Dunkeln. Auf einem 60 m hohen Granitkegel mit steinblockübersäten Hängen gelegen, macht sie eher einen trutzigen als einen malerischen Eindruck. Derbe Bruchsteine mit einzelnen Buckelquadern weisen die Hauptmauern und den zinnenbewehrten Bergfried als romanisch aus. Nach mancherlei Umbauten und langem Verfall ist die Anlage inzwischen liebevoll von der Marktgemeinde restauriert worden. Einmal konnte sich die Burg erfolgreich gegen die Hussiten behaupten, und der Name »Weiberwehr« für einen Zwinger erinnert noch immer daran, daß damals auch beherzte Frauen ihren Mann gestanden haben. 1629 konnten die Schweden die Feste nehmen und niederbrennen, 1641 wurden sie abgeschlagen, 1648 umgingen sie das Bergnest vorsichtshalber. – Den Bürgern aber, denen schon vor 1316 Marktrecht verliehen wurde, ist ihre Tapferkeit nicht gelohnt worden. Brände, Kriegsnöte, die Pest und Viehseuchen haben den Ort immer wieder in Bedrängnis gebracht. Gleicherweise hat die adelige Herrschaft ihn bedrückt, so daß er sich ihr 1806 mit allen Freiheiten und Gerechtigkeiten unterwarf. Heute freilich bietet er sich dem Reisenden als ein friedlicher und eher betriebsamer Luftkurort mitten im erholsamen Waldland an.

Literatur:
J. Beer, 900jähriges Falkenstein (1976). – Handbuch der historischen Stätten Deutschlands 7. Bayern (1965²) 194f. – Reclams Kunstführer Deutschland 1. Bayern (1970⁷) 297. – Kdm. Opf. 1 Roding (1905) 29–42.

Walter Torbrügge

Etwa 5 km nordöstlich Falkenstein liegt unmittelbar an der Straße nach Cham die Einöde Quer auf einer flächigen Höhe mit weiter Fernsicht. Der Ort ist auf der Generalkarte ohne Namen als Aussichtspunkt bezeichnet. Er besteht im Kern aus einem Gehöft, einem sogenannten Mauthaus und aus der gotischen Wallfahrtskirche, die den hll. Vitus, Wolfgang und Quirin geweiht ist. Von Quirin leitet sich unzweifelhaft der Name ab, der in der ältesten Fassung in der Topographie und auf den Landtafeln Apians als *S. Gwer* erscheint. Mißverständlich ist er aber auf den rechtsgeschichtlichen Begriff *Gewere* bezogen worden, das heißt auf den rechtlich geschützten Besitzstand und die Legitimation zur Ausübung der Verfügungsgewalt über Sachen. Daraus wieder sind für Quer über weitere Mißverständnisse Hehler- und Gaunermärkte abgeleitet worden, da Leute dieser Zunft kein *Gewere* leisten mußten. Grueber und Müller schildern 1851 den Markt in liebenswerter Unbefangenheit: »Gaunern und Langfingern aller Art war der Zutritt gestattet, doch mußten sie für ihre Praxis dem gestrengen Herrn (obersten Beamten des Gerichtssprengels) dreißig Kreuzer Gebühr für den Kopf erlegen und erhielten die Warnung, sich nicht auf der Tat erwischen zu lassen. Zur bestimmten Stunde wurde dann unter Trommelschlag verkündet, die Marktgäste möchten sich in acht nehmen, es seien geschwinde Leute da.«

Wahr daran ist, daß in Quer jährlich drei sogenannte gefreite Quermärkte stattgefunden haben, ursprünglich jeweils am St. Veitstag im Juni, an St. Bartholomäus im August und an St. Wolfgang im Oktober. Amtsrechnungen reichen bis in das 16. Jahrhundert zurück. Nach der Höhe des Standgeldes handelte es sich um die größten Vieh- und Jahrmärkte der Herrschaft Falkenstein, die vom Umfang her anderen überregionalen Märkten in Bayern durchaus gleichzusetzen waren. Seit dem beginnenden 18. Jahrhundert lassen sich die Krämerbuden, die Hütten der Bier- und Weinwirte sowie die Gewerbestände genau nachweisen. So bevölkerten zum Beispiel nach den Strichlisten für die Standgeldentrichtung den zweiten Quermarkt am 31. August 1721 mindestens 11 Wirtshüt-

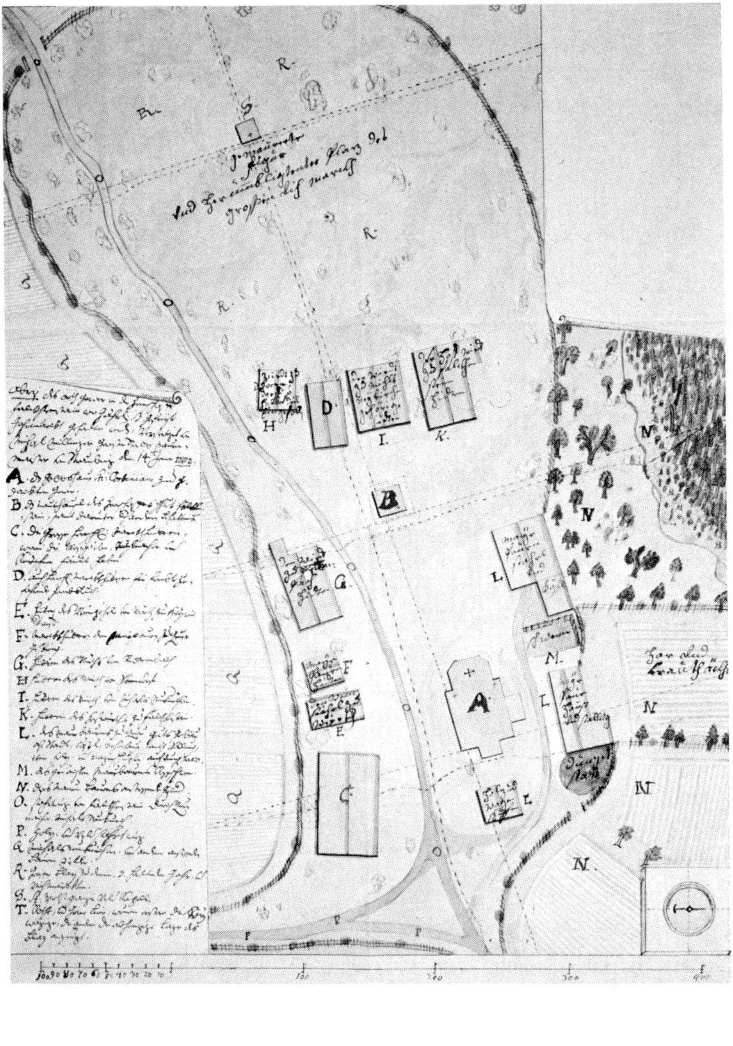

Abb. 89 »Abris des orth Gewer in der Herrschafft Falckhenstain, wo jährlich 3 gefreyte Jahrmärckt gehalten werden. Verfertigt von Michael Meillinger gewesten Stattmauermaister von Straubing, den 14.t. Jenner 1782.« Fürst Thurn und Taxis Zentralarchiv Regensburg, Plansammlung

ten, 22 Diechler (Tüchler), 1 Loderer, 1 Karren mit Eisen, 6 Hüterer, 11 Lederer, 6 Seiler, 3 Riemer, 4 Sattler, 9 Karren mit Hafnerwaren, 3 Krämer mit allerlei Handzeug, 24 Schlächterer, 13 gemeine Krämer, 9 Krämer mit Tragkörben, 4 Karren mit Heugabeln, 47 Schuhmacher, 12 Weißgerber, 4 Kürschner, 4 Bäckerwagen, 3 doppelte und 1 einfacher Lebzelterstand, 1 Gürtler, 3 Spengler, 2 Seifensieder, 2 Söckler, 16 Strumpfmacher, 20 Körbe mit Obst und Brot, 26 Schubkarren mit Obst und anderem, 1 Nagelschmied und 2 Sibler (Siebmacher). Daneben wurde Vieh aufgetrieben, für das nach der Mautordnung Abgaben verlangt wurden, verkauft oder nicht. Im Zusammenhang mit dem geplanten Neubau der Kirche hat der »geweste Stattmauermeister« von Straubing, Michael Meillinger, 1782 einen Plan gefertigt, der topographisch im Detail den Ort und vor allem auch die Einrichtungen für den Markt wiedergibt (Abb. 89).

Zwischen Markt und Wallfahrt bestand sicher eine alte Verbindung, doch kann sie aus den Quellen nicht belegt werden. In wirtschaftlicher Hinsicht war außerdem wichtiger, daß sich an derselben Stelle die bedeutendste Maut der Herrschaft Falkenstein befand. Hier mußten an der Straße Cham-Regensburg hauptsächlich Eisenwaren, Vieh und Hopfen aus Böhmen verzollt werden. Archivalien setzen um 1600 ein. Im 18. Jahrhundert versuchte Kurbayern die einträgliche Maut gegen ein Fixum für die Herrschaftsinhaber von Falkenstein an sich zu ziehen und die Waren selbst auf die Straße Cham-Straubing mit eigenen Mautämtern zu bringen. Die Betriebsamkeit in Quer erklärt sich also nicht so sehr aus den Bedürfnissen des näheren Umlandes, sondern vorweg aus einer großräumigen Verkehrsspannung über den Falkensteiner Wald und aus territorialen Rechtsansprüchen. Geblieben ist davon freilich als malerische Erinnerung nur das Mauthaus, ein niedriger turmartiger Bau mit weit vorspringendem Dach und dem Rest einer ehemals umlaufenden Galerie in ziemlich desolatem Zustand (Abb. 89 B; vgl. Bd. 5 Abb. 6).

Literatur:
Philipp Apian's Topographie von Bayern. Obb. Arch. 39, 1880, 342. – G. Grueber u. A. Müller, Der Bayerische Wald (1851) 370. – G. Hecht, Die Ortsnamen des Bezirksamtes Roding. VO 86, 1936, 193–276 bes. 249. – Kdm. Opf. 1 Roding (1905) 84f. – Fürst Thurn und Taxis Zentralarchiv Regensburg (Herrschaft Falkenstein 1479).

Martin Dallmeier

Knöbling – Fundplatz der Chamer Gruppe

Zufahrt: Von der Straße Cham-Falkenstein am Westende Knöblings in Richtung Stegmühle-Neuhaus-Sattelbogen nach Süden abbiegen, nach 300 m durch die Talaue östlich der Straße der Gneisrücken des Steinboß (Abb. 90).

Der namengebende Siedelplatz der Chamer Gruppe liegt im stark zerschnittenen Traitschinger Hügelland, das im Norden des Falkensteiner Vorwaldes gegen die Cham-Further Senke abdacht. Der Steinboß bildet den Nordzipfel des sanft abfallenden Baierberges, wird im Norden und Nordosten von Felsen begrenzt und liegt gut 8 bis 12 m über der Talaue. Im Süden und Osten fließt der Knöblinger Bach, dem im Norden von Westen ein namenloses Rinnsal zufließt. Die Fundstelle umfaßt nach Streuung der Oberflächenfunde rund 9000 qm (Abb. 90 schraffiertes Areal). Sie ist beackert, der natürliche (tote) Boden unter 10 bis 30 cm Humus besteht aus zersetztem Gneis mit harten Felspartien, die stellenweise durch den Zersatz aufragen. Ganz im Norden der Fläche fanden Arbeiter nahe der Straßenböschung 1935 zwei Depots mit je 5 oder 6 und 4 oder 5 Steinbeilen. Ihre Entdeckung veranlaßte den Chamer Studienrat Eugen Kessler, 1936 und 1937 in der Mitte und im Süden des Fundareals großflächig zu graben, wobei er über 1000 Fundstücke der damals noch unbenannten Chamer Gruppe bergen konnte, und zwar Scherben, Steingeräte und Brocken von Hüttenlehm. Eine genaue und umfängliche Beschreibung der Objekte und der Umstände hat Herbert Wolf zum Andenken an den Entdecker einer ersten neolithischen Siedlung im Bayerischen Wald 1973 nachgeliefert.

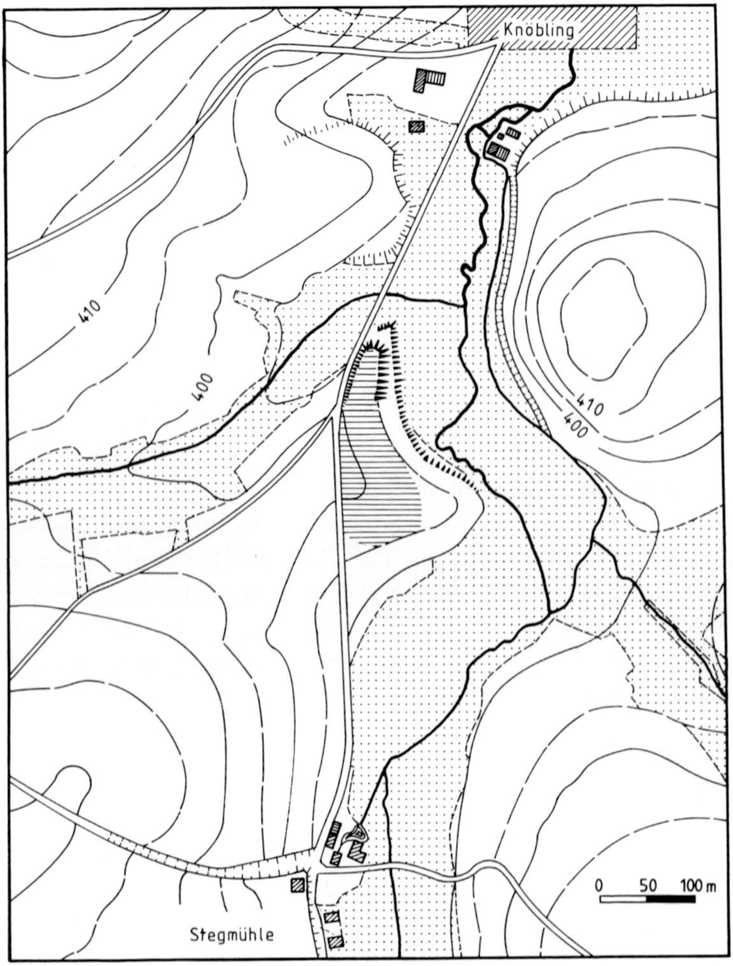

Abb. 90 Topographie des ersten Fundplatzes der Chamer Gruppe bei Knöbling und Straßenzufahrt. Nach Wolf

Östlich und südlich der Hauptfundstelle wurden inzwischen auf den Hängen über der Talaue weitere Lesefunde gemacht. An einem Platz ist Acker in Grünland umgewandelt worden. Die heutige Situation spiegelt trotzdem ziemlich genau die wirtschaftlichen

Möglichkeiten des Neolithikums wider. Soweit die Gneisrücken nicht mit Fichten und Tannen oder randlich mit Laubhölzern bestockt sind, werden die meist flachgründigen sandig-lehmigen oder sandig-grusigen Böden durchweg als Felder genutzt. Die grundwassernahen Talmulden an den zahlreichen Bächen, die alle zum Regen entwässern, dienen als Weiden. Als Wohnplätze bieten sich die geschützten Hanglagen in Wassernähe von selbst an, ohne daß die relative Höhe über Talgrund dabei eine echte Höhensiedlung bezeichnet. Bei knapp 400 m über NN profitieren die niedrigen und nach Norden offenen Lagen des Hügellandes schon von der bescheidenen Klimagunst der Cham-Further Senke. Der Anbau von Gerste und Einkorn, in Knöbling durch Körnerabdrücke in Keramik belegt, verwundert deshalb nicht. Zum Donautal besteht Verbindung über die Bodenwöhrer Bucht oder über Paßwege wie die Stallwanger Senke (s. Bd. 5 S. 41).

Literatur:
H. Wolf, »Knöbling-SSW«, die eponyme Siedlung der endneolithischen Chamer Gruppe und die weiteren vorgeschichtlichen Fundstellen im Gebiet des Gradabteilungsblattes 6841-Roding. Festschr. Gymnasium Studienheim Cham 1923–1973 (1973) 147–212. – Kl. Müller-Hohenheim, Die naturräumlichen Einheiten auf Blatt 165/166 Cham. Geogr. Landesaufnahme 1:200000 (1973).

Walter Torbrügge

Abkürzungen im Literaturverzeichnis

Pätzold, Geländedenkmäler: J. Pätzold, Die vor- und frühgeschichtlichen Geländedenkmäler Niederbayerns. Materialh. z. bayer. Vorgesch. R. B 2 (1983).

Stroh, Geländedenkmäler: A. Stroh, Die vor- und frühgeschichtlichen Geländedenkmäler der Oberpfalz. Materialh. z. bayer. Vorgesch. R. B 3 (1975).

Torbrügge, Bronzezeit: W. Torbrügge, Die Bronzezeit in der Oberpfalz. Materialh. z. bayer. Vorgesch. 13 (1959).

Torbrügge, Hallstattzeit I: W. Torbrügge, Die Hallstattzeit in der Oberpfalz I. Auswertung und Gesamtkatalog. Materialh. z. bayer. Vorgesch. R. A 39 (1979).

Regensburg zur Römerzeit: K. Dietz, U. Osterhaus, S. Rieckhoff-Pauli u. K. Spindler, Regensburg zur Römerzeit (1979).

BVbl.: Bayerische Vorgeschichtsblätter.

BzO: Beiträge zur Oberpfalzforschung.

JbBB: Jahresbericht der bayerischen Bodendenkmalpflege.

JbHV Straubing: Jahresbericht des historischen Vereins für Straubing.

JbHV Neumarkt: Jahresbericht des historischen Vereins von Neumarkt.

Kdm. Opf.: Die Kunstdenkmäler von Bayern, Bd. 2: Regierungsbezirk Oberpfalz und Regensburg.

Kdm. Ndb.: Dies., Bd. 4: Regierungsbezirk Niederbayern.

VN: Verhandlungen des Historischen Vereins für Niederbayern.

VO: Verhandlungen des Historischen Vereins für Oberpfalz und Regensburg.

Bildnachweis

O. Braasch, Bayerisches Landesamt für Denkmalpflege: 30, 42, 52, 75, 77 (Luftbildfreigabe durch Regierung von Oberbayern).

E. Daniel, Regensburg: 84.

Foto Herzig, Kelheim: 28.

Prof. R. König, Berlin: 44–46.

Bildarchiv Foto Marburg: 2.

Museum Kelheim: 24.

A. Reichenberger, Regensburg: 17, 49–51, 63, 69, 70.

F. Ruppaner, Bayerisches Landesamt für Denkmalpflege: 73.

H. Wolf, Cham: 68.

Bayerisches Hauptstaatsarchiv München: 43.

Umschlagbild aus: Herbert Liedel und Helmut Dollhopf, Der alte Kanal damals und heute. Stürtz Verlag Würzburg (1981).

Die nicht eigens nachgewiesenen Fotos und Zeichnungen sind von den jeweiligen Autoren beigesteuert worden, größtenteils mit Hilfe der im Vorwort zu Band 5 genannten Personen und Institutionen.

Ortsregister

Günter Ulbert / Thomas Fischer

Der Limes in Bayern

Von Dinkelsbühl bis Eining

120 Seiten mit 93 Abbildungen, zum Teil in Farbe.

Mit herausnehmbarer vierfarbiger Wanderkarte. Pappband.

Neben einer detaillierten Einführung in die Geschichte, Forschungsgeschichte und militärisch-strategische Funktion des Limes enthält der Band einen die gesamte Strecke umfassenden Führungsteil auf dem neuesten wissenschaftlichen und topographischen Stand, der nicht zuletzt auch durch die neuesten Erkenntnisse der Luftbildarchäologie abgesichert ist. Die Beschreibungen der Limes-Teilstrecken 13 bis 15 von der württembergisch-bayerischen Grenze bis Gunzenhausen, von dort bis Kipfenberg und schließlich nach Eining werden durch zahlreiche, teils farbige Fotos, Zeichnungen und Textabbildungen illustriert und erläutert. Kernstück des topographischen Teils ist eine beidseitig bedruckte herausnehmbare Karte des gesamten Limesgebiets mit allen Kastellen und Wachtürmen im Maßstab 1:50000.

»Der Limes in Bayern« ist ein Buch für jeden, der sich über den Limes verläßlich informieren möchte, besonders aber für alle, die dieses bedeutendste Denkmal der Römerzeit auf bayerischem Boden ganz oder teilweise erwandern wollen.

Nach dem 1980 erschienenen Führer »Der Limes in Südwestdeutschland« von Willi Beck und Dieter Planck, der in der Fachwelt wie in der historisch-archäologisch interessierten Öffentlichkeit großen Beifall fand, wird mit dem »Limes in Bayern« Die Fortsetzung des rätischen Limes auf bayerischem Gebiet präsentiert. In gleicher Aufmachung ist inzwischen auch »Der Odenwaldlimes« erschienen, der die römische Grenze zwischen Main und Neckar beschreibt.